정보사회와 문화: 신화와 현실

Information Society and Culture: Myth and Reality

정보사회와 문화: 신화와 현실

Information Society and Culture: Myth and Reality

박 해 광

전남대학교출판부

책을 내면서

이 책은 정보기술의 발전과 함께 형성되고 있는 새로운 문화적 현실들에 대한 사회학적 분석으로 기획되었다. 물론 이 책에 포함된 내용들은 전적으로 필자의 개인적 관심을 반영하는 것들이지만, 나는 되도록이면 이것이 현재의 우리사회의 문화 단면을 잘 보여주는 주제들이 되기를 희망한다.

정보사회적 현상들, 그리고 그것을 둘러싼 논의들을 검토하면서 나는 이러한 이론들 혹은 담론들에서 정보사회를 매우 일관된 방식으로 이해하고 있다는 하나의 사실을 발견하였다. 그것은 정보에 대한 근본적인 개념화를 뒤로한 채, '정보사회적 현상'이라 불리는 몇가지 단편들을 통해 정보기술의 발전으로 인한 결과들로 정보사회를 바라보고 있으며, 여기에는 특히 의미세계에 대한 이해가 체계적으로 누락되고 있다는 특징을 보여주고 있다. 이쯤에서 우리는 오래된 논쟁들을 떠올리게 되는데, 그 하나는 실증주의를 둘러싼 논쟁이다. 실증주의는 현실세계에 대한 이성적 지배의 관념을 확립하고, 그것을 위한 중요한 도구로서 과학과 기술을 지목했다. 하지만 우리는 지금 이러한 과학과 기술의 맹목적 믿음이 초래한 지난 근대 역사의 문제점들을 반성하고 그것을 교정하기 위해 씨름하고 있다. 두번째는 보다 직접적인 원인인 기술을 둘러싼 논쟁인데, 이 역시 실증주의라는 역사의 연장에 있는 것이다. 기술을 둘러싼 논쟁은 기술사회학의 영역에서 기술결정론과 기술의 사회적 구성론의 대립이 있긴 했지만, 그것이 기술 논쟁의 핵심은 아니라 생각된다. 오히려 그것은 기술을 이해하는 방식, 즉 기술의 아우라(Aura)를 인정할 것인가의 여부에 관계된 것으로, 그것은 기술에 대한 일종의 관례화된 상투어, 하나의 관습적 이해방식의 문제라 할 수 있다. 즉 기술은 당연시된 세계에 굳건하게 자리잡고 있으면서 사회를 움직이는 가장 중요한 요인, 예컨대 사회 발전, 인간행복 등의 원동력으로 간주되고 있는 것이다. 이러한 문제의식을 종합해 볼 때 제기되는 쟁점이 바로 정보사회의 '의미'라는 주제다. 즉 정보사회를 정의하는 다양한 방식들, 정보사회를 표상하는 이미지들, 그것을 둘러싸고 벌어지는 의미작용 실천들, 굳어진 클리세들 등이 바로 의미의 문제 속에 포함되어 있는 것이다. 그런 점에서 정보사회라는 개념 자체가 일종의 의미의 각축장이라 할 수 있으며, 필자의 작업 역시 이러한 각축장에 하나의 자리를 비집고 들어가 있는 것이다.

필자가 이 책에서 주장하고자 하는 바는 정보사회에 대한 관습화된 믿음체계가 틀렸다는 사실이 아니다. 진행되어 온 사회적 사실은 진위 판단의 대상이 될 수 없다. 상투어로서의 믿음체계는 스스로를 다양한 정당화의 근거들을 동원함으로써 자신을 논쟁의 영역에서 제외시킨다. 그 당연시되고 있는 세계를 논쟁의 대상으로 삼고, 그 의미작용 속에 숨겨져 있는 사실들을 드러내는 것이 이 연구의 주된 목적이다. 이 때문에 이 책은 일종의 신화 비판의 위상을 가진다. 바르트(Barthes)는 『신화론』에서 '실제 현실에 대한 이야기 속에서 자연과 역사가 끊임없이 혼동'되는 사실에 대해 '참을 수 없는 감정'을 토로했다. 이 책의 주된 동기도 이와 유사하다는 것을 언급해두고자 한다.

이 책은 7개의 장으로 구성되어 있다. 제1장에서는 정보 개념에 대한 검토와, 이를 문화이론적 접근과 연결시키기 위한 논점들을 제기하고 있다. 정보라는 개념 자체에 대해 누구도 이견을 제기하지 않는 현재의 상황에서, 역사적으로 억압된 정보의 또 다른 개념을 소개하고, 이로부터 다른 방향으로의 정보화가 가능할 것인지를 가늠해보는 것이 이 장의 주요한 목적이다. 제2장에서는 정보사회에서의 재현(representation)의 문제를 다루고 있다. 정보사회라는 어휘는 현실을 지칭하기도 하지만 또한 특정하게 만들어진 대중의 믿음이기도 하다. 그러한 대중적 믿음이 어떻게 재생산되는지를 재현과 정치라는 주제를 통해 분석해보고자 한 것이 이 장의 주된 목적이다. 정보사회에 대한 대중적 믿음은 부어스틴(Boorstin)이 지적하듯 하나의 이미지다. 그것은 일상 담론에서, 이론에서, 사회적으로 조직된 담론에서 끊임없이 자신의 생명력을 부여받고 있다. 이러한 연쇄들을 해부함으로써 우리는 조작에 저항할 지점들을 확보할 수 있는 것이다. 제3장에서는 정보 이미지 광고를 분석하고 있다. 필자가 이 지점에 주목한 이유는 광고가 가진 위력, 즉 현실 생성의 힘 때문이다. 광고는 소비자를 주체로 호명하고 생성하는 강력한 담론 체계다. 특히 정보 이미지 광고는 정보와 기술에 대한 대중적 믿음에 기초해서, 그것의 긍정적인 결과들을 끊임없이 유포하는 사회적 기능을 수행하고 있다. 이 장에서 필자는 이러한 광고의 담론이 기술결정론과 기술의 인간주의적 담론으로 채워져 있음을 밝히고자 하였다. 제4장에서는 현재 우리사회에서 정보 격차가 어떤 방향으로 발전하고 있는지를 보여주고 있다. 정보기기 소유의 평등을 기초로 하는 정보불평등 해소 정책, 즉 보편적 접근이 이미 현실에 뒤쳐진 정책이 될 가능성이 크며, 현재의 불평등은 이용행태와 능력의 불평등, 즉 일종의 문화적 분절의 형태로 발전하고 있음을 지적하였다. 제5장에서는 정보사회에서 새로이 발전하고 있는 소비문화를 짚어 보았다. 특히 온라인 소비라는 새로운 경험은 당연시되던 상품과 소비자의 직접적 대면을 매개된 관계로 바꾸고 있으며, 또한 정보재라는 새로운 상품의 소비는 그 자체가 하나의 문화적 실천이 되고 있다는 사실을 지적하였다. 근대사회의 출현에서 소비자의 형성은 필수적으로 요청된 역사적 사실이었다. 그렇다면 정보사회에서 새로운 소비문화의 형성은 마찬가지로 새로운 역사적 변형의 한 측면을 보여주는 것으로 주목되어야 할 것이다. 제6장은 가상공간에서의 소통과 정체성의 문제를 다루고 있다. 가상공간은 소통의 또다른 공간으로서 인간의 자유로운 소통을 확장할 것이라는 낙관론이 대두되어 왔다. 하지만 이 연구는 그러한 낙관론은 성급한 것이며, 소통의 확장도 제한적으로 이해될 필요가 있음을 지적하고 있다. 중요한 것은 소통의 외연적 확대가 아니라 어떤 질의 소통인가 하는 문제이며, 그 속에서 어떤 정체성이 발전하고 있는가의 문제이기 때문이다. 마지막 7장에서는 정보사회에서의 문화 논리를 고민해보고 있다. 정보라는 개념의 출현에서부터 이미 정보사회는 논쟁의 장 속에 존재했다. 그것은, 마치 근대(modernity)라는 기획이 지난한 정치적 투쟁 속에서 형성되었듯이, 마찬가지로 정보 사회 역시 지속적인 갈등 속에서 형성되는 과정에 있다. 바꾸어 말하면 우리의 현재의 위치가 이런 정치적 과정 속에 존재하며, 그러한 정치 속에 더욱 적극적으로 개입해야 할 필요성이 대두되고 있는 것이다. 그러한 정치의 지형 속에 삽입되어야 할 문제의식이 바로 정보사회의 문화적 논리다. 이 장에서는 정보사회를 내적 논리를 가진 뚜렷한 문화적 현상으로 이해하고 접근하기 위한 방법과 논점들을 탐색하고자 한다.

마지막으로, 항상 고마움을 느끼게 만드는 분들이 계신

다. 많은 학문 동료들, 삶의 친구들, 그리고 전남대에 와서 얻게 된 지인들께 지면을 빌어 감사의 마음을 전하고 싶다. 그리고 항상 노심초사하는 부모님께 이 책을 바친다.

2006년 연구실에서

박 해 광

목 차

2장 정보사회와 재현의 정치

3장 정보 이미지 광고의 담론구조와 수용

5장 정보사회와 소비: 온라인 소비의 성격

6장 가상공간에서의 소통과 정체성

7장 정보사회의 문화논리

1장

정보와 문화: 몇가지 쟁점들[1)]

처음부터 정보는 논쟁적인 용어였다.
(Hayles, 2000: 259)

1. 들어가는 말

오늘날은 정보사회다. 정보라는 새로운 공기를 흡입하며 그것을 또한 상품처럼 생산하면서 우리의 삶이 이루어지고 있다. 그래서 우리가 이 사회를 '정보사회'로 지칭하는데 아무도 이견을 제기하지 않는다. 그러나 조금 더 생각해보면 우리는 이 정보사회를 아주 특별한 방식으로 이해하고 있음을 알 수 있다. 예컨대 정보사회는 '지식과 정보가 경제의 중심이 되는 사회'이기도 하고, '정보가 인간의 생활을 보다 편리하게 만드는 사회'이기도 하다. 이런 재현에서 정보는 당연시된 세계, 즉 정보는 경제의 중심이 되거나 인

1) 이 장은 『사회이론』 24호(2004)에 실린 "정보사회와 문화: 몇가지 쟁점들"을 수정한 것이다.

간의 삶을 보다 편리하게 만드는 기술로 지칭되고 있다. 그리고 이런 관념을 받아들인다면 정보기술을 발전시키는 것은 곧 인간의 행복, 국가의 발전, 인류의 진보의 성취라는 생각으로 자연스럽게 연결된다.

이런 논리적 연결은 이미 역사적으로 강력하게 등장한 바 있다. 기술발전, 즉 자연 이용의 확대가 인간의 행복을 가져올 것이라는 주장은 근대 세계를 출발시킨 가장 기본적인 믿음이었다. 계몽주의 시기의 많은 저작들은 새로운 유토피아를 그리고 있는데, 대표적으로 베이컨(Bacon)의 「새로운 아틀란티스」, 콩도르세(Condorcet)의 「역사유토피아」, 맑스(Marx)의 공산주의 사상 등이 그것이다. 이러한 유토피아는 공통적으로 '인간이 창출하는 하나의 구조로서 건설적, 계획적 사회, 즉 하나의 프로젝트'로 설정되고 있다[2]. 이러한 의도적이고 계획적인 이상적 사회 건설을 직접적으로 추동했던 것이 바로 근대 과학기술혁명이었다. 16-7세기 동안의 과학혁명은 태양 중심적 세계관을 근본적으로 바꾸어버린 코페르니쿠스(Copernicus)를 필두로, 케플러(Kepler)의 천체운행이론, 갈릴레이(Galilei)의 피사실험, 보일(Boyle)의 진공 실험으로 이어지고, 이어 뉴튼(Newton)에 의해 완성되어 새로운 문명의 중심으로 확고히 자리를 잡아갔다. 이러한 과학혁명을 토대로 경험적이고 합리적인 철학이 대두하였으며, 곧이어 사회에 대한 새로운 정신, 즉 계몽사상

2) 대표적으로 베이컨의 「새로운 아틀란티스」는 과학자들이 지배하는 과학공동체를 이상사회로 그리고 있다. 박호강, 1995: 135.

이 출현했다. 계몽사상은 사회에 대한 계획적이고 점진적인 개혁을 통해 행복을 이룰 수 있다고 믿었다. 그리고 이러한 믿음은 동시적으로 진행된 산업혁명에 의해 확증되는 듯 보였다.

하지만 오늘날 우리는 '근대성'이라 명명된 역사의 어두운 면에 대한 진지한 성찰과 반성을 수행하고 있다. 그리고 그 반성에는 역사를 진보로 이해한 단순함, 세계에 대한 공학적 태도, 과학기술에 대한 맹목적 믿음 등이 포함되어 있다. 예컨대 과학에 의한 자연 통제의 결과는 신뢰와 안전함 보다는 오히려 위협과 위험을 초래하였고, 약속된 듯 보였던 인간의 행복은 생태적 위협 속에서 도전받고 있다(Giddens, 1991: 25). 너무도 당연한 말이겠지만, 근대성은 한가지만을 약속하지 않았고, 역사는 그러한 한가지의 목표만을 위해 진행되어 오지 않았다. 우리는 그것을 지금, '포스트'로 이름붙여진 논쟁들을 통해 확인하고 있다. 그런데 이상하게도 '정보기술'에 대해서는 이런 과거의 믿음이 여전히 중첩되어 있다. 탈근대를 논의하는 현재의 시점에서도 여전히 기술과 인간의 행복을 논리적으로 연결시키는 사고방식이 팽배해있는 것은 도대체 무엇에 기인하는 것일까?

나는 이러한 대중적 관념의 밑에는 정보에 대한 특정한, 그리고 특권화된 이해 방식이 존재한다고 생각한다. 그렇다면 그것은 정보기술에 대한 기술공학적 평가와는 별도로, 사회적 의미구성 영역에서 이루어진 작용 혹은 실천의 결과로 보아야 할 것이다. 사회적 과정에는 항상 의미화

(signification) 과정이 결합되며, 이것이 곧 문화의 영역이다. 정보기술에 대한 관념은 의미, 상징, 그리고 가치, 즉 문화의 영역 속에서 구성되어 온 것이다. 또한 우리는 푸코(Foucault)의 작업들을 통해 역사적으로 지배적인 지식체계의 등장은 결국 억압과 배제, 구분의 담론화를 통해 이루어지는 것임을 확인하였다. 이러한 문제의식에 근거하여, 나는 현재의 정보사회에 대한 관념을 형성한 그 문화적 과정을 해부해 보고자 한다. 그것은 정보라는 개념을 둘러싼 이해방식의 차이들에서 출발하여, 언어와 소통의 문제, 그리고 오늘날 정보 문화라 지칭할 수 있는 몇가지 쟁점들을 해부하는 것으로 연결될 것이다. 이를 통해 나는 '정보 사회'라는 이미지에 연결된 지배적 관념으로 인해 억압되고 있는 의미실천의 새로운 가능성들을 탐색해보고자 한다.

2. 정보 개념에 대한 재검토

웹스터(Webster)는 정보사회 개념에 대한 비판적 검토 속에서 두가지 정보 개념을 구분한다. 그것은 양으로서의 정보와 질로서 정보인데, 현재의 정보 개념은 양적인 것으로만 가정됨으로써 정보사회를 이전 사회와 단절된 것으로 받아들이고, 정보사회의 모습을 양적인 규정에 의해 단정적인 어떤 형태로 받아들이게 된다고 비판한다[3]. 나아가 웹스

3) '참으로 이상한 것은 정보사회를 새로운 유형의 사회로 간주하는 많은 사람들은, 순환되는 정보의 양, 정보직업에 종사하는 사람들의 수 등과 같은 것을 계산함으로써 이러한 질적인 변화가 정의될

터는 양적인 관점의 정보 숭배는 '실제 삶의 내용이라 할 수 있는 질적인 구분을 파괴하는 기능을 수행'한다고 지적한다. 즉 양으로서의 정보는 '사실, 판단, 천박한 글귀, 심오한 교훈, 숭고한 진리 또는 저속한 외설물' 등과 같은 질적인 내용을 배제한다는 것이다. 그리고 이와 대비되는 개념으로서 의미론적(semantic) 정보 개념, 즉 '의미가 있고, 주제를 가졌으며, 사물이나 사람에 대한 지침이나 지시'로서의 정보를 지적하면서, 이것이 '의미론적인 내용에 관계없이 송신자와 수신자를 연결하는 채널을 통해 전달되기 위하여 부호화된 모든 것을 지칭하는 것'으로 전락한 상황을 문제삼고 있다(Webster, 1997: 56-8).

사실 웹스터의 정보 구분, 즉 양과 질이라는 것은 적절한 대비법은 아니지만, 이 구분에 입각하여 정보 개념을 둘러싼 초기의 이론적 상황으로 돌아가 볼 필요가 있다. 이러한 이분법은 현재의 지배적인 정보 개념에 의해 다른 무언가가 억압되었거나 배제되었다는 정황들을 보여준다. 그리고 만약 그러하다면, 무엇이 억압되었던가를 드러냄으로써 현재의 정보사회의 문제들에 대한 하나의 가능성을 열어줄 수도 있을 것이다.

1) 전달과 이해의 변증법

정보 이론은 위너(Wiener)의 사이버네틱스(cybernetics)에서 유래한다. 위너는 제어론(Control Theory), 컴퓨터 과학

수 있다고 가정한다는 것이다.', Webster, 1997: 54-55.

(Computer Science), 통신공학(Communication Engineering)을 포함하는 제어와 통신의 일반과학, 보편과학으로서 사이버네틱스를 창안했다[4]. 여기에는 1) 제어 결과의 적합과 부적합을 판정하고 제어를 잇달아 개선하기 위한 신호로서 이용하는 피드백(feed-back) 이론을 주축으로 하는 자동제어 이론, 2) 제어에 필요한 정보의 규격화, 수용, 전송, 저장, 가공에 관한 정보이론 및 계산기이론, 3) 목적 달성 행동일반의 정식화를 목표로 통계나 선형 수학을 구사하는 최적가 결정이론 등이 포함된다. 새로운 세계관으로서 사이버네틱스는 세계를 '불확정적이고 사건의 발생은 확률적이며, 이 확률의 척도인 엔트로피는 지속적으로 증가'하는 것으로 가정한다(Wiener, 1978: 5-12). 이런 상황에서 정보는 매우 중요한 역할을 부여받는다.

> 정보라는 것은 우리가 외계에 적응하고 또 우리가 적응한 것을 외계로 하여금 감지하게 할 때 외계와 교환되는 내용에 붙인 이름이다. 정보를 받고 또 사용하는 과정은 외부환경의 우발성에 대비해서 우리가 적응하고, 또 그 환경 속에서 효과적으로 우리의 생을 영위하는 과정인 것이다(Wiener, 1978: 20).

즉 하나의 체계로서의 세계가 자기 안정을 유지하기 위해 교환되어야 하는 중요한 요소 중의 하나가 바로 정보인데, 위너는 정보에는 두가지 의미, 즉 '물질과 에너지의 시

4) '이 책의 주제는 ... 사회는 그 사회에 속하는 메시지와 통신시설의 연구를 통해서 비로소 이해될 수 있으며, 또 이 메시지와 통신시설이 장차 개발됨에 따라서 인간과 기계 간의, 기계와 인간 간의, 그리고 기계와 기계 간의 메시지가 점점 큰 역할을 맡을 운명에 있다는 것이다.' Wiener, 1978: 18.

간적 및 공간적, 정성적 및 정량적 유형'과 '의미를 가진 기호의 집합'이 포함되는 것으로 이해한다. 하지만 이러한 두가지 가능성으로부터 선택된 것은 전자의 정보 개념이었다. 헤일즈(Hayles)에 의하면 메이시(Macy) 재단의 지원에 의해 이루어진 사이버네틱스 연구에서 '경쟁하는 두개의 배치'가 형성되었는데, 그 하나는 '항상성'(homeostasis)을 중심에 놓고 불변, 예측가능성, 균형을 강조하는 배치와, '재귀성'(reflexivity)을 중심에 두고 변화, 진화, 복잡성을 강조하는 배치였다(Hayles, 2000: 257). 바꾸어 말하면 그 대립은 정보가 수신자에 대한 그 의미를 참조하지 않고 수학적 함수로만 정의되어야 하는가, 아니면 그것이 수신되고 이해되는 맥락과 연결되어야 하는가의 문제이기도 했다. 특히 섀논(Shannon)은 '커뮤니케이션 체계의 부분으로 수신자의 사고방식을 고려하는 것에 연루되지 않으려' 했고, 결국 역사적으로 선택된 정보 개념은 전자였으며,[5] 이 과정을 통해 정보전달의 수학적 모델이 구성되었다.

섀논과 위버(Shannon & Weaver)의 '수학적 커뮤니케이션 모델'은 특정한 세계관 속에서 인간의 의미전달과정, 즉 커뮤니케이션을 정교한 모델로 구성하려 한다. 그 세계관이란, 정보는 양적인 것으로 환원될 수 있으며, 전달의 문제는 잡음(noise)의 개입을 줄이고 정확한 전달을 보장하는

5) 1950년대 초기 사이버네틱스 연구에서 항상성의 개념이 선택된 것을, 헤일즈는 2차대전 혼란 이전으로 돌아가고자 하는 욕구의 반영으로 이해한다. Hayles, 2000: 257-260.

문제로 집약된다는 신념이다. 이것은 정보를 명백히 양적인 것으로 간주하며, 그 관심은 정보의 손실 없는 전달에 맞추어져 있다.

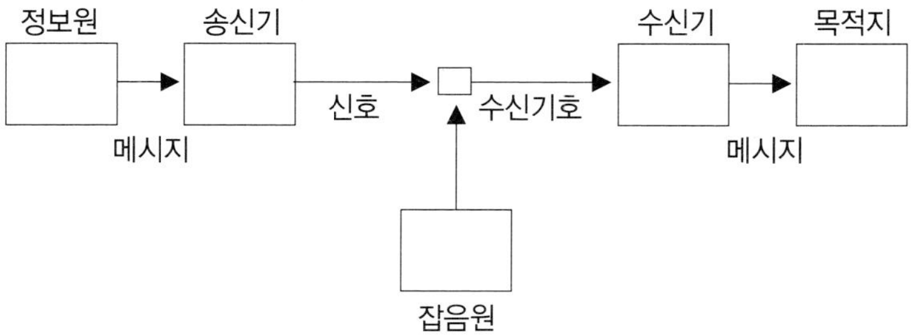

〈그림 1-1〉 Shannon-Weaver의 수학적 커뮤니케이션 모델

자료: Shannon & Weaver, 1985: 6.

이런 기계적 모델은 메시지, 특히 인간의 언어가 가진 기능을 축소함으로써만 유효한 것이 된다. 하지만 인간 언어의 특징은 드러난 표면적 의미를 통해서만 소통하는 것이 아니라 숨겨진 의미를 통해 소통한다는 점에 있다[6]. 따라서 인간의 소통에서 메시지란 그 의미를 구성하는 방식에 있어 특정한 사회적 규칙들을 따르며, 문화적, 관습적, 계급적 등의 단서들을 그 속에 내장하고 있는 것이다. 그럼에도 불구하고 우리는 지금까지 정보를 전자의 기준에서만 다루어 왔다. 그리고 이러한 정보 이해 방식이 대중적 관념으로 수

6) 인간 언어의 특징은 논리적 추론규칙을 내장한 상징이라는 사실에 있다. 이것을 언어학에서는 함축의미(connotation)로 개념화한다.

용된 것은 많은 부분 다니엘 벨(D. Bell)의 영향에 힘입은 바 크다. 예컨대 벨은 "텔레텍스트와 테크놀로지"에서, 정보의 폭발을 다음과 같이 이해하고 있다(Bell, 1993: 109-110).

> 역사상 최대규모의 정보수집은 1974년 지구대기권조사계획의 대서양 열대 실험이다. 국제연합의 지원을 받고 72개국 4,000명이 참가했으며, 38척의 선반, 13대의 비행기, 위성 6기, 부표 63개, 지상중계소 1,000개, 기구 50만개가 동원되었다. 그리고 동태평양에서 인도양에 이르는 서부지역에서 해저 1,500미터와 대기권 최상부까지의 2,900만 제곱마일을 조사하였다. 그 조사는 일기예보의 정확성을 높이고 허리케인, 몬순, 홍수, 가뭄 등의 원인을 밝히려는 것이었다. 그리고 7,000개의 테입과 140억 비트에 달하는 정보를 수집하였다. 수집한 자료를 분석하는 데만 몇 해가 걸렸다. ... 통계학자들이 즐겨 다루는 한 흥미로운 통계작업에 따르면 예일대학 도서관은 2040년에는 6,000명의 직원이 있어야 매년 도서관으로 보내오는 도서와 연구논문을 정리할 수 있다.

위에서 보는 바와 같이, 벨은 정보의 폭발로 인한 정보의 효율적 처리라는 기술적 필요가 정보사회라는 질적으로 새로운 사회를 이끌어냈다고 주장한다. 그래서 또한 정보사회의 특징이 정보량의 무한한 팽창에 있다고 확신하고 있는 것이다. 이것은 정보에 대한 지극히 피상적이면서도 실증주의적인 이해 방식이다[7].

나는 새로운 기술적 수단에 힘입은 언어적 상황의 변화가 '잘못' 이해된 채 정보의 본질을 놓치고 있다는 주장을

---

7) 실증주의는 형이상학적 세계관을 거부한다. 형이상학이 세계의 존재법칙(즉 실재)에 대한 철학적 탐구를 지칭하는 것이라면, 실증주의는 이를 현상적인 질서의 이해로 대체한다. 따라서 현상의 규칙성은 과학적 탐구의 절대적 대상이 되는 것이다. 정보사회는 이런 시각에서 본다면 명백히 현상적인 '정보의 (양적) 폭발'로 이해되는 것이다.

하는 것이 아니다. 기술적 상황의 변화는 제한적인 의미에서는, 항상 새로운 언어적, 문화적 관계의 변용을 함축한다. 그러나 그러한 변화를 쉽게 전망하기에 앞서 정보 개념을 상대적인 것으로 이해할 필요가 있음을 주장하는 것이며, 상식화된 정보 개념에 삭제되어 있는 어떤 전통에 대한 논쟁으로 이끌고자 하는 것이다. 정보기술을 정보의 양적 전달로 인정해버리는 태도가 야기하는 문제는, 이러한 전달의 기술이 정보사회, 나아가 정보적 문화를 가져온다는 인식을 요구한다는 사실에 있다. 그리고 이 때문에 정보사회의 문화 현상은 완전히 새로운 것으로 비쳐지기 십상인 것이다. 이러한 정보이해 방식에 내재된 것은 오히려 기술에 대한 특정한 세계관인데, 그것은 근대를 지배해 온 실증주의 세계관 속에서 그 요체를 확인할 수 있다.

2) 실증주의적 정보

비단 정보만이 아니라 대상에 대한 실증주의적 태도는 곧 목적합리적 태도와 연결되며, 이는 곧 어떤 목적을 위한 가장 효율적인 수단을 모색하는 태도를 의미한다. 여기서 본질적으로 '가치'의 문제는 배제된다. 목적 합리성은 목표의 정당함이나 수단의 참됨의 논란을 인정하지 않기 때문이다.

사실 실증주의(positivism)는 근대성을 추동했던 하나의 철학체계였다. 과학의 세기를 통해 발현되고 계몽주의를 거쳐 후기 계몽주의자인 콩트(Comte)에 의해 완성된 이 거대한 철학체계는 자연의 질서에 대한 독특한 세계관을 확립했다. 그것은 세계의 질서를 현상의 질서로 이해하고 원리나 본질을 찾는 형이상학적 태도를 배제하는 태도로 요약된다. 콩트는 실증정신은 '주어진 현상의 관찰과 분류에 만족하고, 형이상학처럼 추상적인 이유나 원인을 캐려하지 않으며, 신학적 정신처럼 초월자를 통해 드러나는 절대 진리를 추구하려 하지도 않는다'고 주장한다. 즉 과학의 유일하고도 진정한 과제는 검증할 수 있는 사상(事象)들 간의 관계를 밝히고 그것을 지배하는 법칙을 규정하는 것이다. 따라서 실증주의는 사물의 본질에 대한 관심을 뒤로 하고, 있는 그대로의 사물에 대한 관찰과 이러한 사실들 간에 존재하는 규칙성들에 대한 논의를 추구한다(Comte, 2001). 그래서 실증주의는 주관적인 해석(interpretation) 보다는 확증할 수 있는 묘사(description)에 그 주된 관심이 놓여져 있다(Todorov, 1998: 16).

따라서 이런 태도에서 우선 관심의 대상이 되는 것은 현상의 양적인 변화다. 정보화를 둘러싼 많은 담론들은 정보의 양적 증가라는 사실을 중요한 현상으로 이해한다. 그러한 증가 현상이 곧 정보화의 진전이나 발전을 의미하는 것으로 보기 때문이다. 정보를 양적 증가의 측면에서 주목하는 것은 단지 정보를 바라보는 하나의 시각에 지나지 않는다. 그럼에도 불구하고 정보에 대한 양적 이해, 실증주의적 이해는 정보인식의 방향을 특정 방향으로만 고정하고 왜곡하는 결과를 가져온다. 그러한 태도가 가져오는 중요한 결과 중 하나가 바로 의미의 축소와 상실이다. 정보에 대한 양적이고 실증주의적인 이해 방식을 따를 때 결국 정보사회에서 정보 자체는 역설적으로 그 '의미'를 상실당한다. 다음의 예를 보자.

A: 우리는 내일, 6월 3일에 도착하겠습니다.

B: 내일 도착

최소한의 의미에서 A와 B는 동일한 내용을 전달하고 있다. 하지만 B의 문장을 통해 A에 존재하던 것들, 즉 '우리'로 지칭됨으로써 메시지 전달자가 둘 이상의 복수이고, 내일이 6월 3일이며, '도착하겠습니다'라는 경어법에 담겨 있는 존경과 당사자 간의 관계의 암시 등은 사라져 버린다. 효율성의 관점에서는 A로 표시되어야 할 것이 B로 변환되는 것이 더욱 바람직한 것이다. 에스카르피(Escarpit)는 이것을 '잉여'의 제거라 명명한다[8]. 잉여의 제거는 오직 소통 상황이 효율의 관점에서만 정의될 때 바람직한 소통 전략이 되는 것이다. 그리고 이것은 인간의 소통이 가진 특징을 의도적으로 단순화하는 것에 다름 아니다.

3) 담론으로서의 정보

정보를 기계적인 방식으로 이해하는 것은 심각한 문제

---

8) 효율적이고 양적인 정보 전달 개념에서 중요한 것 중 하나는 잉여를 제거하는 것이다. 잉여란 불필요한 상징이나 정보, 메시지를 의미하는데, 이것은 정보의 효율적 전달을 방해하는 것일 뿐이다. Escarpit, 1997: 57.

들을 야기한다. '언어'의 문제에서 시작해 보자. 언어학의 창시자인 소쉬르(Saussure)는 언어를 하나의 전체이자 상당 기간 불변인 고정된 총체로 이해한다. 이것은 일견하기에 타당한 방법인데, 그것은 언어가 상당 기간 동안 변화하지 않은 채 동일한 형태를 띠며, 인간의 언어 사용이 그 사회의 총체적 언어규칙, 즉 랑그(langue) 속의 발화(parole)라는 형식으로 존재하기 때문이다. 하지만 실상 언어는 사회적 의미를 생산하는 수단이자 그 직접적인 과정이며 결과물이기 때문에, 언어 사용은 본질적으로 사회적인 행위이자 또한 구성적인 행위이다. 따라서 의미 역시 사회적 관계에 의존하는, 필연적으로 사회적인 결과이다(Volosnov, 1988: 131). 따라서 언어를 전달수단으로 이해하는 것은 언어 사용의 형식만을 강조하는 것이며, 언어사용 과정과 분리불가능하게 결합되어 있는 의미작용(signification)을 별개의 과정으로 떼어놓는 것이다. 의미의 제약으로부터 분리된 언어, 즉 정보는 이제 자유로운 변용을 통해 기계적 조작의 대상이 된다. 그래서 그것은 아날로그적인 신호로도, 디지털적인 이분체계로도 변용될 수 있으며, 그 자체가 아무런 의미를 가질 수 없는 기계어로 번역될 수도 있게 되는 것이다.[9]

9) 재미있는 실험을 해 보자. 영한 번역 서비스를 제공하는 포털 사이트에서 'I am Sam'이라는 문장을 입력한 후 번역 결과를 지켜 보자. 우리는 이 문장이 실은 최근 개봉된 제시 넬슨 감독, 숀 펜 주연의 최루성 영화의 제목임을 알고 있다. 하지만 번역 결과는 '나는 지대공 미사일이다'이다. Sam이라는 '의미있는' 페르소나가 지대공 미사일(surface-to-air missile)의 약자가 되어 버린다. 기계는

윌리엄스(Williams)에 의하면 언어의 이러한 '지위 하락'은 산업 자본주의 사회에서 발생한 특수한 역사적 경험들 중의 하나였다[10]. 이러한 정보 개념에는 이제 더 이상의 '의미있는' 정보 개념이 부재하게 된다.

더 나아가 정보는 메시지, 즉 하나의 담론으로 사용의 특정한 맥락 속에 존재한다. 즉 그 작성자와 수신자의 특정한 의미공유 상황에서 이루어지는 교환이며, 이 공유의 상황에서 정보는 절대적인 것이 아니라 상대적인 것이 된다. 결국 정보의 의미는 양자의 소통관계에서 완벽하게 실현하는 것이 아니라, 특정한 맥락의 공유라는 전제 하에서 상대적으로만 이해된다. 예컨대 다음의 예를 살펴보자.

A: 너무 늦어지는 것 같은데...
B: 지루하니?

이 둘의 짧은 대화는 예컨대 예정보다 시간이 길어진 세미나라는 상황이라면 이해가능하다. 이 대화는 실제 늦느냐 아니냐에 관심이 있는 것이 아니라, 어떤 상황에 대한 함축적 의미전달인 것이다. 소통 상황은 이런 맥락에 대한 전제 뿐만 아니라 소통의 의지적 작용을 또한 전제한다. 이런 맥락에서 야콥슨(Jakobson)은 언어의 전달도식에서 접촉

의미를 '의미있게' 주목하지 못하기 때문이다.

10) "..존재가 노동으로, 언어가 합리적이거나 정보를 담은 메시지들의 전달로, 사회적 관계들이 체계적이며 경제적이고 정치적인 질서 내에서의 기능들로 실질적으로 특수화되었는데, 이 모든 억압과 제한들이 충만하고 해방을 주는 상상력 혹은 창조성이라는 이름으로 도전받았던 것이다.", Williams, 1993: 64-5.

(contact)이라는 시적 기능을 강조한다. 시적 기능이란 발신자와 수신자 간의 물리적 회로 및 심리적 연결로, 의사 전달을 지속할 수 있게 해 주는 기능을 말한다. 오직 정보가 의미있는 담론일 때에만 소통의 시적 기능을 확보하게 되고 그럼으로써 소통 자체를 지속할 수 있게 된다. 또한 약호는 메시지의 의미규칙으로, 인간 언어의 특징인 외연의미와 함축의미의 관계는 이 약호를 통해 형성된다(Jakobson, 1997: 54-5).

이제 정리해 보자. 정보는 기계적인 언어로 번역될 수는 있지만, 이것이 정보의 전부를 구성하는 것은 아니다. 또한 엔트로피, 즉 불확실성을 줄이는 것이 반드시 인간의 삶에서 항상 의미있는 목적으로 설정되지도 않는다. 오히려 언어로서의 정보는 불확실하면서도 풍부한 '잉여'들이 현존함으로써 의미있는 상황들을 만들어낸다. 그것이 인간 언어의 특징인 바, 정보는 항상 무엇보다 의미이며, 실제적인 사회적 사용 속에서만 실현되는 것이다. 이러한 사회적 맥락성이 제거될 때 정보는 단순한 기계적 신호가 되어 버리고, 허구가 되어 버린다. 순진무구함과 중립성의 외양을 띤, 허구로 만들어진 언어는 이제 모든 정치적 작용의 공간이 되어 버린다.[11)]

따라서 기계적 정보 개념에 가려진 인간적 소통이라는

---

11) 바르트(Barthes)는 이러한 순진무구한 외양을 가지는 언어를 현대의 신화(myth)로 명명한다. 신화는 그 속에 권력작용을 숨긴 채 자연화된, 사로잡힌 언어다. Barthes, 1995.

쟁점을 제기할 필요가 있다. 첫째, 정보량 자체는 그 어떤 '의미있는' 실정성을 제공하지 못한다. 맥루한(McLuhan)의 명제를 따라 정보 미디어 자체를 하나의 메시지로 이해할 때도, 이 메시지는 발화와 수신의 상황 전체를 고려할 때만 의미있는 메시지가 된다. 따라서 정보는 항상 맥락 하의 의미를 담은 정보로 고려될 필요가 있다. 우리는 무수히 많은 인터넷 상의 정보들 중 '잘못된' 정보들과 항상 마주칠 수 있다. 예컨대 다음과 같은 식이다.

> 인터넷에 특정 건강 보조식품이나 치료제 판매를 위한 엉터리 관절염 정보가 많은 것으로 나타났다. 한림의대 평촌성심병원 류머티스내과 김현아, 서영일 교수팀은 지난 2002년 7~12월 국내 4대 검색엔진(네이버, 다음, 야후, 엠파스)에 수록된 '관절염' 웹사이트 138개를 분석한 결과, 44.9%(62개)가 효능이 입증되지 않은 보조식품이나 치료제를 판매하기 위한 것으로 드러났다고 16일 밝혔다. 연구팀은 이들 사이트의 활용도와 신뢰성 등을 평가하기 위해 이 기간 병원을 찾은 관절염 환자 250명과 류머티스내과 전문의 60명에 대한 설문조사도 함께 실시했다. 이 조사결과 대부분의 사이트가 신빙성을 평가하는 국제 공인 기준(HON code)에서 제시하는 의료정보 제공자나 근거 문헌의 명시, 광고 여부 표기 등의 사항을 지키지 않고 있는 것으로 나타났다. 문제는 사정이 이런데도 관절염 환자의 58%는 '인터넷에 수록된 관절염 정보가 투병에 도움이 된다'고 생각하고 있다는 점. 반면 류머티스 내과 전문의들은 '인터넷에 수록된 내용을 환자가 정확히 이해하고 있었다'고 생각하는 경우는 16%에 불과하다. 심지어 전문의들 가운데는 '환자가 인터넷에 수록된 의약품 정보 때문에 현재 받고있는 전문치료를 불신하는 사례까지 있다'고 지적하는 이들이 상당수(39%)에 달한다[12].

이것은 정보 자체가 의미를 제대로 담지 않을 경우 쉽게 조작의 대상이 될 뿐 아니라 심지어는 사회 전체에 부정적인 영향을 줄 수도 있음을 보여주는 한 사례라 할 수

---

12) 국민일보, 2003년 3월 18일자.

있다.

두번째로 정보량의 증가라는 현상에는 하나의 신화, 즉 성장제일주의 이데올로기가 숨어 있다. 근대 사회를 지배해 왔던 관념인 이 이데올로기는 양적 성장을 발전과 동일시 한다. 여기서 우리는 신화화된 정보에 대해 발생적인 정치 경제학을 논해볼 필요가 있다. 이러한 측면에서 기든스(Giddens)의 논의는 상당히 도움이 된다. 기든스는 근대국가의 출현 자체가 개인 정보의 독점화 과정이었다고 주장 한다. 계몽주의 정치철학에 의해 확립된 주권 개념은 영토 내 개인들에 대한 (위임된) 권력의 합법적 지배를 보장하고자 했다. 새로이 생겨난 영토(territory) 개념은 그 내부 성원들에 대한 위치의 규정을 필연적으로 요구했다. 즉 어떤 사람들이 어떤 위치에 존재하는지를 확인하는 것이 곧 주권을 확립하는 것이었다. 이런 이유 때문에 개인들의 정보라는 것이 활성화되며, 그것은 곧 개체들에 대한 정보의 수집과 감시를 핵심으로 한다[13]. 이런 맥락에서 포스터(Poster)는 전자적 정보양식이 하나의 거대한 감시체계가 될 수 있음을 경고하고 있다(Poster, 1994). 또한 이러한 정보에 대한 물신적 태도는 정보와 대중의 관계를 유리시키면서 정

13) '근대사회는 ... 그 태생시부터 '정보사회'였다. 모든 국가가 '정보사회'인 근본적인 이유는 국가권력이 관리를 목적으로 한 지속적인 정보의 수집, 저장 및 통제를 전제로 하기 때문이다. 그러나 민족국가에서는 특히 높은 정도의 행정적 통합성으로 인하여 이러한 활동이 과거 어느때 보다도 훨씬 더 높은 수준에서 이루어지게 되었다.', Giddens, 1985: 178, F. Webster, 1997: 107에서 재인용.

보가 가진 신화를 강화하는 재생산구조를 창출한다. 예컨대 정보 이미지는 대중과 거리가 먼 기술적 이미지로 치장되고, 그럼으로써 기술 발전으로부터 대중의 삶을 소외시켜버리는 결과를 초래한다[14].

애초에 논쟁적 개념으로부터 확정적인 정보 개념으로 이행하면서 만들어진 정보화의 궤적은 새로이 제기되는 문화적 쟁점들과 곧바로 연결되어 있다. 이를 다음 절에서 살펴볼 것이다.

3. 정보와 문화라는 쟁점

정보는 비물질적이고 주로 언어 형태를 취하며 의미와 상징을 내포하고 있기 때문에 문화와 본질적으로 많은 영역을 공유하며 친화성을 가진다. 따라서 정보사회의 사회적 실천방식이 문화적, 혹은 의미와 상징이 보다 중요하게 부각되는 상황으로 연결될 것이라는 추론은 타당하고도 현실적인 중요성을 가진다. 정보사회가 '이론적 지식'이나 '정보'가 사회의 기축이 될 것이라는 주장을 전제하지 않고도, 정보의 속성에 근거한 정보사회의 문화적 특징을 검토하는 것이 가능하다[15]. 이러한 친화성을 전제하면서 정보사회가

---

14) 정보 이미지의 재현과 대중의 수용의 관계에 대해서는 이 책의 2장을 참조하시오.

15) 정보를 기축원리로 이해하는 것은 모든 사회적 현상이 '정보적'인 것으로 변화한다는 주장을 함축한다. 이론적 지식이 지배하는 정보사회라는 벨의 이러한 주장은 언어와 정보 사이의 유사성에 기초한 단순한 유비, 하나의 아이콘일 뿐이다. 이 주장의 모순성에 대

제기하는 문화라는 쟁점, 즉 사회적으로 이슈화되거나 혹은 의미있는 변화로 볼 수 있는 상황들이 무엇인지를 짚어볼 필요가 있다. 나는 여기서 크게 두가지 측면, 즉 소통방식의 문제와 디지털 문화의 한 특성으로서 키치(kitsch)의 문제를 다루고자 한다.

1) 소통방식의 변화

매체로서의 인터넷은 이전의 대중매체와는 사뭇 다른 양상들을 만들어내고 있다. 오마이뉴스나 프레시안, 딴지일보와 같이 대중적인 영향력을 획득한 상대적으로 큰 규모의 온라인 신문이 이미 등장하였고, 개인이 운영하는 소규모 방송이나 신문들이 무수히 존재한다. 게다가 최근에는 블로그 현상까지 가세해서, 그야말로 인터넷은 새로운 소통의 공간으로 정의되어도 무방한 듯 보인다. 이러한 다양한 매체들은 과연 인간의 소통을 확대하거나, 혹은 새로운 소통방식을 창출하고 있는가? 맥루한이 매체의 발전을 '인간의 확장'으로 이해했듯이, 인간의 의사소통은 매체라는 수단을 매개로 하여 대면적 관계로부터 비대면적 관계로 그 범위를 확장시켜 왔다. 그렇다면 이러한 인간의 확장은 소통의 방식, 정도와 범위를 얼마나 바꾸고 있는가? 그리고 인터넷이라는 새로운 매체가 가져온 변화란 무엇인가? 이를 대면적 소통이라는 소통의 본래적인 방식에서부터 따져볼 필요가 있다.

해서는 Webster, 1997 참조.

대면적 소통은 말하기(talking)를 통해 주로 이루어진다. 옹(Ong)에 의하면 인간의 말하기 전통은 문자의 발생 이전부터 인간관계의 핵심이었다. 대면성(face-to-face)은 가장 원초적인 소통상황이라 할 수 있으며, 그 핵심에는 친밀성이라는 정서적 공통분모가 놓여 있다[16]. 하지만 의사소통에 있어 발신자와 수신자의 텍스트에 이해관심은 상이하다. 발신자의 관심은 텍스트를 생산하기 위해 내용을 메시지 텍스트에 포장해 넣는 것에 있다. 반면 수신자의 관심은 발화자가 텍스트에 내용을 어떻게 포장해 넣었느냐 보다는 무엇이 포장되어 있는가에 관심을 가진다. 따라서 이 발화 상황은 부호화한 내용과 해독한 내용이 차이가 없을 때는 성공할 수 있지만, 그렇지 않은 경우는 착오나 소통의 실패로 귀결된다. 이 착오의 가능성은 발화 상황에 근본적인 것이다.[17] 이 때문에 발화 상황에서는 항상 추가적인 메커니즘, 즉 군더더기라 부르는 잉여성이 개입된다(Lotman, 1998: 31). 몸짓이라는 비언어적 소통 방식들은 이러한 착오를 교정하고 예방하기 위한 소통의 특별한 메커니즘이라 할 수 있는 것이다.

---

16) Ong, 2000. 또한 인류학자인 홀(E. Hall)의 흥미로운 연구에 의하면 대면적 소통은 공간적 거리에 의해 유형화되는 '공간의 의사소통방식'이 존재한다. 그리고 이러한 유형에 따라 목소리와 소통의 몸짓도 달라진다. Hall, 2001: 244-9.

17) 왜냐하면 메시지 내용이 완전히 동일하여 착오가 발생하지 않는 상황이란 발화자와 수신자가 동일 인물인 경우에만 가능하기 때문이다.

그러나 문자전통으로의 이행은 인간의 소통에서 화자와 청자라는 소통 주체보다는 만들어진 텍스트를 더 중요한 것으로 만들었다[18]. 옹은 문자전통은 기본적으로 자유로운 언어를 만들어왔다고 가정한다. 그 이유는, 글쓰기란 '상황으로부터 자유롭'기 때문인데, 구술 상황은 이와 달리 소통 당사자들간의 관계와 맥락으로부터 자유롭지 못하다는 것이다.[19] 또한 쓰여진 텍스트는 작가와도 분리되어 있다는 점에서 역시 말하기보다는 훨씬 자유로우며, 직접적으로 반박되지 않는다는 점에서도 그렇다. 하지만 이것은 또한 발신자, 즉 글쓰기의 주체가 특권화될 때 일방적인 소통으로 고착된다는 사실을 함축하기도 한다. 문자전통으로의 이행, 그리고 구텐베르크(Gutenberg) 혁명이 가져온 결과는 대중매체의 발전이라는 상황으로 귀결되었다. 따라서 대중매체가 보이는 소통의 일방성과 경직성은 그것의 다양한 표현양식에도 불구하고 그것의 문자전통적 특징에서 비롯되는 것으로 보아야 할 것이다.

그렇다면 뉴미디어 혹은 컴퓨터에 의해 매개된 소통

---

18) 구술전통에서 문자전통으로의 이행은 말하기의 근본적인 제약, 시간적이고 공간적인 제약 때문이다. 말한다는 것은 본질적으로 시간이 경과하면서 사라져버리는 '휘발성'을 가진다. 또한 공간적으로도 말하기는 음파의 도달거리라는 한계 내에서만 작용한다. 문자는 이런 구술의 휘발성을 시간 속에 붙잡아두고 공간적 한계를 넘기 위해 만들어진 것이다. Ong, 윗글 참조.

19) '실제의 말과 사고는 본질적으로 언제나 인간끼리 주고받는 컨텍스트 안에 존재하는데, 쓰기는 그러한 컨텍스트를 떠나서 비현실적, 비자연적인 세계 속에서 수동적으로 이루어진다.', Ong, 2000: 125.

(CMC)의 특징에 대한 이해는 그것이 이 문자전통과 어떤 연관을 갖고 있는가를 살펴봄으로써 가능해질 것이다. 흔히 뉴미디어는 대중매체의 일방향성을 극복하면서도 신체에 의해 표현되지 않는 소통상황을 창출하며, 또한 시간 및 공간을 초월한 소통을 가능하게 하고, 직접대면하지 않는 소통이고, 소통의 익명성에 기초한 자유가 보장되는 등의 장점을 가지는 것으로 얘기된다. 하지만 나는 이러한 장점을 실현된 것으로 단정하기에 앞서, 주어진 기술적 '가능성'으로 유보해두고자 한다. '가능성'으로 지칭된 것은, 그것이 어떤 방향으로 현실화될지 혹은 되고 있는지가 아직 확정되지 않았기 때문이다. 나는 새로운 소통의 중요한 근거로 제시되는 하이퍼텍스트와 익명적 소통의 문제를 통해 이를 검토해보고자 한다.

뉴미디어를 통한 소통의 중심에 하이퍼텍스트(hypertext)가 있다. 하이퍼텍스트는 다양한 여러 텍스트들이 연결되어 마우스로 키워드를 클릭하기만 하면 관련된 새로운 문서들로 옮겨갈 수 있는 새로운 문서 형태를 말한다. 이 하이퍼텍스트는 상호작용성을 실현하는 한 전형으로 이해되는데, 전통적인 텍스트가 선형적이고 순차적인 형태를 취하는 반면, 하이퍼텍스트의 구조는 비선형적이다. 그 시작과 끝은 정해져있지 않으며 하나의 텍스트로부터 다른 텍스트로 넘어가는 것은 저자의 의도와는 무관하게 이루어질 수 있다 (Friedman, 2000: 340). 이런 특성이 하이퍼텍스트, 나아가 이를 기반으로 하는 CMC를 상호작용적이고 비선형적이며 탈권위적인 것으로 이해할 가능성들을 제공하는 것이다. 그리고 이로부터 소통의 확대 가능성이 생겨난다. 예컨대 전자게시판(bulletin board)을 통한 소통의 전형적인 형태를 보면, 한 사람이 게시판에 글을 올리면 그 글에 대한 하위 답글(reply)이 원본에 대한 주석의 형태로 만들어지며, 혹은 또다른 글을 답글로 올림으로써 의미적으로 연결되지만 새로운 텍스트가 되며 원 저자는 여기에 또 답글을 달기도 한다. 이러한 소통에서 텍스트는 권위를 갖지 않으며, 오히려 텍스트에 대한 해독자의 역할이 더 중요한 것이 된다는 것이다.

그렇지만 하이퍼텍스트 역시 기본적으로 문자전통의 연장으로 보는 것이 타당하다. 현재 실현되고 있는 가상공간의 하이퍼텍스트는 여전히 글쓰기를 기초로 만들어지고 있으며, 독자들이 독서의 경로를 임의적으로 만들고 결정하는 과정도 결국은 만들어진 하이퍼텍스트의 연결 범위를 넘어서지는 못한다. 이런 점 때문에 프리드만은 하이퍼텍스트를 과도기적인 형태로 규정한다(Friedman, 2000: 341. 또한 화이트(White)에 의하면 하이퍼텍스트는 모든 종류를 텍스트를 대체하거나 초월할 수 있는 텍스트라기 보다는 백과사전, 박물관 전시물, 어떤 과정에 대한 체크리스트, 온라인 도움말 등에 더 적합한 텍스트이다(배식한, 1999: 283). 즉 하이퍼텍스트는 언어의 정보적 기능에 더 적합한 텍스트로 또 다른 언어의 기능인 시적 기능에는 적절치 않은 텍스트이며[20], 정서적이고 창조적인 소통을 창출하기에는 기술적인 한계를 가지는 것이다. 따라서 하이퍼텍스트를 통한 수용자 참여의 확대는 아직은 몇몇 정보 형태에 국한되고, 그 한계도 정해져 있는, 제한적인 것으로 이해하는 것이 옳을 것이다.

두번째로 익명적 소통의 문제를 검토해 보자. CMC는 익명적 소통의 상황이기 때문에 대면적 소통에 비해 소통의 진입장벽을 낮춘다. 대면적 소통은 소통 당사자들의 사회적 위치의 단서들을 중심으로 조직되며 그에 따른 사회적 약호들의 작동을 통해 의미작용이 만들어지기 때문에 근본적으로 제약된 의사소통이라 할 수 있다[21]. 반면 익명성은 이러한 사회적 위치에 대한 단서들을 배제한 채, 오로지 소통 자체, 즉 교환되는 메시지에 기초해서만 소통이 이루어지기 때문에 대면적 소통에서는 하기 어려운 대화들도 가능해진다[22]. 또한 익명성에 기초한 관계는 대면적 소통관계의 우연성을 넘어설 여지를 제공한다. 대면적 소통에서는

---

20) 언어의 정보적 기능이란 메시지를 실어나르는 매체로서의 기능이며, 시적 기능은 언어의 창조적 기능을 의미한다. Lotman, 1998: 38.

21) 예컨대 처음 만난 사람이 연장자거나 자신의 직업세계에서 고참자라면 그 소통의 대등함은 애초부터 기대하기 힘들어진다. 또한 조직 내 소통에서는 대체로 리더에 의해 소통이 독점되는 경향이 있다. 김유정, 1998: 99-100.

22) 한 예로 2002년 연세대학교 사회발전연구소에서 조사한 '인터넷 이용실태조사'에 의하면 '만나서는 이야기할 것 같지 않은 사람도 이메일로는 대화할 수 있다'는 질문에 대해 51.5%가 그렇다고 응답한 반면, 그렇지 않다는 응답은 15.2%에 불과하였다. 이 결과 역시 익명성이 제공하는 소통 가능성의 확대를 보여주는 것이라 할 수 있다.

어떤 목적이나 관심의 공유를 위해 의도적으로 만들어내는 관계보다는, 정서적이고 소통 자체가 목적이 되는 관계가 일반적이므로 관계의 우연성을 넘어서기가 매우 어렵다. 하지만 익명성에 기초한 CMC는 목적을 위한 소통을 의도적으로 조직하기가 상대적으로 용이하다. 최근 인터넷을 중심으로 동호회나 카페 등이 폭발적으로 증가하는 것은, 대면적 소통에서 충족되기 어려운 목적의식적 소통의 욕구들을 반영한 것으로 해석될 수 있을 것이다.

소통의 익명성은 수용자의 참여 기회를 확대하지만, 동시에 오히려 텍스트에 의한 소통상황의 제약을 확대하는 계기가 되기도 한다. 즉 비대면적인 익명적 소통에서는 대면적 소통의 잉여들이 제한되므로 오로지 텍스트를 중심으로만 이루어질 수밖에 없는데, 이로 인해 메시지는 소통의 실패를 줄이기 위해 최소한의 의미들만을 담게 된다. 그렇기 때문에 추론규칙을 내포한 상징으로서의 언어적 특성은 현저히 침해될 수 밖에 없고 풍부한 의미들의 소통은 근본적으로 제약되는 것이다. 이렇게 본다면 CMC는 소통의 희박화 가능성을 근원적으로 안고 있는 셈이며, 대면적 소통이나 문자전통의 한계를 넘어서는 것으로 이해하기는 힘들다는 얘기가 된다.

CMC에 대한 기술적 정의가 어떤 소통을 만들어낼 것인가라는 문제를 자동적으로 보장하지는 않는다. 어떤 가능성들이 현실화될 것인지는 아직 미지수다. 그러나 지금 그 토론이 시작되어야만 한다는 사실은 명백하다.

2) 디지털 문화와 키치

나는 앞서 새로운 문화적 상황이 출현할 기술적 '가능성'을 언급했는데, 그것은 최소한 현실화의 단계에서 이것이 긍정적인 방향으로만 작동하는 것은 아니라는 점을 보여주기 위해서였다. 호르크하이머와 아도르노(Horkheimer & Adorno)는 문화산업은 본질적으로 대중을 '획일화'시키고 본연의 욕망이 아닌 만들어진 욕망으로 채우며, 그리하여 사이비 개성을 만들어낸다고 지적하는데(Horkheimer & Adorno, 1995), 이런 문제의식은 정보사회에서도 여전히 유효한 듯하다. 인터넷이라는 새로운 공간은 기술적으로 분산적이면서 확대된 소통의 상황들을 창출하지만 또한 획일화와 사이비 개성의 창출이라는 측면에서도 동일한 가능성을 보여주고 있다. 나는 그 후자의 증거의 하나로 키치(Kitsch) 현상을 들고 싶다.

칼리니스쿠(Calinescu)에 의하면 어원상 키치는 1) 미완성의 것(sketch), 2) 입수 가능하기 위해 비교적 값싸야 한다는 것(verkitschen)[23], 3) 미적으로 쓰레기나 폐물로 여겨질 수 있는 것(kitschen) 등의 의미를 가진다(Calinescu, 1993: 292-3). 키치를 명확하게 어떤 것으로 정의하기는 쉽지 않지만, 대개 정의하자면 미학적이기보다는 오락과 여흥으로서의 예술과 더 깊이 관련되어 있으며, 일상에서 탈출하고

23) 사전적으로 verkitschen은 '1) 키치로 만들다, 졸작으로 만들다 2) 헐값으로 팔다, 마구 팔아치우다'의 의미다.

자 하는 대중의 욕구와 작가의 상업정신이 결합된 예술적 결과물을 키치라 할 수 있다. 또한 키치는 산물로서뿐만 아니라 '사물을 대하는 태도'도 포함하는 개념이다. 따라서 키치의 핵심은 대중문화와 문화산업에 연결되어 있으며, 대중의 유흥을 자극하는 획일화된 문화의 한 변종이라 보아도 무방할 것이다. 균질화된 문화(homogenized culture)로서의 키치는 '어린이들과 어른 청중들의 융합'을 만들어내고 있다. 그래서 다음과 같은 일들이 발생한다. '1) 어른의 유아적 퇴행. 그는 현대생활의 긴장과 복잡함을 지탱할 수 없기 때문에 키치를 통해 탈출한다. 다음으로 키치는 그들의 유아성을 확고히 하고 앙양한다. 2) 어린이의 과잉 자극. 그는 너무 빨리 자라 버린다.'(Macdonald, 1953) 즉 키치는 문화산업의 핵심 속에 있는 현상이자 혹은 그 자체인 것이다. 이런 키치 현상은 정보적 문화들, 특히 인터넷 문화에서 매우 뚜렷한 현상으로 발견된다는 것에 그 문제의 심각성이 있다.

나는 이러한 키치적 현상의 전형적인 사례로 디카(Dica) 문화를 들고 싶다. 일견해 볼 때 디카문화는 아방가르드와 키치의 관계를 연상시킨다. 예술로부터 소외된 인간에게 사물로서의 예술을 되돌려주려는 움직임인 키치는 따라서 예술을 향한 움직임이 아니라 인간을 향한, 혹은 인간의 욕구를 향한 움직임이다. 그러나 그 욕구는 상업화된 것이고 균질화된 것이다. 그리고 이 속에는 소통의 왜곡이 존재한다. 무엇보다 디카 문화는 과장된 소통이다. 패러디(parody)라는 기법을 통해 이미지 왜곡을 만들어내는 디카 문화는 소통 내용의 과장과 의미의 잉여들을 발생시킨다. 그런데 이 잉여는 대면적 소통에서의 표정이나 몸짓과 같이 의미의 확충을 만들어내는 소통의 풍부함을 지향하는 것이 아니라 소통의 단절이라는 결과로 귀결된다. 예컨대 모 가수나 배우의 과장된 이미지 왜곡은 '합성 이미지'라는 이름으로 높은 정세도를 가진 이미지를 보여주고 있지만, 그것은 매우 직접적이고 일회적인 메시지로 끝나 버린다. 물론 이러한 디카 이미지는 외형상 즉각적인 소통이라는 양상을 띤다. 하나의 변형 이미지가 게시판에 올려지면 여기에 대해 거의 즉시적인 답글이 붙여지는데, 이것은 외형상 쌍방적인 소통인 것처럼 보인다. 하지만 이러한 답글들은 소통을 위한 의지적, 시적 행위가 아니라 관조적이고 비평적인 행위다. 이 답글들은 이미지 제작자의 반응을 기대하지 않으며, 소통의 지속을 위한 의지를 드러내지 않는다. 또한 이미지를 만들어 올린 사람 역시 이러한 답글들에 대한 응답을 보여주는 경우는 거의 없다[24].

또한 디카 문화는 그 속에 유아적 퇴행을 담고 있다. 그것은 일종의 독특한 정체성 구성방식인데, 스스로를 '폐인'으로 지칭하는 소통전략에서는 자신의 정체성이 특권적으로

24) dcinside의 갤러리의 경우, 많은 답글이 올라오는 엽기 갤러리나 히트 갤러리는 이미지 제작자가 답글들에 대해 추가적 메시지를 올리는 경우는 거의 없었으며, 시사 갤러리나 일반 이미지 갤러리도 추가 메시지를 올리는 경우는 상당히 적었다.

보호되는 안정성에 대한 믿음을 바탕에 두고 있는 것이다. 자신을 '폐인'으로 지칭하는 순간에 그 어떤 소통도 자신에게 영향을 미치지 못하며, 모든 소통의 내용들은 폐인이라는 정체성 범주 속으로 녹아 들어간다. 그런데 그 내용은 스스로의 희화화라는 형태를 취함으로써 퇴행적 성격을 보여준다. 다음의 이미지를 보자.

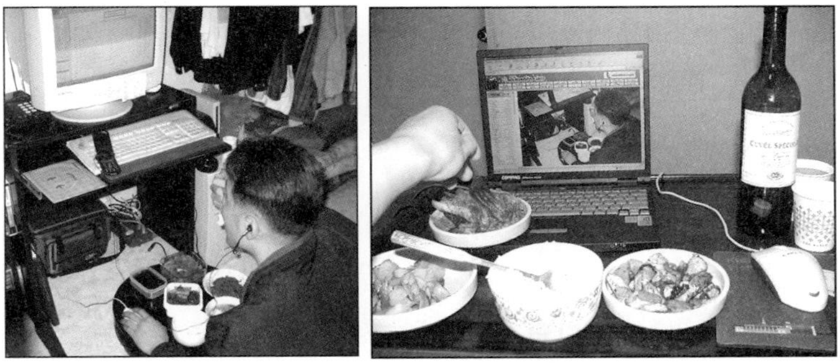

〈그림 1-2〉 폐인 이미지

자료: www.dcinside.com

처음으로 폐인이라는 담론을 출발시켰던 이 사진 이미지는, 기묘한 생활양식으로서의 폐인 문화를 재현하고 있다. 컴퓨터와 핸드폰으로 접속된 인터넷 앞에서 작은 밥상을 놓고, 밥을 먹으면서도 왼손으로 마우스를 잡고 이어폰으로 핸드폰에 연결된 한 남자의 모습은 모든 일상이 인터넷을 중심을 조직화된 삶의 양식을 보여준다. 그리고 연결된 그 다음 이미지는 이런 삶이 다시 인터넷을 통해 다른 사람의 삶의 응시 대상으로 재현되고 있다. 이것은 삶 자체가 하이퍼텍스트(hypertext)임을 주장하는 것이다. 즉 폐인들의 삶들은 서로의 참조 텍스트로 존재하는 것이다. 이런 이미지들은 '액자 속의 액자'들로 끊임없이 연결된다. 하지만 이러한 폐인들의 문화는 거의 전적으로 오락성을 목적으로 삼으며, 그것이 사회를 향한 발언이 될 때에도, 그 소통 방식은 독백적이다. 그래서 이러한 문화는 오히려 매우 획일화된 모습들을 드러내고 있다[25].

디지털 패러디를 사례분석한 한 연구에 의하면, 305개의 디지털 패러디 중 대부분이 원작을 영화에 두고 있으며, 그 밖에도 정치, 스포츠, 게임, 드라마 등 대중문화를 그 원작으로 삼고 있는 것으로 드러났다. 예술작품을 원작으로 삼은 경우는 7개에 불과했다(함윤섭, 2003). 이것은 현재 범람하고 있는 디지털 패러디가 원작에 대한 경의를 내포한 예술적 형태가 아니라, 지극히 대중문화적 현상, 즉 키치적인 것임을 보여주는 것이다. 또한 그것이 설사 시사적인 비판과 풍자의 내용을 담고 있을지라도, 그 본질은 유흥(Horkheimer & Adorno, 1995: 190)에 있음을 의미하는 것이기도 하다[26].

---

25) 영상구조로 볼 때 이 이미지들의 작성은 거의 예외없이 원본 이미지에서 얼굴 부분을 주로 교체하거나 같은 글자체의 다른 글자를 합성해 넣는 형태를 띤다. 이러한 작업을 패러디라 일컬을 수 있다면, 그것은 문맥의 패러디가 아닌 메시지 자체의 패러디에 국한된다.

26) 이런 맥락에서 키치 그림에서 중요한 것은 욕구의 대상이 아니라 욕구 그 자체이며 키치가 통상적인 단순한 향수의 대상들 이상의 호소력을 가지는 이유는 바로 이 때문이라는 지적은 설득력이 있

〈표 1-1〉 차용된 원 텍스트별 분류에 의한 디지털 패러디 사례분석 결과

	정치	스포츠	영화	드라마	예술 작품	게임	만화	계
'01. 06월	•	•	23	7	•	8	2	40
'01. 07월	•	•	9	1	•	•	2	12
'01. 08월	1	1	14	2	•	2	4	24
'01. 09월	•	•	21	2	1	3	1	28
'01. 10월	11	•	21	•	1	•	•	33
'01. 11월	5	2	5	•	1	•	2	15
'01. 12월	2	•	4	2	1	2	1	12
'02. 01월	3	•	5	•	1	•	1	10
'02. 02월	2	•	11	•	•	•	2	15
'02. 03월	3	9	2	1	•	1	•	16
'02. 04월	3	1	3	2	•	•	2	11
'02. 05월	•	•	6	•	•	•	•	6
'02. 06월	1	3	1	•	•	•	•	5
'02. 07월	•	11	36	•	•	•	3	50
'02. 08월	•	•	7	•	•	•	1	8
'02. 09월	•	•	2	•	•	•	1	3
'02. 10월	•	•	11	2	•	•	•	17
합 계	31	27	181	19	7	18	22	305

자료: 함윤섭, 윗글, 9쪽.

현재의 인터넷 문화가 정보의 생산, 이미지의 자유로운 변용과 공유 등 외형적으로 보이는 소통의 쌍방향성과 창조성에 숨어있는 정치 논리는 흔히 주장되는 '자유로운 문화'와는 다른 것일 수 있음을 생각해 볼 필요가 있다. 그것은 아우라(aura)로 상징되는 예술적 진지함의 기준에서가

다. 이은숙 · 전용옥, 2000: 175.

아니라, 이들 디카 문화에 원본을 제공하고 있는 대중문화의 영향력이라는 측면에서 사고되어야 할 부분이다. 즉 영화나 드라마, 게임 등 사회적 상식을 끊임없이 재생산하는 이들 대중문화를 원본으로 삼는 디카 문화는 그것의 풍자적 성격에도 불구하고 여전히 대중문화의 영향력 내에 존재하는 것이며, 그 성격을 오락과 유흥으로 규정당하고 있는 것이다[27]. 이런 점에서 키치는 역사적 현실 혹은 당대의 현실을 상투어들로 대치하면서 낭만주의적 세계관과 연관을 맺는, 낭만주의의 진부한 형태라는 칼리니스쿠의 지적은 꽤 설득력이 있으며(Calinescu, 1993: 297), 디카 문화는 이런 특징을 상당부분 공유하는 것으로 보인다. 대중문화의 영향력 하에서 변주되고 있는 디카문화를 새로운, '의미있는' 문화로 인정하는 것은 아직은 시기상조로 여겨진다.

4. 맺는 말

나는 역사적으로 존재했던 정보 개념에 대한 두가지 이해방식에서 출발하여 이 중 한편의 정보개념이 억압되어 왔음을 살펴보았고, 이러한 과정의 결과로서 현재 몇가지 문화적 쟁점들이 제기되고 있음을 지적하였다. 나는 흔히 말해지는 뉴미디어의 가능성에 대해 부정하지 않는다. 하지만 기술적 가능성과 현실화의 과정은 특정한 방식으로 융

27) 더구나 디카 문화를 선도했던 홈페이지는 'DCInside'라는 디지털 카메라 전문 쇼핑몰로, 카메라의 판매라는 상업적 목적과 긴밀히 연결되어 있다.

합되어 역사적인 궤적을 그려왔으며, 그 궤적에서 의미있는 정보 개념은 배제되었던 것이다.

앞서 얘기되었던 쟁점들을 요약한다면 그것은 바로 '소통'(communication)의 문제가 될 것이다. 나는 소통이라는 개념 자체가 고도로 불확정적이라 생각한다. 그렇기 때문에 CMC의 출현은 단순한 인간의 확장이 될 수 없고, 오히려 '어떤' 확장이냐라는 새로운 쟁점이 제기될 수밖에 없는 것이다. 양으로서의 정보라는 궤적은 발신과 수신의 어떤 상황도 고려하지 않은 채 전달의 효율성을 목적으로 삼았다. 그 결과 실질적인 커뮤니케이션 상황보다는 전달규칙, 즉 잡음으로부터 신호를 보호하기 위한 코드에 대한 관심만이 지배적인 것이 되어 왔던 것이다. 하지만 소통이란 그 자체가 관계적 개념임을 복원할 필요가 있다. 인간의 소통은 항상 발신자와 수신자의 상황을 고려한 속에서 이루어지며, 일방적 전달이 아닌 상호이해를 지향하는 행위다. 기계적 전달과 효율성 추구 모델은 소통을 구성하는 하나의 요소일 뿐이므로 인간의 소통에서 상대적인 것으로 자리매김되어야 한다. 그리고 역사적으로 억압되어 왔던 의미있는 정보라는 개념을 논쟁으로 끌어들여야 할 것이다.

이런 맥락에서 수용자는 새로운 임무를 부여받고 있다. 정보사회라 불리는 오늘날 만큼 주체의 중요성이 강조되는 시기는 없었다. 지배적인 정보 담론은 CMC의 등장으로 인해 대중매체의 한계가 극복되고, 대중이 단순한 정보 소비자가 아니라 정보 생성자로 부각되었음을 찬양하며, 생비자

(pro-sumer)라는 기이한 합성어까지 등장시켰다. 대중매체가 일방향적이고 일대다의 관계를 만들어냈다면, CMC는 쌍방향적이고 다대다의 관계를 성립시키며, 그렇기 때문에 발신자의 권위는 상대적으로 약화되며 수용자의 개입이 확대된다고 주장한다. 그리고 이러한 결과가 기술적으로 완성되었음을 단언한다. 하지만 나는 이 글 전체에 걸쳐 그것은 기술적 '가능성'일 뿐 현실화된 것이 아님을 지적했다. 수용자의 위치가 분명 변화를 겪고 있지만, 그것은 상대적인 의미에서만 그렇다. 앞서 지적했듯이 CMC는 소통의 잉여들을 제거하는 문자전통의 연장에 있기 때문에 여전히 풍부한 인간의 소통을 회복하지는 못하며, 하이퍼텍스트는 여전히 언어의 정보적 기능에 국한되고 있고 수용자 해독의 범위를 한계짓고 있다. 그 때문에 정보 문화의 한 특징으로 독백적 소통과 퇴행적인 키치적 문화라는 양상을 발생시키고 있는 것이다. 또 하나 지적되어야 할 점은, CMC라는 소통이 수용자의 능력을 필요로 한다는 사실이다. CMC는 수용자의 해독능력, 즉 사이버 리터러시(cyber literacy)[28]를 요구하기 때문에 이 자체가 소통의 한계를 만드는 요인이 되고 있다[29]. 따라서 수용자의 능동성을 회복하기 위해서는 기계적 전달이 아닌 의미있는 소통에 참여하는 것과 이를

28) 사이버 리터러시란 사이버 공간을 이용하기 위해 필요한 컴퓨터 이용능력, 인터넷 접근능력과 활용능력 등을 지칭한다.

29) 수용능력의 부재로 인한 소통의 제한을 우리는 노년층의 인터넷 이용비율이 10%에도 이르지 못하는 현실에서 쉽게 확인할 수 있다.

위한 기술적 이해능력의 확보라는 두 과제가 동시적으로 요청되는 셈이다.

다소간 부정적으로 평가된 현재의 정보문화는, 그럼에도 불구하고 그 속에서 새로운 가능성들을 보여주고 있다. 이 연구는 그러한 가능성의 현실화 방향이 역사적으로 억압되어왔던 정보화의 궤적을 드러내는 것에서 출발할 필요가 있음을 지적하였다. 지금야말로 당연시되어 온 정보 개념 자체를 논쟁에 부치고, 현재의 정보 담론을 구성해 온 담론 장치들을 해부하여 그 자연스러움의 신화를 벗겨낼 때이다.

2장

정보사회와 재현의 정치[30)]

> 현대적 생산조건들이 지배하는 모든 사회들에서,
> 삶 전체는 스펙타클들의 거대한 축적물로
> 나타난다. 직접적으로 삶에 속했던 모든
> 것은 표상으로 물러난다.
> (Guy Debord, 1996: 10)

1. 왜 재현인가?

최근에 개봉되었던 영화 매트릭스 3부작은 많은 화제를 불러일으켰다. 특히 인상적이었던 것은, 예언자(Oracle), 네오(Neo)[31)], 삼위일체(Trinity) 등과 같이 성경의 모티브를 차용하여 마치 정보사회에 대한 묵시록의 예언 같은 이미

---

30) 이 장은 『동향과 전망』 50호에 실린 "정보사회와 재현의 정치"를 수정 보완하였다.

31) '새로운', '후기'라는 뜻의 Neo는 이 매트릭스의 세계를 창조한 깁슨(Gibson)에 바치는 오마쥬다. cyberspace라는 어휘를 만들어낸 윌리엄 깁슨의 1984년 소설 제목이 바로 뉴로맨서(Neuromancer)다.

지들을 보여주었다는 점이다. 실상 이 영화의 기본 시놉은 간단하다. 어느날 우리가 사는 세상이 실은 가상세계에 불과할지도 모른다는 가정이 그 기본 줄거리다. 굳게 믿었던 불변의 사실이 전혀 다른 의미로 전도되는 그러한 시놉은 비단 영화에서 뿐만 아니라 문학에서 일반적으로 발견되는 하나의 수사적 장치에 지나지 않는다. 그렇지만 이 영화가 준 새로움이 있다면, 현실과 가상의 경계가 끊임없이 흔들리고, 그 속에서 인간의 정체성이란 단지 하나의 프로그램일지도 모른다는, 정보사회의 묵시록적 미래를 훌륭하게 '재현'했다는 사실에 있다. 그 영화의 예술적 성공이나 이야기의 현실화 가능성 등과는 무관하게, 그 영화는 참으로 '정보사회적'이었던 셈이다. 실상 우리는 이런 이야기들, 이미지들을 통해 정보사회를 실감한다. 바꾸어 말하면 정보사회라는 미확정의 실체를 표현해주는 다양한 언어들, 이미지들, 이론들이 정보사회를 구성해가고 있는 것이다. 그렇다면 이런 의미작용(signification) 과정은 어떤 질서에 의해 움직여지는지를 탐색해 볼 필요가 생긴다. 예컨대 그 과정은 특정한 편견이나 권력적 관심을 반영하는 것은 아닌가? 이런 의문을 나는 '재현의 정치'라는 개념을 통해 풀어보고자 한다. 즉 정보사회를 재현하는 다양한 재현물들에 내재한 권력과 정치를 해명해보고자 하는 것이 이 글의 주된 목적이다.

재현은 사전적으로 두가지 의미를 가진다. 첫째, 무언가를 재현한다는 것은 그것은 '그리거나 묘사'하는 것이며,

이를 통해 '마음 속에 새기는' 행위이자 그 결과물이다. 두번째로 재현이란 '상징화하고 표현하며 그 표본을 만드는' 행위와 그 결과물을 지칭한다. 즉 재현이란 대상을 특정한 방식으로 변환시키거나 구성하여 만들어지는 행위와 그 결과를 일컫는다. 이 때 재현의 결과는 언어나 이미지 등의 형태로 드러난다. 따라서 재현은 일차적으로 재현의 대상과 수단 사이의 특정한 관계를 지칭하는 것이 된다고 할 수 있다.

재현의 문제는 세계를 대상으로 하는 인간의 모든 활동에서 언제나 공통의 관심사였다. 회화는 그것이 재현하는 자연과 사물의 관계로부터 자유롭지 못했으며, 형이상학은 세계의 본질을 재현하고자 노력했다. 마찬가지로 사회과학은 사회세계의 본성을 탐구하고 그것을 일관된 지식체계로 재현하고자 했다. 이 글에서 특히 관심을 가지는 것은 바로 문화적 재현인데, 그것은 언어나 이미지, 지식 등의 형태를 모두 포괄하여, 의미의 영역으로 대별되는 문화 속에서 이루어지는 재현의 형태와 작용방식에 대한 것이다.

홀(S. Hall)에 의하면 재현에 대한 세가지 관점이 존재한다. 첫째, 언어가 존재하는 객관적 대상을 거울처럼 투명하게 반영한다고 가정하는 반영적(reflexive) 재현이론이 있다. 두번째는 언어의 의미가 작가나 화자가 의도하는 것을 표현한다고 여기는 의지적(intentional) 재현, 그리고 마지막으로 언어 속에서 언어를 통해 의미가 구성된다고 여기는 재현의 사회적 구성론이 있다(Hall, 1997: 15). 이 중 문화와 관련하여 가장 중요한 접근이 바로 구성주의적 접근이라 할 수 있는데, 이것은 다시 기호학적 접근(semiotic approach)과 담론적 접근(discursive apporach)으로 나누어진다. 이 연구에서는 이 세번째 재현의 관점을 취한다. 구성론적 접근은 역사적으로 만들어진 재현의 형태들에 관심을 가지며 특히 특정한 언어나 의미들이 특정 시점 및 공간에서 어떻게 배치되는가에 주목한다(Hall, 1997: 6). 그리고 재현은 궁극적으로 사회적 공간 속에 어떤 방식으로 자리잡음으로써 정치적 성격을 띠게 되는가의 문제가 된다. 이런 접근법에 입각하여 이 연구가 문제삼고자 하는 것은, 기술과 정보화라는 사회적 담론들, 그리고 그것의 이미지들이 사회 속에 어떻게 배치되어 있고, 무엇을 재현하고 있으며, 그것의 효과는 무엇인가 하는 점이다.

2. 이미지, 언어, 재현

1) 이미지의 의미작용

정보사회라 명명되는 우리 시대는 수많은 이미지들로 넘쳐나고 있다. 본질적으로 이미지는 현실의 대상과 구분되는 '재현된 것'일 뿐이다. 하지만 맥루한이 전자 미디어의 발전을 인간의 확장으로 이해했듯이, 이미지는 인간의 다감각을 지향하면서 다양한 소통방식들을 만들어내고 있다. 문자와 달리, 이미지는 보다 즉각적이고 정서에 호소하는 재현 수단이다. 이런 점에서 정보사회와 이미지는 친화성을 갖는다. 즉 정보사회에서 이미지적 재현이란 무엇인가라는 화두를 던져봄직한 것이다. 이미지 범람의 시대를 벤야민(Benjamin)은 아우라(aura)의 상실로, 제임슨(Jameson)은 저자의 죽음으로, 그리고 보들리야르(Baudrillard)는 복제품의 진본화로 이해한다. 그래서 결론적으로 이 이미지들은 '가짜의 세계'를 만들어내는 것으로 '이미지화'된다(Boorstin, 2004). 하지만 그 이미지들은 동시에 실질적인 의미들이자 그것의 소통이기도 한, 사회적 실체이다. 그 소통은 기본적으로 이미지들이 문화적 성격을 갖고 있으며, 또한 우리는 그러한 문화적 성격을 습관적으로 이해하고 있기 때문에 이미지를 해독함으로써 가능해진다(Joly, 1999: 111). 이 지점에서 이미지에 대한 크게 두가지 이해방식이 갈라져 나온다. 하나는, 이미지의 힘은 이미지 자체에 있는 것이 아니라 이미지적 재현을 규정하고 제한하는 사회적 컨텍스트에 있다고 여김으로써, 이미지와 사회의 관계에 주목할 것을 요구한다(Kuhn, 1995: 15). 또다른 입장은, 이미지는 드러난 자연스러움 속에 많은 함축의미들을 숨기고 있는 것으로 이해하며, 그렇기 때문에 분석자의 임무는 그러한 숨겨진 함축의미를 해독하는 것을 지향해야 한다고 주장한다(Joly, 1999: 62). 하지만 이 두 입장은 상반된 것이 아니라 서로 보완되어야 할 방법이다. 이미지란 결국 사회 속에서의 특정한 의미작용 실천이기 때문이다.

단순한 도상적 기호든 예술이든, 이미지는 본질적으로 유사성의 창출, 즉 현실에 대한 재현이다. 그런데 이 재현은 항상 특정한 시선에 의해 이루어져 왔다. 잘 알려진 이집트 벽화의 경우를 보자. 고대의 경우에도 보이는 대상의 형상을 그대로 재현하는 것은 매우 정교한 형태로 가능했다. 소와 목동의 형상은 형태나 색깔, 표정 등에서 눈에 보이는 그대로를 거의 옮겨 놓고 있다. 그런데 이 회화가 보이는 두드러진 특징은 그림 속의 모든 대상들의 '옆'면만을 드러내고 있다는 사실이다. 이런 기법은 아마도 인간의 얼굴을 정면에서 표현하고자 할 때 발생하는 난점을 극복하기 위한 나름의 해결책이었던 것으로 보인다. 이러한 평면적 회화는 주지하듯이, 르네상스기에 이르러 '원근법'(The law of perspective)의 발명으로 인해 입체성을 획득할 수 있게 된다. 꼭지점의 존재는 어떤 효과를 가지는 것일까? 그 첫 번째는 입체감의 형성이다. 중심점은 공간적 시작지점이며 공간적 선후관계를 형성시킴으로써 평면을 입체적인 것으로 전환시킨다. 또한 중심점은 시간적인 시작을 알리면서 그림 속 사물들의 시간적 선후관계를 만들어낸다. 나아가 중심점은 보는 사람에게 말을 걸면서 특정한 방식의 시선을 강요한다. 즉 르네상스 초기에 확립된 원근법은 하나의 위치 속으로 세계를 편입시키는 방법이다. 어떤 시간에 한 장소 밖에 존재할 수 없는 한 사람이 보는 사람에게 말을 걸기 위해 보는 현실 이미지를 짜 맞춘다. 즉 '개개인의 보는 눈의 입장에서 생각'하도록 만들며, '신화나 종교에서 말하는 중첩된 원리에 견주어 개개인들이 어떤 의미에서든 '진리'라고 보는 것을 표현하기 위하여 광학과 개인의 능력을 강조'

하는 새로운 접근법이었던 것이다(Harvey, 1994: 299).

하지만 오늘날과 같은 이미지적 재현을 가져온 것은 바로 사진이다. 사진의 등장은 이미지와 시각에 대한 기존과는 다른 완전히 새로운 담론들을 만들어냈다. 카메라는 '사물 외관의 한 순간을 포착함으로써 이미지의 무시간성이라는 개념을 없애 버렸다. 카메라의 시각은 지나가버리는 시간의 개념과 시각적 경험을 불가분의 관계에 놓는다. 이제 시각의 중심이란 더 이상 존재하지 않는다.'(버거, 1993: 40) 또한 사진은 재현된 것의 사회적 의미도 바꾸어 버렸다. 누구나 들고 다닐 수 있는 카메라를 통해 사진을 찍는다는 것은 곧 사진찍은 사물을 소유하는 것이다. '그것은 세계와의 어떤 관계 속에서 자기 자신을 집어넣는 것을, 말하자면 세계에 대한 지식 비슷한 것, 그리고 나아가서는 권력 비슷한 것을 획득하게 되는 것을 의미한다.'(Sontag, 1982: 195) 하지만 역설적이게도 사진 속에는 작가는 존재하지 않는다.[32)]

사진의 등장은 예술품의 복제의 시대, 기계 복제의 시대를 열었다. 처분가능한 이미지의 생산은 예술의 본래적 가치인 의례적 가치(Kultwert)를 전시적 가치(Ausstellungswert)로 변모시켰다(Benjamin, 1999: 207). 전시가치는 이제 재현된 작품 자체나 작가의 권위가 아닌 수용자의 태도에 의

---

32) '사진을 찍는 모든 사람들은 어느 정도 자기가 찍은 사진은 '자신이 만든' 이미지라고 생각한다. 그러나 사진 안에는 사진작가를 닮은 것은 아무것도 없다.', Boorstin, 2004: 237.

해 결정된다. 예술작품을 의례로부터 해방시키고 천상으로부터 지상으로 세속화시킨다. 그럼으로써 소원한 대상이었던 작품은 이제 소유의 대상으로 변화한다. 즉 예술작품은 이제 하나의 상품이 되는 것이다. 재현되는 과정과 재현된 것의 상품화는 끊임없이 재현과 소비의 행위를 분리시킨다. 상품으로 재현된 것들은, 그것이 물질적 사용가치든 의미가치이든 소비자들에게 대상으로서만 존재한다. 이 상품과 개인 소비자의 연결은 소비라는 특별한 사회적 행위의 매개를 통해서만 가능하다. 그러나 이 연결은 소비 행위가 완결됨과 당시에 다시 휘발되어 양자는 본래 무관한, 서로의 본연으로 회귀하고 만다. 이런 이유 때문에 재현의 상품화는 결국 그 최종 귀착지로서 소유를 지향한다. 수용자에 의해 가능해진 전시적 가치를 극대화하는 방법이란 소유를 통해 그 가치를 영구히 독점하는 것이기 때문이다. 기계복제의 시대에 이런 전시적 가치는 항상적으로 주어지는 이미지, 즉 미디어에 의한 이미지적 재현을 범람시켰다. 그런데 이 이미지는 예배적 가치의 집단성에 대비되는 개인성, 즉 이미지와 개인의 직접적 대면을 의미한다. 이미지의 상품화는 수용자에 대해 자신을 점점 장식적인 것으로 만드는 경향이 있다. 그것은 이미지 혹은 시각 예술 등이 수용자의 개입을 배제하는 정도가 상대적으로 더 클 뿐 아니라, 시각성 자체가 높은 정세도를 가짐으로써 수용자의 해석에 엄격한 가드레일을 만들어 버리기 때문이다[33]. 더구나 이 시각성이 자체의 완결성을 높이면 높일수록 수용의 피동성은 더욱 커진다[34]. 이미지의 작용 앞에서 수용자는 단지 소비자로만 남을 뿐이다.

한편 이러한 이미지는 다른 재현 장치들과의 공모 하에 존재한다. 특정 이미지의 의미작용을 결정적으로 고정시키는 것은 연관 하에 있는 다른 언어들, 이미지들과의 관계를 통해서다. 이미지는 본질적으로 가상(假想)의 개념, 즉 눈속임과 환상의 의미를 담고 있기 때문에,[35] 그것이 스스로 자신의 진실성을 입증하기 위해서는 다른 재현수단들의 증거에 의존해야 한다. 그 증거는 서로 다른 재현의 장치들을 통해 주어지며, 이 장치들은 또한 서로를 증거로서 지지한다.

2) 재현의 위치

재현은 항상 '어떤 위치에서의' 재현이다. 그것이 개인의 의식이든, 사회적 위치든, 예술이든 사회적 통념이든, 재현은 특정한 위치에서 다른 위치의 것을 재현한다. 그 특정

---

33) 독립기념관에 가본 사람은 전면에 부조되어 있는 유관순상을 보았을 것이다. 왼편 허공을 응시하는 젊은 여성과 날카로운 창과 깃발을 든 군중의 모습은 '애국'이라는 가치를 강압적으로 계몽하고 있다. 이런 지나치게 완성된 시각성은 수용자의 거의 전적인 피동성을 전제함으로써만 자기의 가치를 실현한다.

34) "모든 예술은 인간의 개입을 기반으로 하고 있다. 오직 사진만이 인간의 부재로부터 장점을 취하고 있다." 앙드레 마랭, 성완경, 1982: 237에서 재인용.

35) 우리는 환상에 너무 익숙해진 나머지 현실과 환상을 혼동한다. 우리는 언제나 우리 곁에 더 크고, 더 좋고, 더 생생한 환상이 있기를 원한다. Boorstin, 2004: 24.

한 위치란 다름아닌 주체와 시각의 위치이며, 따라서 재현은 주체를 통해 대상을 상징적으로 생산하는 행위인 것이다. 서양 중심의 근대화 과정은 지속적으로 타자(the other)를 생산해왔다. 서양 정체성은 비서양 사회에 대한 통념을 생산 및 재생산함으로써 확립되었다. 이 때 비서양은 다양한 방식으로 재현되는데, 이 재현의 체계는 서양과 비서양을 나누는 이분법에 기초하고 있다. 이 이분법은 서양 사회에 고유한 것과, 모든 사회에서 발견되는 보편적인 이분법 모두를 포함하고 있다.

합리성 / 비합리성
질서 / 무질서
안전 / 위험
중심 / 주변
문명 / 야생
규범 / 낭만

마찬가지로 근대국가의 주권 역시 단일한 영토 경계를 만듦과 아울러 이러한 영토경계를 배타적 권리의 공간으로 만드는, 즉 영토 밖을 타자로 재현하는 과정을 통해 민족국가라는 정체성을 확립하였다.[36] 물론 이러한 근대 국가의

36) '근대적 주권은 뿌리를 내리는 곳 어디에서나, 자기 자신의 정체성의 순수함을 단속하고 다른 모든 것을 배제하기 위하여 자신의 사회적 영역을 지배하고 위계적인 영토적 경계들을 강요하는 하나의

확립 과정은 유럽 중심의 역사였으며, 이 속에서 비서양은 체계적으로 근대화 과정에서 배제되거나 지체되었다. 사이드(Said)는 오리엔탈리즘이 이러한 서양적 세계관의 산물임을 지적하고 있다. 오리엔탈리즘은 '동양과 서양이라는 하는 것 사이에서 만들어지는 존재론적이자 인식론적인 구별에 근거한 하나의 사고방식'이며, '동양을 지배하고 재구성하며 위압하기 위한 서양의 스타일'이자, '동양이라고 하는 독특한 존재가 문제로 되는 경우에는 언제나 불가피하게 그곳에 조준이 맞추어지는 관심의 네트워크의 총체'인 것이다(Said, 1999: 17-9). 서양 내에, 오리엔탈리즘에 대비되는 옥시덴탈리즘(Occidentalism)의 부재는 그 자체가 서양의 현존을 증거한다. 오리엔탈리즘은 '서양에는 없는' 다양한 관념들이 투사되는 표상의 저장고이기 때문이다. 그래서 표상, 즉 재현된 것은 곧 실재(reality)와 대비되는 현실이 되는 것이다[37].

즉 어떤 주체 위치에 의해 생산되는 담론들은 동시에 타자에 대한 재현이다. 앞서 홀이 지적한 바 세번째 재현 개념, 즉 사회적 구성으로서의 재현이란 곧 의미 생산의 실천을 지칭하는 것이 된다. 의미란 본질적으로 비확정적이어서 담론의 생산, 즉 의미는 언표됨을 통해서만 현실화된다. 이러한 언어 사용에 있어 구체적인 발화자(개인 혹은 집단)에게는

리바이어던을 구축하였다.', Negri & Hardt, 2002: 17.

37) '..순수한, 형용사가 붙지 않은 동양이 존재한 적은 없다.', Said, 1999: 55.

항상 두가지 힘, 다소간 은유적으로 표현하자면 원심력과 구심력이 작용한다. 발화자는 항상 자신의 주체 위치(position)에서 발화를 개별화하고자 한다. 부르디외(Bourdieu)의 경제학적 은유를 빌리자면, 주체는 발화를 통한 구별의 이윤을 획득하고자 하며, 여기에는 명시적인 언어 형태 뿐만 아니라 몸짓, 표정 등 비언어적 소통의 방식도 활용된다. 즉 발화를 개인화, 빠롤화하려는 구심력이 언어 사용에 작용하는 첫번째 힘이라 할 수 있다. 하지만 동시에 언어 사용은 무의식적인 사회적 배열을 따른다. 언어는 현실화되는 순간 항상 사회적으로 승인되어야 하며, 내재한 약호의 힘을 드러내야 한다. 이것은 언어가 그 외부로 향하는 원심력이라 명명될 수 있을 것이다. 야콥슨(Jakobson)의 메시지 전달도식을 따른다면, 발화자가 수신자를 지향하는 의지(시적 기능)은 발화 주체와 사회, 혹은 언어와 언어 외부의 관계로 정정되어야 한다. 발화 주체가 언어적 상호작용을 유지하고자 하는 것은 주체의 개별적 의지의 소산이 아니라 언어 외적 강제, 즉 사회적 승인이라는 압력에 의한 것이기 때문이다.[38] 그렇기 때문에 개인적 발화는 항상 사회성을 담게 되며, 나아가 사회적 권력질서를 닮을 수 밖에 없는 것이다.

담론의 전형적인 권력작용 방식은 상식, 혹은 이미 말하

38) 이론적으로는 이러한 강제가 부재한 발화 상태, 예컨대 독백을 들 수 있다. 그러나 독백은 현실적으로 '존재'하지 않는 언어 사용이다. 독백은 오직 발화자 개인만이 존재하는 시간과 공간에서 휘발되기 때문에 아무런 흔적도 남기지 않는다.

여진 세계를 구성하는 것이다(Thompson, 1995). 이 연구의 주제와 관련지어 본다면, 기술과 정보, 그리고 정보사회라는 관념이 특정 방식으로 말하여지고 상식화되며 정전화된 것이 바로 정보사회에 대한 재현의 권력인 것이다. 이 재현이 이미지이든, 이론이든, 혹은 사회적 담론이든 그 재현의 질서는, 따라서 결론적으로 동일한 것이다. 다만 의미작용 방식, 재현의 내용과 층위에서 차이가 있을 뿐이다.

3. 재현된 '정보사회'

1) 이론의 재현

'정보사회'는 '역사적'인 '화두'다. 역사적이라는 수사는 정보사회를 호명하는 역사적 과정이 그 개념속에 내장되어 있다는 의미이며, 화두라는 은유는, 그 개념이 비교적 명료한 개념적 내용을 담고 있음에도 불구하고 그것이 지칭하는 현실은 상당히 다르게 해석될 수 있는 그 무엇이라는 의미에서다. 앞서의 재현 개념을 통해 보았듯이, 결국 어떤 주체들에 의해 어떤 위치에서 무엇이 재현되는가에 따라 정보사회의 현실적인 내용들이 구성된다. 따라서 우리는 정보사회 개념을 채우고 있는 내용은 무엇인가를 이해하기 위해 무엇이 타자로 재현되는가를 이해함과 동시에 현존하는 것과 부재하는 것의 대비를 통해 현실화되는 것이 무엇인지, 그리고 그러한 현실화의 맥락은 어떤 것인지를 추적할 필요가 있다. 그렇다면 지금껏 많은 논란을 불러일으킨 정보사회(혹은 후기산업사회) 개념이 스스로를 대비시키고 있는 산업사회 혹은 정보화 이전 사회와의 실질적인 대비를 통해 정보사회가 스스로를 어떻게 재현하는지 살펴보아야 한다[39].

(1) 기술결정론과 기술의 미학화

정보사회를 이론화함에 있어 기술은 핵심적인 지위를 차지한다. 그러나 또한 그것 때문에 기술을 우선적인 것으로, 그리고 사회에 외재하는 것으로 이해하는 기술결정론적 혐의를 강하게 받게 된다. 벨(Bell)과 토플러(Toffler)의 저작에서는 이런 기술결정론적 혐의가 드러난다.

사회학도였던 벨은 자신의 견해를 구성함에 있어 사회학, 특히 맑스의 관념들에 상당히 의존하는 것으로 보인다. 그것은 사회학 이론의 발전에 고유한 진화론적 관념, 특히 역사적 단계론들에 근거하면서 중심 원리들을 추출 혹은 관념적으로 투사하는 방법론적 특징을 가진다. 예컨대 벨은 후기 산업사회(post industrial society)를 전통적 기술에 대비되는 지적 기술(intellectual technology)이 중심이 되는 사회로 정의하며, 이 지적 기술을 '개인 및 조직의 복잡한 문제 해결을 위해 종래의 직관적 판단의 한계성을 보다 논리

39) 여기서는 다니엘 벨(D. Bell)과 엘빈 토플러(A. Toffler)의 경우만을 다루고 있는데, 그 이유는 무엇보다 이 두 이론가가 정보사회를 정의하는 정전(canon)으로 수용되고 있기 때문이다. 한편 이러한 주류 정보사회이론의 이데올로기에 대한 비판으로는 홍성태, 2000을 참조할 수 있다.

적이고 체계화된 이론에 따라 최상의 의사결정을 내려주는 정보기술 체계'로 정의한다. 지적 기술을 이런 방식으로 정의하고 나면, 이에 대비되는 전통적 기술은 하나의 잔여적이거나 낡은 개념이 되어버리는데, 이러한 대조법은 이데올로기적 수사의 고유한 특징이기도 하다(Reboul, 1993).

그런데 나아가 벨은 기술에 대한 맑스의 관념을 특정하게 왜곡하면서 기술결정론적 해석의 정당성을 부여하고자 한다. 예컨대 다음과 같은 식이다.

> 마르크스에 있어 인간의 능력은 테크놀로지로 실행된다. 역사는 생산력의 역사이며, 부르조아지라는 역사상의 새로운 계급이 테크네를 통해 성취한 엄청난 능력에 현대의 의의가 있다. 「공산당선언」에서 사회주의 혁명의 사자 마르크스는 자본주의에 놀라운 찬사를 바친다. (Bell, 1993: 56)

기술, 테크놀로지란 인간이 자연과 관계를 맺는 방식과 수단, 그리고 그 결과물들을 포괄하는 개념이다. 맑스의 과학적 개념에는 항상 '관계'라는 의미가 내포되는데, 이것을 요소나 수단으로 환원하는 것은 특정한 맑스 비평일 뿐이다. 벨은 맑스 비평의 가장 조야한 형태를 보여준다. '인간의 능력' = '테크놀로지', 그리고 '역사' = '생산력의 역사'라는 등식은 맑스의 역사관에 대한 의도적인 왜곡이다. 주지하듯이 맑스는 역사를 생산력과 생산관계, 그리고 상부구조의 복잡한 관계에 의해 유지되고 변화하는 과정으로 이해했으며, 여기서 기술이란 그 중의 한 요소에 지나지 않는다. 이러한 비평 방식은 기술을 통한 역사 변화, 즉 정보기술이 가져온 역사적 변화를 정당화하는데 그 목적이 있는 것이다.

유사하게 토플러도 새로운 사회로의 변화를 기술 변화에 입각하여 사고하고 있다. 즉 기술영역에서의 발전이 사회영역의 변화를 요구하고, 이는 다시 정보영역의 변화를 추동한다는 설명 방식이다. 즉 토플러의 제3물결론은 기본적으로 기술영역의 발전을 근간으로 하여, 이것에 조응하는 사회영역의 변화를 요구하며, 다시 정보영역의 변화를 이끌어내는 논리적 연관을 제시하고 있다.

> 기술영역은 이를 수용할 수 있는 혁명적 「사회영역」을 필요로 했다. 즉 근본적으로 새로운 사회조직 형태가 필요했다. (Toffler, 1992:, 48)

이렇게 기술을 이론의 중심에 놓음으로써 야기되는 기술결정론적 혐의를 피하는 좋은 방법 중 하나는, 기술을 보다 상위의 개념으로 치환시키는 것이다. 그래서 벨에서는 기술의 미학화가 드러나는데, 이것은 이미 역사적으로 선례가 있다. 예컨대 예술이 단순히 자연의 모방이 아니라, 자연을 바라보는 '과학적 방법'임을 주장한 르네상스 예술의 실천에서 이런 치환이 전형적으로 드러난다. 하지만 벨이 오해하고 있듯이, 예술은 본질적으로 재현이지만 기술은 자연에 대한 직접적 작용이자 변형이기 때문에, 그 실천의 원리는 근본적으로 다르다. 이러한 차이에도 불구하고 기술을 '예술과 마찬가지로 인간의 상상력을 고도로 발휘하는 것'으로 재현하는 이유는 기술 자체가 예술과 같은 목적, 즉 정신의 고양이 될 수 있음을 주장하기 위함이다. 그리고 기술이 목적이 될 때 기술의 발전과 정보기술의 개화는 아무런 문제도 되지 않는, 그 자체로 '아름다운' 현실이 되는 것이다. 하지만 우리는 이미 기술에 대한 목적론적 해석의 위험, 기술의 형성을 둘러싼 복잡한 논쟁들이 전개되어 왔음을 이미 알고 있다[40]. 기술의 미학화는 이러한 기술에 대한 상대화에 저항하는 하나의 수사적 장치가 되는 것이다.

> 테크놀로지는 예술과 마찬가지로 인간의 상상력을 고도로 발휘하는 것이다. 예술은 상징적인 용어로 의미를 표현하기 위하여 경험을 미적으로 배열하는 것이며, 새로운 인식틀과 물질적 형태로 자연을 - 시공의 속성들을 - 재배열하는 것이다. 예술은 그 자체가 목적이다. 즉 그 가치가 내재적인 것이다. 테크놀로지는 효율적인 수단이라는 논리 안에서 인간의 경험을 도구적으로 질서화하고, 자연을 통제하여 실질적 이익을 얻기 위해 그 힘을 사용한다. 그러나 예술과 테크놀로지는 장벽으로 서로 분리된 영역은 아니다. 예술은 그 자신의 목적을 위해 테크네를 이용한다. 테크네 역시 문화와 사회구조 사이에 다리를 놓고, 그 과정 속에서 양자 모두를 변형시키는 예술의 한 형태이다. (D. Bell, 1993: 57-8)

(2) 낡음과 새로움의 대비

레비 스트로스(Levi Strauss)는 이분법을 인간 정신의 고유한 구조로 이해한다. 그렇기 때문에 이분법적 대비는 강한 환기 효과를 가지는 수사법이 된다. 벨은 이러한 이분법을 전형적으로 낡음과 새로움, 과거와 미래를 대비시키는데 이용한다. 정보사회의 핵심은 그래서 새로운 미래의 '지적 테크놀로지'로 특징지워진다. 문제는 이 새로움으로 명명되는 순간, 과거와의 기술적 연속성이나 유사성의 유무와

40) 기술결정론을 둘러싼 사회적 논쟁에 대해서는 송성수 편역, 1995를 참조.

상관없이 그것은 이미 현실, '새로운 질적인 차원'으로 현존하게 된다는 점이다.

> 고전적 테크놀로지와 연속선상에 있으나 새로운 질적인 차원으로 전환된 것. .. 컴퓨터 프로그램이나 수치로 통제되는 기계공구들로 구체화되는 새로운 지적 테크놀로지는, 정식화가 가능한 곳에서 인간의 '판단'을 알고리듬으로 대체한다. 기계가 20세기의 전반기를 상징하듯이, 이 새로운 지적 테크놀로지는 이렇게 20세기 후반을 특징짓는다. (D. Bell, 1993: 60)

토플러는 벨이 '정보사회'라 이름붙인 이론의 취약점을 잘 인식하고 있다. 즉 정보나 전자기술 등이 가지는 이론적 협소함과 기술결정론적 약점을 극복하기 위해, 그는 문명이라는 보다 넓은 개념을 등장시키고 있다. 즉 이것은 단순한 기술 효과 등이 아니라 하나의 거대한 문명적 전환이라는 주장이다.

> 이 책은 우리들이 성장해 온 낡은 문명을 평가하고 나아가 지금 우리 사회에서 싹트고 있는 새로운 문명의 모습을 조심스럽고도 포괄적으로 그려보이고 있다. 이 새로운 문명은 극히 혁명적인 것이어서 우리의 낡은 모든 가정들에 도전하고 있다. (Toffler, 1992: 13)

이 새로운 문명은 이전의 문명과의 날카로운 대립, 선명한 이분법, 그리고 완전히 새로운 논리에 의해 특징지워진다. 앞서 보았듯이 이분법적 논리계열의 형성 및 그에 의한 대립지점을 명시하는 것은 재현의 정치에서 가장 흔하게 드러나는 수사적 장치이다. 이 이분법은 이전의 문명을 열등한 것, 새로운 문명을 좋은 것으로 대립시키면서 이 대립은 역사적으로 불가피한 '충돌'이라고 주장한다.

> 투쟁의 한쪽 당사자는 지난 날의 산업사회를 열렬하게 지지하는 사람들이며, 다른 한쪽은 식량, 에너지, 군축, 인구, 빈곤, 자원, 생태계, 기후, 노령자 문제, 도시공동체의 붕괴, 고생산성 고임금 노동의 필요성 등 세계의 가장 시급한 당면문제들이 이제는 산업질서의 테두리 안에서 해결될 수 없음을 인정하는 수백만의 사람들이다. (Toffler, 1992: .36)

이 문명의 충돌은 투쟁으로 나타난다. 그런데 이 투쟁은 각각의 문명을 지지하는 세력들 간의 충돌로 나타나는데, 이런 대비에서 과거의 문명을 지지하는 세력이란 본질적으로 보수적일 수 밖에 없는 세력이 된다. 문명의 흐름에 역행하고 과거에 안주하고자 하기 때문이다. 이렇게 대립하는 두 세력이란 '지날 날의 산업사회를 열렬하게 지지하는 사람들'과 (온갖) '세계의 가장 시급한 당면문제들이 이제는 산업질서의 테두리 안에서 해결될 수 없음을 인정하는 수백만의 사람들'이다. 그리고 전자의 대표적인 집단이 '노동조합', '진보적 좌익', 그리고 '기존 정치인'으로 지칭되고 있다. 놀랍게도 정보사회를 새로운 사회로 재현하는 순간에, 노동조합이나 진보적 좌익은 보수적이고 시대를 역행하는 주체들이 되어 버린다. 그리고 세계의 시급한 당면과제를 해결할 수 없거나 그것에 관심이 없는 사람들이 되어 버린다. 즉 이들은 새로운 시대의 타자인 것이다. 이 타자들은 여전히 '지난날의 질서'를 고집하고 '식량, 에너지, 군축, 인구 등'의 문제에는 무관심한, 역사의 낡은 세력들이 된다.

(3) 정보사회와 위기

흥미로운 것은 벨이나 토플러가 단지 정보사회를 기술

유토피아로 그리지는 않는다는 사실이다. 이론적 담론은 항상 현실과의 연관을 보여주어야만 하기 때문에 소박한 이상주의는 이론을 구성함에 있어 오히려 장애가 된다. 그럼에도 불구하고 이러한 기술에 기초한 미래를 현실화시키기 위해 필요한 것은, 현재의 사회, 즉 낡은 사회로부터 단절하지 못함으로써 생기는 어려움, 즉 위기를 제시하는 것이다. 그럼으로써 미래의 대안은 정당화된다. 위기는 정치담론에서 항상 활용되는 대표적인 수사적 장치의 하나다(박해광, 2003: 141-3).

> 묵시록의 수사가 우리 시대를 휘감고 있다. 서구인의 상상 속에 진노의 날이 다시 돌아온다면 인간은 엄청난 죄악으로 인해, 엄중한 심판으로 하늘이 내리는 응보에 두려워 떨 것이다. 10여년전 핵무기에 의해 대참사라는 묵시록적 유령에 시달린 적이 있었다. .. 그 종말은 오지 않았다. 그리고 새로운 죄악이 또다른 두려움을 낳고 있다. 오늘날 두려움의 지원은 생태학적 위기이며 ... 우리가 이렇게 궁지에 몰리게 된 원인은 테크놀로지에 있는 것이 아니라, 우리가 원하는 종류의 테크놀로지와 사회적 지원 유형을 결정할 결정 메커니즘이 마련되지 않았다는 데 있다. (Bell, 1993: 66-7)

묵시록, 종말, 진노의 날, 심판, 대참사 등의 종말론적 어휘들은 미래에 대한 낙관론적 견해로부터 멀어지려는 노력을 암시한다. 위기의 원인은 현재에 있으며, 그 위기는 미래의 변화를 위한 준비들이 갖추어지지 않은 것에서 유래한다. 특히 기술적 요구에 순응되지 않는 사회 제도들이 이러한 위기의 원인으로 지목된다. 이런 위기의 수사는 토플러에서도 마찬가지로 발견된다. 생태학적 위협, 핵테러 등의 위기는 미래가 장미빛 유토피아만은 아님을 드러낸다.

하지만 이것은 결국 선택의 문제, 즉 현재의 시스템을 고집하느냐, 아니면 미래가 요구하는 시스템을 수용하느냐의 문제가 된다. 즉 미래는 기술공학적으로 투사된 미래와 위기의 미래, 두 종류가 있으며, 이런 위기의 수사가 무엇을 선택할 것인지를 요청하는지는 너무나 자명하다.

> 제3물결은 생태학적 위협에서 핵 테러의 위험과 전자공학적 파시즘에 이르기까지 인류에 대해 여러가지 심각한 도전을 수반하고 있지만 그것이 단순히 산업주의의 악몽과 같은 연장선상에 있는 것은 아니다. .. 우리에게는 한가지 선택만이 남아 있다. 우리는 새로운 현실에 대응하기 위해 우리 스스로와 우리의 조직체들을 개조해 나갈 각오를 해야 한다. 그것은 실행 가능하고 품위있는 인간적 미래에 도달하기 위한 대가이기 때문이다. (Toffler, 1992: 440)

이러한 주장들을 통해 벨과 토플러는 정보사회를 어떤 방식으로 '재현'하고 있는가? 단계론자들이 가지는 한계란 그것의 진화론적 성격에 있다기 보다는, 역사를 탈역사화하면서 형식화해버린다는 점에 있다. 더구나 미래주의자들의 수사는 미래를 점령하기 위해 현재와 과거를 현저히 왜곡하고 은폐하는 수사법을 구사한다. 이러한 이론들이 상식을 구성하면서 정보사회는 '지적 기술에 의해 만들어지는 질적으로 새로운 사회'로 당연시되어 버린다. 이것은 미래의 식민화에 다름 아니다. 이론이 미래를 식민화함으로써 논점은 이러한 '예측'이 얼마나 들어맞았는가에 한정되어 버린다. 이로 인해 애초에 다른 방향의 정보화에 대한 논리적, 현실적 가능성을 막아버리는 이데올로기적 폐쇄가 발생한다. 하지만 문제는 정작 우리의 실제적인 삶은 이러한 정보사회

이론이 제공하는 미래의 스펙터클을 단지 기대와 환상을 통해서만 충족시킬 수 밖에 없다는 사실이다. 이러한 미래는 여전히, 그리고 어쩌면 영원히 오지 않을지 모른다.

2) 이미지의 재현

소쉬르(Saussure)는 기호학을 언어의 과학으로 정초하면서 실상 언어와 지시대상의 관계를 암묵적으로 부정하였다. 언어학의 제1원칙은 기호의 자의성인데, 이것은 기호와 지시대상과의 필연적 연관이란 존재하지 않음을 지칭한다.41) 그렇지만 기호는 항상 현실 지시대상의 흔적을 가지며(Hall, 1997), 더구나 그것이 상당기간 변화하지 않는 언어 질서 내에서라면 더더욱 그렇다. 따라서 오히려 분석되어야 할 것은 기호 속에서 현실의 흔적이 어떻게 드러나는가의 문제라 할 수 있다. 즉 기호와 지시대상의 관계를 하나의 기표/기의 관계로 확대할 수 있는데, 이는 일찌기 담론 이론에 의해 제기된 바 있다42). 여기서도 마찬가지로 정보 이미지를 하나의 담론으로 이해하고자 한다. 이미지들은 도상적인 것 이외에도 언어, 색 등 다양한 요소들이 조합되어 하나의 이야기를 구성한다는 점에서 담론적인 것으로 간주하는 것이 타당할 것이다.43)

---

41) 즉 기호란 기표와 기의 간의 결합에 의해 정의되며, 기표란 청각영상, 기의는 개념을 지칭하므로 이는 모두 현실에 존재하는 기호의 지시대상과는 무관한 것이 된다. Saussure, 1990: 85-6.

42) 예컨대 소두영은 파롤/랑그의 관계를 담론/약호의 관계와 유비시킨다. 소두영, 1993.

여기 하나의 이미지가 있다. 두 이미지는 하얀 바탕과 갈색 바탕을 배경으로, 현실의 모습과 게임 공간에서의 역할들을 대비시키고 있다.

〈그림 2-1〉 네트워크 게임 광고 이미지

그런데 무언가 두 이미지는 강렬한 대비 속에서 비일상적인 어떤 이벤트를 숨기고 있다. 자세히 보자. 왼쪽 그림은 매우 기묘한 구도를 이루고 있다. 다섯의 남녀는 서로 어깨를 걸고 일렬, 그러나 카메라의 시선에서 양 끝의 사람들이 부각되는 특이한 구도를 만들면서 앞을 향해 웃고 있

43) 이미지에 대한 기호학적 분석의 방법도 고려될 수 있는데, 그것은 이미지를 언어와 도상이 결합된 기호체로 보는 것이다. 이에 대한 분석 방법으로는 Marine Joly, 1999를 참조.

다. 이 각각의 사람들을 설명하는 지문은 마치 읽지 않아도 상관없는 양 아주 작은 글씨로 제시되어 빨간 화살표로 연결되어 있다. 화면은 왼쪽과 오른쪽의 사람을 가장 주목하게 만드는데, 이들은 각각 '군주님과 혈원 사이를 이어주는 다리와 같은 역할을 하는 것이 나의 임무', 그리고 '참모란 군주님의 말할 수 없는 뒷마음을 대신해 주는 자'로 설명되어 있다. 이들이 모두 지칭하는 군주님은 누구인가? 이미지의 한 가운데에 있지만, 소실점이 가운데에 있지 않는 특이한 구도 때문에, 그리고 다른 사람들에 비해 키가 작아서, 그리고 '여자'이기 때문에 전혀 주목받지 않는 한 여성이 바로 군주님이다. 현실의 이 군주는 너무도 여성스럽게, '여자군주라 여타 군주님들 보다 섬세하게 가족 같은 분위기를 만들어가는 것이 저희 혈맹의 장점이랍니다.'라고 자신을 소개하고 있다. 그리고 이들은 모두 묶여서 '모험을 즐기는 자들'로 명명되고 있다. 그러나 이들의 외양이나 분위기에서 모험을 지칭하는 어떤 표시물도 찾아볼 수 없다. 오히려 이들은 모험과는 대비되는 현실의 편안함을 재현해내고 있을 뿐이다. 하지만 이러한 현실의 평온함은 그 옆의 이미지를 통해 완전히 뒤바뀐다. 중세의 어느 고성과 같은 건물을 배경으로, 다섯명의 전사들은 금방이라도 화면 밖으로 튀어나올 듯한 위압적인 자세로 정면을 노려보고 있다. 특히 가운데의 군주님은 두 손으로 무기를 굳게 쥐고 왼발을 한 발 앞으로 내민 채 정면을 응시하고 있는데, 얼굴에 묻어있는 빨간 혈흔은 전쟁을 상징하고 있다. 이들은 모두

'전란을 부르는 자들'로 호명되고 있고, 이들에 대해 '평범한 일상에서 잠시 벗어나 아덴성의 주인이 되기 위해 전란을 부르는 또다른 그들의 모습'으로 묘사되고 있다. 두 이미지를 대변하는 '모험'이나 '전란'은 그 자체로 가상적인 것이다. 그러나 전란은 모험을 기초로 하여 만들어진 함축의미(connotation)인데, 전란이라는 과장법 때문에 모험은 오히려 너무 소박하고도 자연스런 것으로 보인다. 즉 게임을 중심에 두고 모이는 모험은 가상세계의 전란과도 같은 경험을 제공한다. 이것이 두 이미지의 중첩을 통해 의도하는 의미작용이다. 그리고 이 속에서 '모험'이라는 단어 자체가 이미 '만들어진 이미지', 즉 환상임은 은폐된다.[44)]

이리하여 가상공간의 이미지들은 현실의 이미지들을 완전히 역전시킨다. 그래서 현실을 지시하는 기표로서 두 이미지는 서로 상반된 작용을 수행하고 있다. 실제의 모습들을 포착한 사진 이미지는 현실과의 직접적 연관과 그로 인해 드러나는 안정된 일상을 강조한다. 하지만 게임 속에서의 이미지는 현실과의 직접적인 연관을 상실한 채, 시대와 장소도 불명이며 완전히 허구적인 페르소나들을 재현한다. 그런 점에서 이 디지털 이미지는 현실의 기표라기 보다는 현실을 재현한 기표의 기표들, 즉 재현의 재현이다. 따라서

---

44) '원래 모험이라는 말은 계획, 우연, 요행, 행운 등과 관계없이 자연스럽게 일어나는 일을 뜻했지만, 이제 모험은 통산 누군가가 우리에게 판매할 목적으로 만든 특별한 경험이란 뜻으로 쓰인다.' Boortin, 2004: 122.

분석되어야 할 것은 현실을 재현한 이미지와 이미지의 이미지 간의 관계가 된다. 두 이미지는 전적인 대비를 통해 기표-기의 관계를 성립시킨다. 즉 다음과 같은 이분법이다.

평범한 여자 / 여자 군주
일상적 편안함 / 전쟁 모험
현실의 한계 / 가상의 한계 없음

기계복제 시대에 이미지는 항상 이미지의 이미지라는 주장은 어쩌면 너무도 당연하고 진부해 보이기까지 한다. 그러나 이미지의 이미지는 현실로부터 멀어짐으로써 그 자신을 지시대상으로 만든다. 그래서 여성인 군주, 전쟁이라는 모험, 그리고 한계없음과 같은 전적으로 가상적인 계열들로 자유롭게 의미작용을 수행한다. 우리는 바르트(Barthes)의 분석을 따라, 이러한 이미지의 의미작용을 하나의 사로잡힌 언어로 간주할 수 있다. 즉 기술적 첨단과 미래를 상징하는 정보 이미지들은 미래의 의미작용 체계를 선점하고 현재에서 활용함으로써 가능한 의미작용의 한계를 미리 정해 버린다. 우리는 이러한 이미지가 만들어놓은 의미작용의 틀 속에서 기껏해야 작은 변주만을 할 수 있을 뿐이다.

또다른 이미지를 살펴보자. 정보 이미지를 적극적으로 차용한 기업광고의 사례인데, 이 광고 이미지에는 짙은 노란색의 꽃과 벌 한마리가 등장하고 있다. 그런데 자세히 보면 벌은 투명한 몸체 속에 전자회로를 내장한 '첨단' 기술의 산물임을 알 수 있다. 그러나 이 꽃과 벌의 관계는 즉자적으로는 성립되지 않지만, 오른쪽 하단의 텍스트를 읽음으로써 그 의미가 해석된다. 이 둘은 '공존'의 관계이며 '따뜻한 세상'을 의미한다. 그 공존은 관계의 공존이며, 또한 자연과 인공 기술의 공존이며, 나아가 기술을 통해 자연을 회복할 수 있다는 희망의 메시지다.

텍스트는 나아가 꽃과 벌의 관계를 매우 직설적인 생물학적 지식으로 표현한다. 꽃은 식물의 '생식기'이며 벌은 생식기간의 간접 교접을 위한 메신저이다. '사랑하려거든 벌을 받아라!'라는 텍스트는 사랑과 교접을 매개하는 인공벌의 존재를 부각시키면서, 기술이 인간의 근원적인 관계조차 매개할 수 있음을 함축하고 있다. 이것은 기술에 의한 자연의 정복을 넘어서서, 자연화하는 근원으로서의 기술을 표상한다. 자연 이미지는 광고의 오랜 이미지 차연 전략의 하나이지만(Williamson, 1998), 또한 여전히 효과적인 표상 전략이다.

정보, 그리고 정보사회의 이미지적 재현은 현실과의 대립을 적극적으로 구성하고, 현실과는 질적으로 다른 미래를 가정하는 미래학의 정치를 수행한다. 미래는 항상 현실에 대해 우월함, 즉 더 발전하고 더 행복하며 더 인간적인 것을 대표하게 되는 것이다. 이러한 미래와 현실은 기술에 의해 매개된다. 기술은 행복한 미래를 열어주는 열쇠인 것이다. 닫힌 담론체계의 전형을 보여주는 이 정보 이미지들은

〈그림 2-2〉 정보 이미지 기업광고

오늘날의 대중적 믿음, 즉 '기술발전-미래-행복'의 의미연관의 근원이라 할 수 있다. 이 이미지들 속에서 언어는 사로잡히고, 사로잡힌 언어들에 의해 대중들 역시 사로잡히고 말았다.

3) 사회적 담론의 재현

나는 앞서 정보 이미지의 의미작용을 검토해 보았다. 하지만 엄밀히 말하자면 그것은 정보 이미지와 정보사회 이론들이 잠재적으로 내포하고 있는 의미작용의 가능성들을 살펴본 것이다. 하나의 텍스트로서 정보 이미지나 이론은 그 자체로서 풍부한 의미작용을 완성하는 것이 아니라, 이미지와 결부되는 다양한 담론체계들에 의해 그 의미내용을 확증받게 된다. 즉 그 이미지를 고정시켜주는 것은 담론을 특정한 방식으로 고정시키는 의미작용 실천, 즉 권력적 의미작용이다. 그 권력적 의미작용은 사회적 승인의 압력과 결합함으로써 사회적 담론이 되는 것이다. 이런 점에서 정보사회 담론이 단순히 기술적 가능성과 그 결과들만을 둘러싸고 벌어지는 것으로 이해하는 것은 담론들의 체계를 과소평가하는 것이다. 나는 우리 사회의 'PC방' 담론을 중심으로 이 사회적 담론화 과정을 살펴볼 것이다. 1997년경부터 우리 사회의 고유한 문화형식으로 '방'(房) 문화들이 대거 등장했다. 노래방, 전화방, PC방, 찜질방 등. 하지만 PC방 담론은 고유한 사회적 담론의 성격들을 보여주었다. 즉 그것은 정보기술을 둘러싼 특정한 재현방식들을 내장한 담론들이었다. 그 담론의 형성 과정들을 간략히 추적해 보자.

초기의 PC방 담론은 인터넷이라는 기술적 가능성들을 실현하는 공간이자 그 어두운 문화도 함께 활성화될 수 있는 양면적 가능성을 가진 공간으로 재현되고 있다. 즉 '인터넷을 통해 정보를 찾는 정보공간이나 .. 문서를 만들고 이메일을 주고받는 사무공간'이자 동시에 '중·고등학생들의 탈선공간'의 양면성이 지적되고 있다. 여기에는 PC방이 과거의 노래방이나 만화방 등과 같은 편견이 개입되어 있음을 보여준다. 즉 성인이나 일반인이 이용하면 별다른 문제가 없지만, '중·고등학생' 등 청소년들에게는 '탈선'의 여지를 제공할 수도 있다는 편견이다. 따라서 PC방에 대한 초기의 담론은 탈선공간/정보공간, 청소년/성인의 이분법을 기초로 하여, 탈선의 가능성을 예외적인 것으로 이해하는 담론 구조를 보여준다. 하지만 이 PC방 담론은 다른 방 문화들과 비교할 때 예외적으로 우호적인 시선을 담고 있다.[45)]

> 지난해부터 생겨나기 시작한 인터넷pc게임방이 급증하고 있다. 데이콤 인터넷회선을 이용한 인터넷pc게임방은 지난 9월말 현재 207곳에 불과했으나, 10월 한달동안 178곳, 11월에는 375곳이 늘어나 현재 760곳에 이른다. .. 24시간 운영되는 인터넷pc게임방이 중-고등학생들의 탈선공간이 된다는 비판도 있다. 하지만 데이콤 김일환 인터넷사업본부장은『인터넷 pc게임방은 단지 게임을 즐기는 오락공간이 아니라, 인터넷을 통해 정보를 찾는 정보공간이나 직장인들이 문서를 만들고 이메일을 주고 받는 사무공간으로 활용할 수 있도록 관심을 가질 필요가 있다』고 말했다.[46)]

이것은 최소한 PC방 담론이 자발적으로 만들어진 담론이 아니라, 일정한 사회적 압력 속에서 체계적으로 만들어진 담론일 가능성이 높다는 사실을 함축한다. 이러한 PC방 담론이 보다 강화되고 변형되는 지점에서 이러한 사회적 힘

---

45) 예컨대 노래방, 전화방은 '성인'들의 탈선장소로 터부시되고 있다.
46) 조선일보, 98년 12월 3일자.

의 작동을 보다 명확하게 확인할 수 있는데, 그것은 바로 게임문화, 게이머(gamer) 담론과의 결합에서 확인된다.

> 『2030년, 나는 광활한 우주의 전사가 됩니다. 대제국 건설의 꿈을 꾸며 밤새워 지혜를 쥐어 짜냅니다.』 고교 2년생인 김성민(17)군은 한번 스타크래프트 게임에 빠지면 날밤이 새는줄 모르고 몰두하게 된다고 말했다. 김군처럼 인터넷을 이용한 게임 매니아들이 늘면서, 실직자들과 기존의 전화방 업자들이 너도나도 인터넷 게임방 창업붐에 뛰어 들었다. 전국에 벌써 2,500여 인터넷 게임방이 성업중이고, 아직도 확장세를 멈출줄 모르고 있다. .. 그러나 공연예술진흥협의회는 「스타크래프트」가 선혈이 낭자하는등 폭력성이 짙다는 이유로 18세이하 사용불가 판정을 내렸다. 경찰은 이를 근거로 지난 5일부터 중고생을 출입시킨 게임방 업주들을 대거 입건하기 시작했다. 미혼 샐러리맨 강호순(32)씨는 『스타크래프트의 폭력성 운운은 게임을 한번도 해보지 못한 사람들의 「인상비평」』이라며 『게임에 몰두하면 선혈이 낭자한 모습을 볼 수 없다. 선혈 이전에 다음 전략을 수립해야만 생존할 수 있는 치열한 머리게임』이라고 말했다. 그는 스타크래프트 때문에 수시로 밤을 지새운다.[47)]

게이머 담론이 사회적으로 승인되고 일시간 폭발적으로 유포될 수 있었던 것은 이 게이머 열풍이 PC방의 사회적 유용성을 현실화시켰던 최초의 현상이라는 점 때문이다. PC방이란 앞에서 보듯 미사여구로 '정보공간'이나 '사무공간'으로 호명되지만 현실은 대부분 이용자들이 비교적 저렴한 가격에 마음껏 게임을 즐길 수 있는 유희의 공간에 지나지 않는 것이다. 이런 낭비적 유희를 사회적 생산성으로 담론화할 수 있는 여지를 제공한 것이 바로 사회적 신분으로서의 '게이머'의 출현이었다. 게임은 이제 단순한 오락과 유희, 소모성과 낭비의 이미지를 벗고서 적극적인 사회적

---

47) 조선일보, 1999년 2월 9일자.

의미화의 작업을 수행할 수 있게 되었다. 기술담론은 필연적으로 기술의 행복한 결말, 즉 기술에 대한 낙관론을 강화하는 경향이 있는데, 그 이유는 기술발전의 사회적 궤적 자체가 '행복' 혹은 보다 넓게는 진보라는 이미지와 결합할 때만 그것이 정당화될 수 있기 때문이다. 이런 맥락에서 게이머라는 현상은 쾌락 자체가 긍정적이고 생산적인 것으로 재현될 수 있는, 기술과 인간 행복의 그야말로 행복한 결합을 현실화하는 것으로 이해되었던 것이다.[48] 하지만 다소간 사회적 유행이 되었던 게이머 담론과 게이머 열풍은 오래 갈 수 없는 결합이었다. 게임은 말 그대로 게임일 뿐이었고, 게이머는 그 게임의 다소간 높은 수준의 이용자(user)에 지나지 않았다. 게이머는 게임대회라는 상금 쟁탈전을 존재기반으로 삼을 수 밖에 없는데, 게임대회는 게임의 판촉전략 이상을 넘어서지 못했고, 따라서 서서히 게임대회 자체가 축소되고 게이머의 경제적 근거도 상실되어 갔다.[49]

48) 이 현상은 일부분, 김대중 정권의 신자유주의적 교육관과도 밀접한 관련을 맺고 있다. 신자유주의 교육관은 국가의 복지적 교육정책에서 후퇴하면서 개인의 인적자원 개발을 강조하는 정책방향을 갖는데, 주입식 교육을 탈피하여 창의성 함양, 수업의 충실도를 높이기 위한 수행평가제도 등은 결국 '한가지만 잘해도 대학갈 수 있다'는 극단적인 신자유주의적 논리로 귀결되었다. 이것은 김대중 정권의 '신지식인' 담론의 교육정책이었던 것이다.

49) 또한 이 게이머 열풍의 쇠퇴는 게임 장르의 변화 및 다양화와도 연결되어 있었다. 당시의 게이머 열풍을 가능하게 했던 것은 스타크래프트, 워 크래프트 등의 전략 시뮬레이션 게임이 전세계적 유행을 만들었기 때문이다. 하지만 이러한 전략 시뮬 대전게임은 뒤이은 리니지, 바람의 나라 등과 같은 머드형 시뮬게임에 자리를 내

PC방 담론은 두 가지 재현방식을 선택적으로 이용했다. 긍정적인 측면에서는 게이머와 신지식인 담론이 활용되었고, 부정적으로는 중독, 음란물 등의 이미지를 재현했다. 그런데 이러한 상반된 재현논리는 주체를 상이한 방식으로 호명하는 이분법 체계를 내장하고 있다. 즉 PC방-게임은 긍정적 주체로서 게이머, 신지식인, 그리고 부정적인 주체로서 탈선, 중독자를 재현하였던 것이다. 중독 여부는 곧 사회적 정상과 비정상을 나누는 경계이자 사회적 타자로 편입되는 경로가 된다. 이들 중독자에 대한 담론들은 매우 참혹하다. 예컨대 '오직 인터넷만이 삶을 지탱해주는 유일한 끈'이라는 수사가 과연 중독을 적절히 표현한 것인가? 타자에 대해 삶의 유일한 끈을 운운하는 것이 가능한 것이며, 그것은 진실인 것인가? 중독자에 대해서만큼은 이런 전지적인 권력적 수사가 너무도 당연하게 부과된다.

> 중학교 때만 해도 모범생 소리를 들었던 A군(18). 또래들은 지금 대입 준비에 정신이 없지만 지난해 학교를 자퇴한 A군에게는 오직 인터넷만이 삶을 지탱해주는 유일한 끈이다. 하루종일 방안에 틀어박혀 누구와도 만나려 들지 않는다. 정신병원에도 다녀 봤지만 소용이 없었다. 집안은 풍비박산이 났다. A군의 부모는 아들 문제로 다투다 현재 이혼수속을 밟고 있다.[50)]

이러한 재현의 언어들은 결국 현실의 권력과 항상 결합되는, '사로잡힌 언어'임을 보여준다. 그 혐의는 경제적, 국가적 필요와 PC방 담론이 교묘하게 결합되면서 확신으로

주게 되었다.

50) 대한매일, 2001년 6월 18일자.

바뀐다.

> IMF 불황으로 위기에 봉착해 있던 각종 PC산업계가 인터넷 게임방 즉 PC방으로 인하여 기사회생의 계기를 얻게 되었다. 서울 용산전자상가의 경우 97년 '한국 IPC'를 필두로 '아 프로만', '세양정보통신', '뉴텍컴퓨터' 등으로 이어지던 "부도 도미노"와 IMF사태로 인해 극도로 어려웠던 경기가 요즈음 각종 PC와 그 외 부품을 유통시키며 다시 활력을 되찾아 나가고 있다. PC방에 납품되는 PC의 대수는 20~50대로 98년 중반 이후 전국적으로 늘어난 PC방을 약 3000여곳으로 추정하더라도 10만여대의 PC가 보급된 것이 된다. 또한 대형 모니터의 수요가 급증하였고 네트워크의 필수장비들이 날개돋친 듯 팔려나갔다. 그 외에도 세진, 삼성, 삼보 등 컴퓨터 전문 업체들도 PC방 전용 PC를 공급하여 많은 판매량을 올리고 있다.[51]

즉 PC방은 'IMF 불황을 .. 기사회생'시킨 경제의 숨은 공로자로까지 칭송되면서 경제적, 국가적 순기능으로 주목받고 있다. 즉 책임있는 어른들, 건전한 청소년들, 신지식인=게이머들의 어휘 연쇄들은 PC방이 사회적으로 요구될 수밖에 없는 당연한 이유들을 설명해준다. 이 과정에서는 '중독자', '탈선자' 등은 PC방의 부작용이 아니라, 경제적, 국가적 요구에 부응하지 못하는 사회적 일탈자들, 즉 타자들이 되는 것이다.

이런 재현을 통해 결국 정보기술의 발전은 하나의 국가적 목표이자 새로운 사회로의 전환이라는 역사적 운동이 된다. 정보기술은 본질적으로 '투명성과 개혁성'을 가진 것으로 이해되고, 따라서 정보화의 추진은 부정부패 추방, 사회정의 실현, 민주주의의 실현과도 동의어로 사용된다. 그렇기 때문에 정보화를 통한 지식기반사회로의 전환은 '절체

51) http://cc.kangwon.ac.kr/~kimoon/et/et-991/project/w2/pce.html.

절명의 과제'가 된다. 이런 주장은 앞서 보았던 벨이나 토플러의 이론적 재현에서 전형적으로 드러나는 동일한 내용을 담고 있음을 쉽게 알 수 있다.

> 정보화는 속성상 투명성과 개혁성을 내포하고 있기 때문에 정보화를 추진하면 제2건국의 다른 과제인 '부정부패추방', '사회정의 실현', '참여민주주의 실현' 등은 자연스럽게 이루어질 수 있다. 또한 정보화는 누구도 부정할 수 없는 전 인류의 과제로서 보편적 당위성을 가진다..과거 새마을운동이 우리나라를 농업사회에서 산업사회로 바꾸는 기틀을 마련하였다면 정보화운동은 산업사회를 지식기반사회로 전환시키는 하나의 큰 획을 그을 수 있을 것이다. .. 이와 같이 정보화의 물결이 전국 방방곡곡에 흘러넘치고 지식과 정보가 기반이 되는 새로운 사회를 만드는 것이야말로 오늘을 사는 우리 세대의 절체절명의 과제이다.[52]

너무나 당연한 말이겠지만, 권력작용은 권력의 언어를 필요로 한다. 그 권력의 언어는 비단 정치과정에만 국한되지 않고 경제 및 일상의 영역에서도 동일한 담론들을 재생산했다. 지난 정부가 정치적 목표로 내걸었던 제2건국 운동과 지식기반사회로의 전환은 전형적으로 기술적 담론, 즉 정보기술에 대한 특정한 이해방식을 내장한 담론이었다. 그 담론은 지배적인 정보사회 이론과 정보사회에 대한 통념화된 이미지와의 공모 하에서, 이를 정책적으로 동원하는 통합 담론의 형태를 띠고 있는 것이다.

4. 결 론

재현이란 결국 특정한 방식의 사회적 의미를 만들어내

52) 서울신문, 1999년 8월 9일자.

는 실천 혹은 투쟁의 과정이다. 그것이 언어적 형태든 이미지와 같은 비언어적 형태이든, 재현은 의미를 둘러싼 투쟁의 핵심에 놓여 있는 것이다. 지난 몇 년간, 특히 IMF 경제위기 이후 우리 사회에는 현저히 정보화 담론이 사회의 지배적 담론으로 등장했다. 그리고 그러한 담론이 유포되는 가운데, 정보기술의 발전은 곧 국가 발전과 인간의 행복으로 당연시되고, 부정할 수 없는 최상위의 정당성을 확보했다. 그러나 정보기술은 여전히 상반된 가능성을 드러내고 있다. 증가하고 있는 온라인에서의 사생활 침해와 감시 문제, 신종 쓰레기인 스팸 메일의 범람, 온라인의 상업화와 음란화 등, 이런 것들을 단지 정보화의 부수적인 효과 정도로만 간주할 것인가?

나는 이 글을 통해 두 가지의 현실적 효과를 의도하였다. 첫째는 논쟁되지 않고 당연시되는 세계를 논쟁의 영역으로 옮겨 놓는 것이었다. 당연시된 세계란 상식의 세계이자 현존하는 재현의 권위가 인정되는 세계다. 정보사회에 대한 이론이나 담론은 그 자체가 핵심적인 논쟁의 영역(opinion의 세계)임에도 불구하고 여기에는 당연시된 정보 개념이 상식처럼 작용하고 있다(doxa의 세계)[53]. 이 당연시된 정보 개념 자체를 논쟁으로 끌어들임으로써 주류 담론의 기존의 권위를 논쟁적인 대상으로 전화시키고 해석의 다양한 지평을 엶으로써 결과적으로 권위를 해체하는 효과

53) 웹스터가 지적하고 있듯이 여전히 정보는 양적인 것으로 이해되고 있다. Webster, 1997: 53-6.

를 꾀할 수 있다. 정보 개념은 다양한 가능성의 개념이었다. 즉 우리가 지금 목격하고 있는 수학적 함수의 양적 개념과, 전달의 맥락을 포함한 의미론적 것의 가능성이 모두 포함되어 있었다(Hayles, 2000: 259). 그것을 기계적인 것으로 고정시키고, 그럼으로써 전달의 양과 효율을 배타적으로 강조했던 그 역사적 발생의 문제지점으로 되돌아가, 그것이 애초에 제기했던 가능성들에 대한 재발견과 재탐구를 행하자는 것이다. 정보 개념을 양과 전달의 개념으로 한정했던 초기의 기술발달 역사를 비판적으로 사유하면서 미발달된 정보 개념을 해방시키고 사회적 논쟁의 영역으로 전환시켜야 한다. 그럼으로써 정보기술의 발전을 사회의 발전과 등치시켜 버리거나, 아니면 이미지들의 시뮬라시옹을 단지 넋 놓고 바라보는 극단적 태도에서 벗어나, 새로운 정보화의 가능성을 사고해 볼 수 있을 것이다. 그리고 이를 통해 우리는 과잉발달해 있는 전달로서의 정보기술 개념, 그리고 과소발달한 의미로서의 정보 간의 불균형을 조정하고 그 긴장적 균형을 만들어내야 한다.

또한 나는 현재의 정보사회 담론들이 체계적으로 연관되어 하나의 질서를 만들어가고 있음을 드러내고자 했다. 많은 언어학적 사유들이 보여주듯이, 재현이란 결국 사회적 틀지워짐이자, 그 속에서 사회적인 통념의 저장고를 채워가는 작업이다. 이 과정은 결국 사회적 정치가 작동하는 영역, 즉 재현의 정치라는 영역이다. 재현은 단지 현실의 모사물이 아니라, 재현된 것을 통해 현실을 생산하는 적극적인 정치적 작용이다. 더구나 현재의 정보사회 담론은 미래에 대한 특정한 재현을 통해 미래를 식민화하고 현재의 소통을 봉쇄해 버리고 있다. 그러한 정치과정을 드러냄으로써 재현의 이데올로기적 성격을 드러내고, 재현을 둘러싼 정치에 개입할 여지를 확보해야만 하는 것이다.

3장

정보 이미지 광고의 담론구조와 수용[54)]

1. 정보사회와 광고

정보사회는 신화인가 현실인가? 미래학자들이 그리고 있는 굴뚝없는 공장, 노동으로부터의 해방, 여가생활은 실현될 미래인가, 아니면 단순한 레토릭살림, 혹은 블레이드러너(Blade Runner)의 세계처럼 미래는 축복이 아니라 저주가 될 것인가? 여전히 정보사회 논쟁의 중심에 있는 이 쟁점들은 사회변화를 바라보는 관점의 차이 때문에 화해 불가능한 것처럼 보인다.[55)] 하지만 문제는 항상 현실이다. 우

---

54) 이 장은 『사회발전연구』 9호(2004)에 실린 "정보 이미지 광고의 담론구조와 수용"을 수정 보완하였다.

55) 이 쟁점은 근본적으로 기술결정론과 기술의 사회적 구성론의 대립으로 볼 수 있다. 정보통신기술의 발전이 사회를 근본적으로 재구성할 것이라는 기술결정론(Bell, Toffler)과, 기술은 사회적 과정의

리는 그 논쟁의 와중에, 어느새 우리 주변을 가득 채우고 있는 무수히 많은 정보사회의 이미지들을 발견한다. 영화나 드라마, 광고와 인터넷 등 어디에서나 그런 이미지들을 만날 수 있으며, 그 이미지들은 우리에게 어떤 '말걸기'를 한다. 그 중에서도 특히 광고는 정보와 디지털 이미지들을 풍부히 활용하면서 항상 우리에게 무언가를 끊임없이 호소한다. 정보 이미지와 레토릭, 표상으로 가득 찬 현실, 어쩌면 우리는 그것을 통해 정보사회를 체험하며, 그러한 이미지를 따라 정보사회를 예견하고 있을지도 모른다. 그리고 그런 이미지들을 가장 빈번하게 보여주는 기구가 바로 광고인 것이다.

이 장에서는 정보기술의 발전과 광고의 관계를 연구 주제로 삼아보고자 한다. 정보 사회에서 광고는 그 자체가 하나의 정보양식(mode of information), 즉 지식과 정보를 생산하는 제도로 이해될 수 있다. 광고는 기존의 사물을 재현하는데 목적이 있는 것이 아니라 의미의 의미, 혹은 이미지의 이미지를 만들어냄으로써 새로운 의사소통을 창출하는데 그 목적이 있다. 포스터(Poster)는 이러한 소통을 '정보적 시뮬레이션'이라 지칭하는데, 이러한 소통의 특징은 의미들이 자유롭게 분산된다는 것에 있다(Poster, 1994: 22-3). 그래서 광고에서 우리는 자유롭게 표현된 정보와 기술 이미지들을 접하며, 이런 이미지들은 정보사회 속에서 무한히

산물이며 정보사회는 전체 사회의 역학의 한 부분일 뿐이라는 시각(Shiller, Winner, MacKenzie & Wajcman)이 그것이다.

확장되고 있다. 이 때문에 광고가 정보사회 이미지를 어떻게 재현하고 있고, 이러한 이미지들이 어떻게 사회적 통념으로 전환되는가에 주목할 필요가 있는 것이다. 따라서 광고 이미지와 의미작용에 대한 분석은 정보화라는 변화의 사회적 의미를 추적하고 재구성하는 작업이 되는 것이다.

광고는 단순히 상품 소비를 위한 매개체가 아니라, 그 자체가 하나의 사회적 메시지로 간주되어야 하며, 광고 메시지에 대한 독해는 사회적 의미생산의 구조를 해석하는 작업이라는 의의를 가진다. 이 연구는 크게 두 부분으로 구성된다. 첫째, 정보 이미지들을 차용하고 있는 광고에 대한 분석으로, 정보기술이 어떻게 표상되는가를 중심으로 정보 이미지 광고의 의미작용을 살펴보고자 한다. 그리고 이러한 정보 이미지 광고에 대한 수용자의 해독과 평가를 살펴볼 것이다.

2. 광고의 의미작용과 수용자

1) 광고의 의미작용

광고는 당연하게도 자본주의 경제에서 유통, 즉 판매 노력의 핵심 수단이다. 특히 전문 광고업의 성장은 유통의 시간과 비용을 절약하는 효과적인 제도로 발전해 왔다 (Arriaga, 1993: 121-2). 하지만 광고는 이러한 경제적 수단에 그치지 않는다. 광고는 대중을 상대로 하는 적극적 발언, 즉 하나의 의미작용(signification)[56)]이다[57)]. 광고의 본질은 상품과 소비자를 연결하는 것이지만, 이 연결은 즉각적으로 이루어지는 것이 아니라 번역을 필요로 한다. 상품의 언어, 혹은 사물의 진술은 광고라는 특정한 발화형식으로 번역되어 소비자에게 전달되는 것이다. 그러나 이 번역은 상품이 가진 자명한 의미들을 그대로 전달하는 것이 아니라, 여러 방식으로 부가된 의미들의 조합을 통해 이루어진다(Williamson, 1998: 18). 그렇기 때문에 결국 광고는 하나의 독자적인 발화체가 되어버리는 것이다. 즉 광고는 번역된 언어로서 스스로 재생산되는 사회적 발화체로 일단 정의해 볼 수 있다.

그런데 광고는 상품의 진술을 번역함에 있어 단순히 상품의 사실들만을 전달하는 것이 아니다. 오히려 광고는 하나의 교육체계로서 소비자를 적극적으로 호명한다. 역사적으로 광고의 등장은 대중교육의 출현이기도 했다. 초기 대량생산의 출현과 함께 광고는 대중으로 하여금 새로운 삶의 유형을 교육했다[58]. 이런 점에서 광고는 일종의 숨겨진

---

56) 원래 의미작용은 기표와 기의의 결합관계에 의해 기호가 만들어지는 과정을 지칭하는 기호학적 개념이지만, 여기서는 사회적 의미의 창출이라는 보다 확대된 개념으로 사용된다.

57) 이러한 광고의 의미작용적 특징은 대체로 1920년대 이후의 현대 광고에 해당되는 것이다. 포크(Falk)는 현대 광고의 특징을 첫째, 제품 중심의 주장과 재현에서 제품-사용자 관계를 주제로 다루고 사용자의 경험을 강조하는 소비현장에 대한 묘사로 이동하고, 둘째, 제품 이용에 수반된 합리적 주장 양식에서 제품 이용에 따른 만족의 재현으로 이동하며, 세째, 구두 및 문자언어에서 시청각 언어로 발전하는 것 등으로 요약한다. Falk, 1997.

58) '대량생산은 대중의 교육을 필요로 한다. 대중은 대량생산의 세계

설득자였다(Packard, 1957). 또한 광고는 의미의 체계다. 즉 광고는 소비자라는 주체를 호명하는 담론으로 볼 수 있다. 호명의 담론으로서 광고는 상품에 대한 이미지와 소비자의 욕구를 끊임없이 연결하는데, 그 연결의 방식은 욕망의 자극, 관심의 환기, 충족의 약속 등이다. 이런 방식으로 광고는 광고의 소비자를 생산함으로써 그 스스로가 문화적 주체가 된다[59].

광고의 의미작용의 특성 중 하나는 그것의 잔여적 특성에 있다. 윌리엄슨에 의하면, 광고가 가장 발달된 이미지들을 보여주고 있음에도 불구하고, 그것의 의미들은 본질적으로 잔여적이라 지적한다. 즉 광고의 의미작용은 새로운 의미의 생성 혹은 창조에 있는 것이 아니라 사회적으로 넘치는 의미들의 조합을 통해 상품과 의미작용을 연결시키는데 그 목적이 있으며, 그런 의미에서 본다면 광고란 일종의 브리콜라주(bricolage)이다[60]. 브리콜라주로서의 광고는 따라서 사회적으로 가장 익숙한 의미와 이미지들, 즉 상식(Gramsci, 1990)들의 조합을 통해 의미작용을 만들어낸다. 광고의 담론은 어느 한 영역의 담론으로 국한되지 않고 여

에서 인간처럼 행동하는 법을 배워야 한다.' Edward Filene; Lash, 1993: 234에서 재인용.

59) 정치적이고 교육적인 주체로서의 광고를 나바(Nava)는 '촉진하는 문화'(promotional culture)로 개념화한다. Nava, 1997.

60) 브리콜라주란 원래 건축술에서 잡다한 재료들을 이용하여 건축에 활용하는 기법을 지칭하는데, 레비 스트로스는 이 브리콜라주를 창조에 대비되는 야생적 사고의 전형으로 제시한 바 있다. Levi-Strauss, 1996.

러 담론들의 경계를 가로지르며 작동한다(Nava, 1997).

브리콜라주 담론으로서의 광고는 소비의 성격과 밀접히 연결되어 있다. 오늘날 사람들은 상품을 '사물'로서가 아니라 '기호(sign)'로 소비한다(Campbell, 1997). 상품이란 소비자에게 하나의 정체성 정보이며, 따라서 소비란 정체성을 구매하고 라이프스타일을 소비하는 것이다. 이러한 정체성을 표현할 수 있도록 광고는 다양한 방식으로 주체들을 분류하고 그에 따른 담론들을 제공한다. 예컨대 광고는 하나의 토템으로서, 소비자를 차별화시킴과 동시에 상품과의 동일시를 달성하게 만든다(Williamson, 1998: 69). 하지만 이 차이, 즉 상품과 상품, 소비자와 소비자, 그리고 광고와 광고들 간의 차이는 실제적인 것이 아니라 허위적인 것이며, 이것은 구체적인 지시 대상을 가지지 않는다[61]. 그렇기 때문에 광고는 다른 광고와의 차별에 의해서만 규정될 뿐 무한히 자유로운 의미들을 담을 수 있다. 그것은 때로 자연을 끌어들이기도 하고(Williamson, 1998), 소비자의 욕망을 재현하기도 하고(Bocock, 2003), 혹은 회귀와 향수를 자극하기도 한다(Wernick, 1997).

즉 하나의 발화체로서 광고는 그 의미작용의 한계를 가지지 않으면서, 오직 소비자의 정체성에만 소구할 뿐이다. 이런 점에서 광고와 소비자의 만남은 하나의 소통적 관계

61) 이런 점에서 광고들 간의 차이는 기호들 간의 차이와 동일하다. 소쉬르는 기호들간의 차이는 지시대상과 상관없이, 기호적 표현의 차이에 의해서만 구분된다고 지적한다. Saussure, 1990.

로서, 그 속에서 어떤 의미들이 교환되는가에 의해 분석될 필요가 있는데, 그 소통의 유일한 경계는 광고 담론의 재료들이 사회적 통념들의 재생산이자 브리콜라주라는 사실 뿐이다.

2) 광고와 수용자

대중매체 메시지로서의 광고전달과 수용의 관계는 소통이론의 관점에서 크게 세가지 입장으로 구분해 볼 수 있다. 그 첫번째는 섀논과 위버(Shannon & Weaver)의 커뮤니케이션의 수학적 모델이다. 위너(Wiener)의 사이버네틱스(Cybernetics) 모델에 입각하여 섀논과 위버는 소통의 효율적 모델을 고안한다[62].

섀논과 위버의 모델은 사실 인간을 수신자로 하는 소통모델로서는 여러가지 점에서 부적합한 모델이다. 우선, 이 모델에서는 메시지 자체는 발신자와 수신자 모두에게 투명하게 이해되는 것으로 가정되고 있다. 즉 광고는 하나의 '자명한 의미'로 이해되며, 야기될 수 있는 소통의 실패 상황은 오로지 기술적 변환의 오류나 잡음의 개입 밖에 없다. 하지만 메시지는 상황에 따라 다의적으로 독해될 수 있는 일종의 열린 텍스트이다. 따라서 섀논과 위버 식의 이해방식을 따를 때 광고 메시지는 단순한 상품 정보 이상의 의미를 가질 수 없는 것으로 가정된다. 둘째, 이 모델은 수신

62) 섀논과 위버의 모델에 대해서는 이 책의 1장에 자세히 소개되어 있다.

자의 수동성을 가정하는 일종의 자극-반응 모델이다. 미국을 중심으로 이루어졌던 초기 매스 커뮤니케이션 효과이론이 대부분 이러한 모델에 입각해 있는데, 이러한 일방향적인 전달 모델은 수용자의 다양한 반응을 이론화시키기에는, 특히 인간의 언어적 소통의 특성을 담기에는 여러가지로 문제가 있는 모델이라 할 수 있다[63].

두번째 모델로 야콥슨(Jakobson)의 메시지 전달모델을 생각해 볼 수 있다. 야콥슨은 인간의 언어가 가지는 특성을 충분히 고려하여 다음과 같은 메시지 전달 모델을 제안한다.

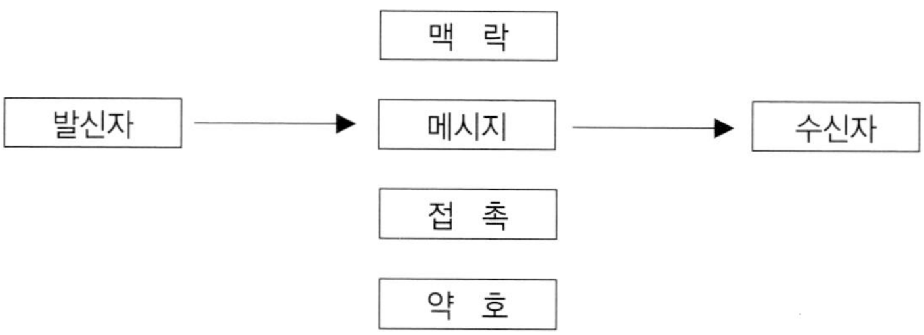

〈그림 3-1〉 야콥슨의 메시지 전달모델

자료: Jakonson, 1997: 55.

야콥슨의 모델은 언어전달의 전형적인 상황을 모델화한 것으로, 발신자와 메시지, 그리고 수신자를 기본 축으로 삼으면서, 여기에 소통 상황에 필요한 부가적 요소들을 고려하고 있다. 맥락(context)은 메시지가 지칭하는 관련된 상황

63) 매스미디어 효과이론에 대해서는 이정춘, 1997을 참조하시오.

으로 이것은 수신자가 이해가능한 것이어야 하는 동시에 언어의 형식을 취하는, 즉 발신자와 수신자가 공유할 수 있는 소통 상황의 정보에 해당된다. 접촉은 발신자와 수신자의 물리적 및 심리적 연결로, 이는 소통에의 의지를 의미한다. 마지막으로 약호는 메시지의 의미규칙으로, 인간 언어의 특징인 외연의미와 함축의미의 관계는 이 약호를 통해 형성된다(Jakobson, 1997: 54-5). 야콥슨의 도식에 따라 광고 메시지의 소통 방식을 이해한다면, 광고는 무엇보다 수신자와의 관련상황에 대한 이해 속에서 의미를 창출한다. 그것은 인간의 소통이 맥락의 공유를 가장 먼저 전제하기 때문이며[64], 그 다음으로 수신자와의 접촉을 유지하는 가운데 의도한 의미를 메시지 속에 담는 것으로 설명될 수 있다.

하지만 야콥슨의 도식은 발신자와 수신자에 대한 가정을 담고 있지 않은데, 예컨대 광고 제작자와 수신자 대중의 관계는 사회적 정체성 형태들이 다르기 때문에, 각 소통 주체에 대한 전제를 필요로 한다. 이것은 야콥슨의 도식이 기본적으로 개인간의 소통 상황을 염두에 두고 있기 때문에 발생하는 문제점이다. 즉 발신자와 수신자를 동등한 언어 사용자로 가정하는 것은, 이것이 개인의 소통이든 광고와 같은 대중매체를 통한 소통이든 비현실적인 가정인 것이다.

---

64) 야콥슨은 전달도식의 계열체 축은 위계적으로 조직된다고 본다. 그렇기 때문에 무엇보다 맥락에 대한 고려 하에서 메시지가 만들어지는 것이다.

또한 야콥슨의 도식은 약호를 통한 의미 전달의 기능을 상대적으로 과소평가하는 경향도 보인다. 개인들 간의 소통이든 대중매체의 전달이든, 발신자의 위치에서 무엇보다 관심은 메시지의 의미를 창출하는 것에 있기 때문에 약호 기능이 우선적으로 고려될 것이기 때문이다.

홀(Hall)은 섀논과 위버의 기계적 소통 모델, 그리고 야콥슨 모델의 인간의 언어적 소통이 가진 특성을 종합하면서, 메시지 전달이 이루어지는 사회적 성격을 강조하기 위해 다음과 같은 '부호화/해독'(encoding/decoding) 모델을 제안한다(Hall, 1996).

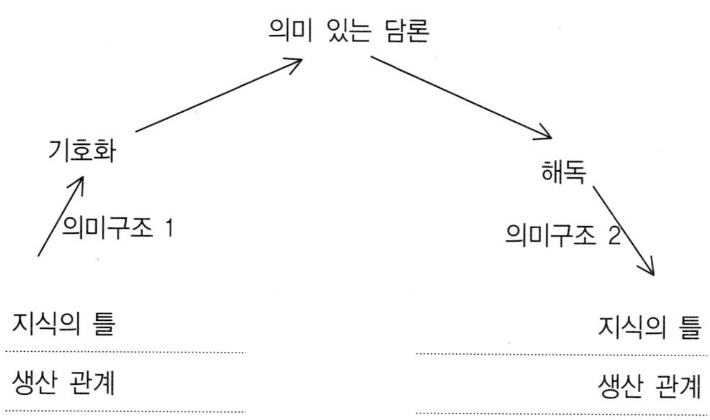

〈그림 3-2〉 홀의 부호화/해독 모델

홀의 부호화/해독 모델에 입각해 본다면, 메시지로서 광고는 광고제작자의 특정한 의미구조, 즉 기술적 하부구조와 생산관계, 그리고 지식의 틀에 입각하여 만들어지며, 또한 소비자 역시 이 메시지를 자신의 고유한 의미구조에 입각하여 해독한다. 홀은 미디어 연구에 있어 섀논과 위버 식의 기계적 전달이 모델이 갖는 한계를 비판하면서, 메시지와 수용자의 상호관계와 의미작용에 초점을 맞추고 있다. 홀이 이 모델을 통해 강조하고자 하는 것은, 메시지가 만들어지는 과정에 부호화의 과정이 개입된다는 사실이다. 부호 혹은 약호란 의미를 만들어내는 사회적 의미규칙이라 할 수 있는데, 이러한 부호화를 통해 광고는 '의미있는 담론'이 되는 것이다. 마찬가지로 소비자 역시 이러한 담론을 이해하기 위한 해독과정을 수행하는데, 이 때 해독은 메시지 작성자의 의미규칙을 이해하는 방식에 따라 가능한 세가지 수용의 입장 중 하나를 취하게 된다. 즉 메시지의 원래 의미를 충실하게 받아들이는 선호된 독해를 하거나, 자신의 지식체계와의 교섭 속에서 타협적인 독해를 하거나, 혹은 메시지를 전복적으로 재구성하는 저항적 독해를 하게 된다. 그렇지만 이 세가지 가능성이 동일하게 주어진 것으로 보기는 어려우며, 지배적인 독해 형태는 선호된 독해가 된다고 보아야 할 것이다.

소통모델에 입각한 광고의 이해는 광고 텍스트의 의미작용 구조에 대한 분석과 수용자의 해독이라는 두 영역을 연결시켜 준다는 점에 그 의의가 있다. 그리고 이를 통해 광고 분석을 텍스트 분석에 한정시키는 기호학적-구조주의적 분석의 한계, 동시에 광고의 수용자 반응을 절대화하는 수용론적-수정주의적 편견을 극복할 수 있다.

3. 정보 이미지 광고의 담론구조 분석

최근 광고의 일반적인 경향 중 하나는, 그것이 정보 기술을 응용한 것이든 그렇지 않든 상관없이, 정보 기술 이미지를 적극적으로 차용하고 있다는 사실이다. 정보 이미지 광고란 바로 이러한 정보 이미지를 활용한 상품 광고 및 기업 광고를 지칭한다. 이러한 정보 이미지 광고의 의미작용은 어떤 특징을 가지는가? 이 절에서는 신문에 실린 대표적인 정보 이미지 광고 텍스트의 담론구조를 분석한다. 여기서 활용한 방법은 정보 이미지 광고 텍스트의 어휘 분포와 통합체(syntagme) 관계[65]를 살펴봄으로써, 어휘를 통해 정보 이미지를 표상하는 어휘들의 의미작용 방식을 분석하는 것이다. 분석된 광고 텍스트는 2002년 5월 1일부터 5월 31일까지 J 일간지에 실린 정보 이미지 광고이며, 중복된 것은 생략하여 24개 광고를 분석하였다. 어휘들의 분석은 문장단위 속에 포함된 어휘에 국한하였으며, 제품의 사양이나 기술적 어휘들을 제외한, 광고 자체를 지시하는 문장들 내의 어휘만을 분석하였다.

---

65) 통합체 관계란 음의 연쇄를 이루는 구성 단위들, 예컨대 어휘들 간의 관계를 지칭하는 것으로, 통합체 관계의 분석은 구체적인 음의 형식으로 실현된 단위들이 결합함에 있어 어떤 규칙성을 가지는지를 살펴보는 방법이라 할 수 있다. 전형적인 통합체 관계란 언어의 관습적 사용에서 드러나는 관계들이라 할 수 있는데, 광고의 어휘들 역시 이러한 전형적인 통합체 관계를 내포하고 있다.

〈표 3-1〉 분석된 광고의 목록

광고 유형	빈 도
통 신 기 업	8
인 터 넷 기 업	1
휴 대 전 화	3
전 자 기 업	5
전 자 제 품	4
자 동 차	1
물 수 건 제 조 기	1
컴 퓨 터	1
합 계	24

먼저 정보화를 상징하는 어휘들의 분포는 다음과 같이 나타났다.

〈표 3-2〉 정보화 어휘의 분포

어 휘	빈 도	어 휘	빈 도
디지털	13	통신	9
인터넷	9	정보	6
무선	6	데이터	3
커뮤니케이션	2	첨단	4
제어	2	신기술	1
멀티미디어	1	모바일	1
원격	2	네트워크	1

정보 이미지 광고에서 드러나는 키워드, 즉 우리 사회의 정보화 이미지를 구성하는 주된 상징어들은 '디지털'(13회), '통신'(9회), '인터넷'(9회), '정보'(6회), '무선'(6회) 등인 것

으로 나타났다. 사실상 이런 어휘들은 순수 '기술적' 어휘들이라기보다는, 강한 상징성을 띠는 함축의미들이라 할 수 있다. 앞서 보았듯이 윌리엄슨(Williamson)은 광고는 사회적 잔여 의미들을 차용할 뿐이라고 주장하는데, 이것은 광고가 사회적으로 일반화되고 대중 담론 속에서 이해될 수 있는 의미들의 조합을 통해 담론적 현실을 재구성하는 사실을 지적하는 것이다. 정보 이미지 광고의 어휘들은 이 주장과 유사하게, 사회적 통념을 반영하고 강화하는 상징적 어휘의 구사를 통해 정보 사회 이미지들을 강화하는 어휘들을 사용하고 있음을 보여준다고 할 수 있겠다.

여기서 더 나아가, 이 정보 어휘들이 문장 단위 내에서 어떤 통합체 관계를 구성하는지를 살펴보고자 한다. 이를 통해 정보화 어휘들이 어떤 대상을 지시하기 위해 사용되고 있는지를 알 수 있다.

'디지털', '통신', '기술', '인터넷' 네 어휘의 통합체 관계를 분석한 결과는, 우선 이들 어휘들이 문장 속에서 사용될 때 전형성이 존재함을 보여준다. 디지털-세상, 디지털-최첨단, 디지털-신기술, 통신-세상, 기술-세계, 기술-미래, 인터넷-초고속 등의 통합체 관계는 빈도가 2회 이상 나타나, 이들 정보화 어휘 사용의 일반화된 용법을 보여주고 있다.

'디지털' 통합체는 매우 다양하게 활용되고 있다. 디지털-최첨단, 디지털-신기술 등은 비교적 친화성을 가지며, 의미론적으로 소통되는 어휘의 결합관계를 보여준다. 반면 디지털-세상, 디지털-행복, 디지털-희망, 디지털-따뜻한 등의

〈표 3-3〉 주요 정보화 어휘의 통합체 관계

통합체 관계		빈 도
디지털	- 세상	3
	- 최첨단	2
	- 신기술	2
	- 행복	1
	- 희망	1
	- 따뜻한	1
통신	- 세상	2
	- 세계	1
	- 나라의 경쟁력	1
기술	- 세계	3
	- 미래	3
	- 편리	1
	- 행복	1
인터넷	- 초고속	2
	- 세상	1

통합체는 디지털이라는 어휘가 모든 긍정적 의미를 포괄할 수 있는 고도의 상징으로 사용되고 있음을 보여준다. 즉 디지털이라는 어휘는 기술이 보여줄 수 있는 가장 긍정적인 결과를 상징하고 있다.

'통신' 어휘는 세상, 세계, 나라의 경쟁력과 결합되는 통합체를 보여주고 있다. 세상은 매우 함축적인 의미로 그 자체로서는 특정한 의미를 가지지 않는다. 그러나 '통신 세상'이라는 통합체는 '통신이 발달한 세상', '통신이 중심이 되는 세상'을 함축하여, 통신을 중심으로 조직되는 사회 이미지를 표상한다. 반면 세계는 직설적인 의미에서 세계 경쟁,

세계적 등의 의미로 결합되고 있다. 국가 경쟁력도 이와 동일한 맥락에 있다.

‘기술’ 통합체 중 ‘기술-세계’는 세계 속의 경쟁이라는 의미 속에 포괄된다. 그러나 미래, 편리, 행복 등의 통합체는 기술이라는 어휘가 디지털처럼 상징적인 어휘로 사용되고 있음을 보여주는 것이다. 기술은 그 자체로서 미래를 결정하고 희망을 제공하며, 행복을 보장하는 요술 램프다.

‘인터넷’ 통합체는 디지털이나 기술 통합체에 비해 상대적으로 낮은 상징성을 보여준다. 인터넷-초고속 통합체는 실질적인 의미에서 인터넷의 속도를 주장하는 것이며, 이것은 대부분의 통신 업체들이 경쟁적으로 사용하는 용법이기도 하다. 인터넷-세상 통합체는 디지털-세상 통합체와 유사한 맥락으로 사용되고 있다.

이러한 정보 어휘 통합체들은 광고의 담론구조에서 핵심에 위치하면서, 전체 광고의 이미지 전략을 강화하는 방향으로 사용되고 있다. 그 방향은 기술의 긍정적 결과를 주장하고, 기술이 가져올 수 있는 인간 행복을 표상하는 것에 다름 아니다. 이런 점에서 볼 때, 정보 이미지 광고는 실질적인 기술적 정보나 지식 보다는, 정보화 어휘 자체에 여러 함축의미들을 결합시키고, 정보 어휘 자체를 긍정적이고 정당한 상징으로 위치시키는 담론구조를 갖고 있다고 할 수 있다. 인간, 자연 등의 이미지와 긍정성의 어휘들을 결합시키는 통합체 구조는 정보기술 자체를 행복의 원천으로 간주하고 있는 것이다.

4. 정보 이미지 광고와 수용자

이 절에서는 조사연구를 통해 정보 이미지 광고의 수용자 인지 특성을 살펴볼 것이다. 활용된 자료는 2001년 5월 1일부터 2001년 5월 31일까지 전국 주요 대도시에 거주하는 12세 이상 인구를 모집단으로 한 '인터넷 사용 조사' 결과이며, 최종 수집된 표본은 531명이다[66]. 표본의 일반적 특성은 부록 1에 제시되어 있다.

앞서 정보 이미지 광고가 자신의 의미를 어떻게 표상하며 수용자를 어떤 방식으로 호명하고 있는지를 살펴보았다. 이 절에서는 이러한 정보 이미지 광고가 수용자들에게 어떻게 받아들여지고 있는가를 검토해 보고자 한다.

1) 정보 이미지 광고의 유형

수용자 조사는 회상 방법을 이용하여, '최근 3달간 가장 인상에 남았던 정보 이미지 광고'가 무엇인지를 답하도록

---

66) 조사대상에 대한 표본추출은 서울, 부산, 대구, 대전, 광주 등의 전국 권역을 대표하는 5대 주요 도시를 선정하여 해당 도시 내에서 동서남북을 대표할 수 있는 구 단위별로 동을 추출하고 추출된 동 단위에서 무작위로 특정 가구를 선정한 후 해당 가구를 중심으로 인접된 가구를 연속적으로 10개씩 조사하는 방식을 채택하였다. 5대 주요 도시의 인구규모가 서로 달라 해당 구성비율을 고려하여 표본을 추출하였으며, 서울시의 경우 302명, 부산시의 경우 97명, 대구시의 경우 66명, 대전시와 광주시는 각각 31명, 35명씩을 조사하였다. 따라서 본 조사는 대도시 지역거주민의 특성만을 반영하는 것으로서 농촌 지역 거주민의 특성은 전혀 반영되어 있지 않은 표본조사이다.

한 후, 이 광고에 대한 수용자의 반응을 측정하는 방법을 취하였다.

〈표 3-4〉 노출된 광고 유형

	빈 도	퍼센트
휴대전화	133	25.0
이동전화 서비스	134	25.2
통신/인터넷 서비스	35	6.6
컴퓨터	58	10.9
가전제품	60	11.3
기타	50	9.4
기억 안남	61	11.5
전 체	531	100.0

우선 응답자의 회상률은 '기억 안남' 11.5%를 제외한 전체의 88.5%에 달했다. 3개월이라는 비교적 짧은 기간을 한정하긴 했지만, 이 회상 비율은 정보 이미지 광고가 수용자에게 상당히 깊이 각인되어 있음을 보여주는 것이라 할 수 있다. 회상된 광고의 제품을 범주로 묶어 살펴보면, 가장 많은 응답을 보인 것은 '이동전화 서비스'로 전체의 25.2%, 그리고 휴대전화 제품이 25.0%로 나타났다. 휴대전화 제품과 이동전화 서비스 광고를 합치면 전체의 50%를 넘는데, 이것은 현재의 정보 이미지 광고가 이동전화를 중심으로 생산되고 있음을 보여주는 것이다. 그 다음으로는 가전제품 11.3%, 컴퓨터 10.9%, 통신/인터넷 서비스 6.6%의 순이며, 기타는 9.4%였다. 가전제품은 에어컨, TV, 세탁

기 등 매우 다양한 품목을 포함하고 있기 때문에, 가전제품 광고와 비교할 때 컴퓨터가 실질적으로 더 많이 광고되고 있다고 보아야 할 것이다. 이 결과는 정보화가 전자기술과 통신기술의 결합으로 정의되는 것을 반영하듯, 이동전화 및 통신, 컴퓨터가 정보화 이미지를 가장 많이 드러내는 광고임을 알 수 있게 한다.

〈표 3-5〉 광고를 접한 매체

	빈 도	퍼센트
TV	470	88.5
신문	24	4.5
잡지	11	2.1
기타	6	1.2
기억 안남	2	0.4
본적 없음	18	3.4
전 체	531	100.0

광고를 접한 매체는 TV가 88.5%로 압도적으로 많았고, 그 다음이 신문, 잡지 순이다. 정보 이미지 광고의 특징 중 하나는 높은 정세도를 갖는 이미지를 광고에 동원하는 것인데, 이것은 신문이나 잡지 등의 매체보다는 TV 매체에 훨씬 잘 어울리는 것이다.

2) 광고의 의미작용과 수용

앞서 광고의 의미작용 분석에서 보았듯이, 정보 이미지 광고는 기술을 사회의 결정인자로 보고 있고, 이것이 인간의 행복을 가져오며 인간의 얼굴을 한 기술이 될 수 있다는 의미구조를 내포하고 있다. 이러한 정보 이미지 광고의 의미작용이 수용자들에게 어떻게 수용되는가를 살펴보기 위해 정보 이미지 광고의 핵심 내용을 세 가지 측면으로 요약하고, 이것에 대한 수용자 반응을 조사하였다.

(1) 첨단기술

디지털, 정보, 미래 등의 어휘로 표현되는 정보 이미지 광고는 '첨단기술'의 중요성을 명시적으로 드러낸다. 이러한 표상들을 제시한 후, 수용자들이 이 광고 표현에 대해 얼마나 동의하는지를 분석한 것이 아래의 표다.

〈표 3-6〉 정보 이미지 광고는 첨단기술을 강조한다

		전 혀 그렇지 않 다	별 로 그렇지 않 다	그 저 그렇다	약 간 그렇다	매 우 그렇다	잘 모르겠다
연령**	10대	2 (2.4)	15 (18.3)	19 (23.2)	25 (30.5)	18 (22.0)	3 (3.7)
	20대	6 (4.8)	15 (11.9)	41 (32.5)	47 (37.3)	16 (12.7)	1 (0.8)
	30대	3 (2.5)	10 (8.3)	28 (23.1)	53 (43.8)	25 (20.7)	2 (1.7)
	40대	•	10 (9.9)	26 (25.7)	45 (44.6)	20 (19.8)	•
	50대 이상	3 (3.6)	7 (8.4)	23 (27.7)	26 (31.3)	16 (19.3)	8 (9.6)
성별	남자	11 (4.3)	26 (10.1)	67 (26.0)	98 (38.0)	50 (19.4)	6 (2.3)
	여자	3 (1.2)	31 (12.2)	70 (27.5)	98 (38.4)	45 (17.6)	8 (3.1)
인터넷	사용	12 (3.6)	37 (11.1)	91 (27.4)	124 (37.3)	63 (19.0)	5 (1.5)
	비사용	2 (1.1)	20 (11.0)	46 (25.4)	72 (39.8)	32 (17.7)	9 (5.0)
전 체		14 (2.7)	57 (11.1)	137 (26.7)	196 (38.2)	95 (18.5)	14 (2.7)

* < .05 ** < .01 *** < .001

'이 광고는 첨단기술을 강조한다'는 질문에 대해 전체의 56.7%가 그렇다고 응답한 반면 13.8%가 그렇지 않다고 응답하여, 정보 이미지 광고가 드러내는 첨단기술의 강조가 수용자들에게 상당한 정도로 수용되고 있음을 보여준다. 집단별로는 연령에 따른 차이만이 유의미한 것으로 드러났다. 정보 이미지 광고가 첨단기술을 강조한다는 질문에 대해 그렇다는 응답은 20대와 50대 이상에서 가장 낮게 나타났다. 그렇다는 응답은 30대와 40대가 가장 높아 각각 64.5%와 64.4%로 나타났다. 10대는 52.5%였다. 이것은 정보 이미지 광고의 의미작용을 첨단기술로 독해하는 것이 연령에 따라 차이가 있음을 보여주는 것이자 동시에 광고가 전달하는 메시지에 대한 독해가 연령별로 상이한 지식체계에 기반하고 있음을 반영하는 것이라 할 수 있다. 한편 성별 및 인터넷 사용 여부에 따른 차이는 드러나지 않았는데, 이것은 광고의 의미작용에 대한 해독이 세대적 경험에 따라 크게 달라짐을 보여주는 것이라 생각된다.

(2) 인간적인 것

설득의 수사술(rhetoric)이 전형적으로 활용하는 정당화의 근거 중 하나가 바로 '인간적인 것'이라는 가치다(박해광, 2003). 정보 이미지 광고 역시 설득적 메시지를 담고 있다는 점에서 인간을 활용한 의미들을 담을 수 있는데, 수용자 조사에서는 이 인간적인 가치는 그다지 높게 나타나지 않았다.

〈표 3-7〉 정보 이미지 광고는 인간적인 것을 강조한다

		전 혀 그렇지 않 다	별 로 그렇지 않 다	그 저 그렇다	약 간 그렇다	매 우 그렇다	잘 모르겠다
연령	10대	6 (7.3)	19 (23.2)	33 (40.2)	15 (18.3)	7 (8.5)	2 (2.4)
	20대	8 (6.3)	27 (21.4)	48 (38.1)	23 (18.3)	15 (11.9)	5 (4.0)
	30대	6 (5.0)	21 (17.4)	44 (36.4)	28 (23.1)	16 (13.2)	6 (5.0)
	40대	4 (4.0)	16 (15.8)	40 (39.6)	28 (27.7)	10 (9.9)	3 (3.0)
	50대 이상	5 (6.0)	16 (19.3)	30 (36.1)	17 (20.5)	6 (7.2)	9 (10.8)
성별	남자	14 (5.4)	50 (19.4)	101 (39.1)	52 (20.2)	31 (12.0)	10 (3.9)
	여자	15 (5.9)	49 (19.2)	94 (36.9)	59 (23.1)	23 (9.0)	15 (5.9)
인터넷	사용	21 (6.3)	60 (18.1)	126 (38.0)	75 (22.6)	39 (11.7)	11 (3.3)
	비사용	8 (4.4)	39 (21.5)	69 (38.1)	36 (19.9)	15 (8.3)	14 (7.7)
전 체		29 (5.7)	99 (19.3)	195 (38.0)	111 (21.6)	54 (10.5)	25 (4.9)

* < .05 ** < .01 *** < .001

‘정보 이미지 광고는 인간적인 것을 강조한다’는 질문에 대해 전체의 32.1%가 그렇다는 응답을, 그리고 25.0%가 그렇지 않다는 응답을 나타냈다. 이것은 광고 텍스트에 따른 차이가 있긴 하지만, 대체로 정보 이미지 광고가 인간적인 것의 이미지들을 차용하고 있음을 보여주는 것이라 여겨진다. 하지만 그것은 앞서 보았던 첨단기술의 이미지와 비교할 때 덜 명시적이다. 한편 연령별, 성별 및 인터넷 사용 여부에 따른 집단별 차이는 발견되지 않았다. 이것은 인간적인 것에 대한 독해가 집단별 차이보다는 대중의 일반적인 이해 방식을 따른다는 점을 암시한다.

(3) 기술발전과 인간행복

정보화 이미지가 목표하는 궁극적인 설득적 의미작용은 기술이 인간의 행복과 직결되어 있다는 사회적 믿음을 생산하는데 있다. 정보 이미지 광고의 의미작용 분석에서 드러나듯이, 일관되게 기술은 미래의 행복과 통합체 관계를 이루며 사용되고 있다.

〈표 3-8〉 정보 이미지 광고는 기술발전이 인간의 행복을 증진할 것이라 말한다

		전 혀 그렇지 않 다	별 로 그렇지 않 다	그 저 그렇다	약 간 그렇다	매 우 그렇다	잘 모르겠다
연령*	10대	7 (8.5)	17 (20.7)	19 (23.2)	24 (29.3)	11 (13.4)	4 (4.9)
	20대	5 (4.0)	16 (12.7)	37 (29.4)	48 (38.1)	16 (12.7)	4 (3.2)
	30대	6 (5.0)	11 (9.1)	29 (24.0)	51 (42.1)	19 (15.7)	5 (4.1)
	40대	3 (3.0)	8 (7.9)	29 (28.7)	50 (49.5)	9 (8.9)	2 (2.0)
	50대 이상	2 (2.4)	11 (13.3)	27 (32.5)	23 (27.7)	12 (14.5)	8 (9.6)
성별	남자	14 (5.4)	35 (13.6)	75 (29.1)	90 (34.9)	36 (14.0)	8 (3.1)
	여자	9 (3.5)	28 (11.0)	66 (25.9)	106 (41.6)	31 (12.2)	15 (5.9)
인터넷	사용	18 (5.4)	41 (12.3)	86 (25.9)	128 (38.6)	47 (14.2)	12 (3.6)
	비사용	5 (2.8)	22 (12.2)	55 (30.4)	68 (37.6)	20 (11.0)	11 (6.1)
전 체		23 (4.5)	63 (12.3)	141 (27.5)	196 (38.2)	67 (13.1)	23 (4.5)

* < .05 ** < .01 *** < .001

응답 결과를 보면, 전체의 51.3%가 그렇다고 응답하고 있으며 그렇지 않다는 응답은 16.8%에 불과하다. 이것은

기술이 가져올 인간행복이라는 긍정적 결과를 강조하는 정보 이미지 광고의 선호된 해독을 통해 수용자들에게 받아들여지고 있음을 보여주는 것이다. 한편 이 응답 결과는 연령별로 상이한 수용 양태를 보여준다. 기술 발전과 인간 행복의 증진에 대한 동의가 가장 높은 연령층은 30대와 40대로, 그렇다는 응답이 각각 36.3%와 37.6%였다. 반면 동의가 낮은 연령은 10대와 50대로 그렇다는 응답은 각각 26.8%와 27.7%였다. 첨단기술 이미지에 대한 인식이 저연령대에서 높았던 것과는 대조적으로, 이 결과는 지배적인 통념인 기술과 행복이라는 메시지가 사회의 주력 세대인 3, 40대의 의식 내용으로 자리하고 있음을 보여주는 것이다.

3) 정보 이미지 광고에 대한 평가

여기서는 이 정보 이미지 광고에 대한 수용자의 평가를 살펴본다. 평가 항목은 신뢰도, 흥미 정도, 정서적 일치도, 그리고 메시지 내용의 정보 전달과 흥미다.

(1) 정보 이미지 광고에 대한 신뢰도

먼저 정보 이미지 광고에 대한 신뢰에서는 전반적으로 신뢰할 수 있다는 응답이 다소 높게 나타났다. 전체 응답자 중 신뢰할 수 없다는 응답이 11.5%인 반면 신뢰할 수 있다는 응답은 40.2%로 신뢰할 수 있다는 응답이 훨씬 높았다. 연령별로는 정보 이미지 광고에 대한 신뢰도가 50대 이상이 가장 낮고, 10대 및 30대에서 가장 높게 나타났다. 정보

〈표 3-9〉 정보 이미지 광고는 신뢰할 수 있다

		전 혀 그렇지 않 다	별 로 그렇지 않 다	그 저 그렇다	약 간 그렇다	매 우 그렇다	잘 모르겠다
연령*	10대	1 (1.2)	10 (12.2)	30 (36.6)	31 (37.8)	7 (8.5)	3 (3.7)
	20대	3 (2.4)	9 (7.1)	67 (53.2)	40 (31.7)	4 (3.2)	3 (2.4)
	30대	1 (0.8)	10 (8.3)	49 (40.5)	55 (45.5)	3 (2.5)	3 (2.5)
	40대	1 (1.0)	13 (12.9)	49 (48.5)	35 (34.7)	2 (2.0)	1 (1.0)
	50대 이상	2 (2.4)	9 (10.8)	35 (42.2)	22 (26.5)	7 (8.4)	8 (9.6)
성별	남자	4 (1.6)	22 (8.5)	111 (43.0)	100 (38.8)	16 (6.2)	5 (1.9)
	여자	4 (1.6)	29 (11.4)	119 (46.7)	83 (32.5)	7 (2.7)	13 (5.1)
인터넷	사용	7 (2.1)	29 (8.7)	148 (44.6)	125 (37.7)	15 (4.5)	8 (2.4)
	비사용	1 (0.6)	22 (12.2)	82 (45.3)	58 (32.0)	8 (4.4)	10 (5.5)
전 체		8 (1.6)	51 (9.9)	230 (44.8)	183 (35.7)	23 (4.5)	18 (3.5)

* < .05 ** < .01 *** < .001

이미지는 디지털, 컴퓨터, 인터넷 등 최근의 기술발전을 표상하는 이미지들로, 이는 세대경험 상 젊은 세대와 친화성을 가진다. 이 결과는 이 친화성이 광고 이미지에 대한 신뢰로 연결되고 있음을 보여주는데, 통념의 생산은 이러한 비논리적이고 정서적인 반응에 기초하는 것이 일반적이다. 하지만 성별 및 인터넷 이용 여부별 차이는 발견되지 않았다.

(2) 흥미

광고가 수용자에게 설득적일 수 있는 중요한 요소 중 하나는 수용자 개인의 흥미를 불러일으키는 것이다. 광고에서 차용된 이미지들은 수용자에게 가상의 욕구를 제공함으로써 상품의 세계로 수용자를 끌어들인다(Boorstin, 2004). 더구나 정보 이미지들은 과거나 현재 보다는 미래에 대한 의미작용이므로, 흥미의 자극은 광고의 효과를 결정하는 가장 중요한 요소 중의 하나가 된다.

〈표 3-10〉 정보 이미지 광고는 흥미롭다

		전혀 그렇지 않다	별로 그렇지 않다	그저 그렇다	약간 그렇다	매우 그렇다	잘 모르겠다
연령**	10대	•	4 (4.9)	19 (23.2)	43 (52.4)	16 (19.5)	•
	20대	2 (1.6)	6 (4.8)	30 (23.8)	74 (58.7)	14 (11.1)	•
	30대	•	5 (4.1)	34 (28.1)	69 (57.0)	12 (9.9)	1 (0.8)
	40대	•	11 (10.9)	33 (32.7)	49 (48.5)	8 (7.9)	•
	50대 이상	1 (1.2)	9 (10.8)	27 (32.5)	34 (41.0)	8 (9.6)	4 (4.8)
성별	남자	2 (0.8)	19 (7.4)	76 (29.5)	123 (47.7)	36 (14.0)	2 (0.8)
	여자	1 (0.4)	16 (6.3)	67 (26.3)	146 (57.3)	22 (8.6)	3 (1.2)
인터넷**	사용	2 (0.6)	19 (5.7)	85 (25.6)	183 (55.1)	43 (13.0)	•
	비사용	1 (0.6)	16 (8.8)	58 (32.0)	86 (47.5)	15 (8.3)	5 (2.8)
전 체		3 (0.6)	35 (6.8)	143 (27.9)	269 (52.4)	58 (11.3)	5 (1.0)

* < .05 ** < .01 *** < .001

정보 이미지 광고에 대해 흥미롭다는 응답은 전체의 63.7%로, 정보화 기술 이미지를 차용한 광고가 수용자의 흥미를 자극하는 부분이 상당히 크다는 사실을 보여준다. 특히 연령 및 인터넷 사용 여부에 따라 차이를 보였는데, 연령별로 보면 고연령층으로 갈수록 정보 이미지 광고에 대한 흥미가 떨어짐을 보여준다. 그렇다는 응답이 10대는 71.9%, 20대는 69.8%, 30대 66.9%, 40대 56.4%, 50대 이상은 50.6%로 나타났다. 이것은 대체로 정보화 이미지를 차용한 광고가 중·저연령층의 흥미를 자극하고 있으며, 따라서 이들 층이 주된 광고의 대상이 됨을 의미하는 것이기도 하다. 인터넷 사용 여부에 따른 차이도 드러났다. 흥미를 느낀다는 응답은 현재 인터넷을 사용하는 집단이 사용하지 않는 집단보다 더 높게 나타났다. 이것은 인터넷 사용이 정보화 이미지와 보다 친숙하다는 것을 반영하는 결과라 할 수 있다.

(3) 정보전달과 흥미유발

광고 메시지는 일차적으로 정보의 전달을 목적으로 한다. 광고는 상품에 관련된 정보들을 담고 있으며, 흥미와 정보전달 중 어느 쪽을 강조하는가에 따라 광고를 정보전달형과 흥미유발형으로 구분하기도 한다(강미선, 2000). 흥미를 강조하는 광고는 수용자의 감성적 측면에 소구하는 반면, 정보전달 광고는 수용자의 이성과 인지능력에 호소하는 경향이 크다.

정보 이미지 광고는 정보 전달을 강조한다는 질문에 대해 그렇다는 응답은 48.8%, 그렇지 않다는 응답은 15.3%로, 대체로 정보 전달이 강조된다고 인식하고 있음을 보여준다. 한편 이는 연령별 및 인터넷 사용 유무에 따른 차이를 보이고 있다. 3, 40대가 그렇다는 응답이 상대적으로 높은 반면 50대 이상은 그렇다는 응답이 가장 낮게 나타나고 있다. 또

〈표 3-11〉 정보 이미지 광고는 정보전달을 강조한다

		전 혀 그렇지 않 다	별 로 그렇지 않 다	그 저 그렇다	약 간 그렇다	매 우 그렇다	잘 모르겠다
연령 ***	10대	•	15 (18.3)	29 (35.4)	28 (34.1)	9 (11.0)	1 (1.2)
	20대	4 (3.2)	20 (15.9)	41 (32.5)	46 (36.5)	14 (11.1)	1 (0.8)
	30대	4 (3.3)	10 (8.3)	41 (33.9)	52 (43.0)	13 (10.7)	1 (0.8)
	40대	•	13 (12.9)	35 (34.7)	45 (44.6)	8 (7.9)	•
	50대 이상	1 (1.2)	11 (13.3)	27 (32.5)	31 (37.3)	4 (4.8)	9 (10.8)
성별	남자	6 (2.3)	30 (11.6)	91 (35.3)	100 (38.8)	27 (10.5)	4 (1.6)
	여자	3 (1.2)	39 (15.3)	82 (32.2)	102 (40.0)	21 (8.2)	8 (3.1)
인터넷 **	사용	7 (2.1)	48 (14.5)	114 (34.3)	124 (37.3)	37 (11.1)	2 (0.6)
	비사용	2 (1.1)	21 (11.6)	59 (32.6)	78 (43.1)	11 (6.1)	10 (5.5)
전 체		9 (1.8)	69 (13.5)	173 (33.7)	202 (39.4)	48 (9.4)	12 (2.3)

* < .05 ** < .01 *** < .001

한 인터넷 사용 여부에 따른 차이는, 인터넷 사용자에서 그렇지 않다는 응답이 다소 높게 나타나고 있다. 이것은 인터넷 사용자가 상대적으로 정보기술에 대한 이해도가 높음을 전제할 때, 정보 이미지 광고가 제공하는 메시지는 정보적 가치는 적은 것으로 여기고 있음을 짐작하게 한다.

반면, 정보 이미지 광고가 흥미유발을 의도하고 있다는 의견에 전체의 62.4%가 동의하고 있으며, 그렇지 않다는 응답은 6.5%에 불과하였다. 앞의 정보전달과 비교할 때, 정보 이미지 광고는 정보화 이미지들의 차용을 통해 수용자의 흥미를 자극하는데 보다 비중을 두고 있음을 보여준다.

이것은 상당히 흥미로운 점인데, 정보 이미지 광고는 대부분 신기술이라는 과학적 표상들을 사용함으로써 외형적으로는 이성적이고 논리적인 형태로 구성되어 있다. 하지만 이러한 표상들은 기술이나 과학적 사실을 전달하는 것이 아니라, 수용자의 흥미를 자극하는 의미작용을 수행하고 있다. 정보 이미지들을 통해 신기술과 정보에 대한 사회적 통념이 구성된다고 본다면, 이러한 상식의 형성은 교육적 기능을 통해서라기보다는 정보 이미지가 수행하는 정서적 친밀성을 통해 이루어지고 있음을 확인할 수 있다.

연령에 따른 차이 역시 드러나고 있다. 저연령층으로 갈수록 그렇다는 응답이 높게 나타나는 경향을 보여주고 있

〈표 3-12〉 정보 이미지 광고는 흥미유발을 강조한다

		전 혀 그렇지 않 다	별 로 그렇지 않 다	그 저 그렇다	약 간 그렇다	매 우 그렇다	잘 모르겠다
연령 **	10대	•	4 (4.9)	21 (25.6)	40 (48.8)	16 (19.5)	1 (1.2)
	20대	1 (0.8)	6 (4.8)	33 (26.2)	57 (45.2)	28 (22.2)	1 (0.8)
	30대	1 (0.8)	8 (6.6)	37 (30.6)	55 (45.5)	19 (15.7)	1 (0.8)
	40대	1 (1.0)	6 (5.9)	32 (31.7)	53 (52.5)	8 (7.9)	1 (1.0)
	50대 이상	1 (1.2)	5 (6.0)	25 (30.1)	38 (45.8)	6 (7.2)	8 (9.6)
성별	남자	2 (0.8)	15 (5.8)	78 (30.2)	117 (45.3)	41 (15.9)	5 (1.9)
	여자	2 (0.8)	14 (5.5)	70 (27.5)	126 (49.4)	36 (14.1)	7 (2.7)
인터넷 ***	사용	4 (1.2)	16 (4.8)	91 (27.4)	156 (47.0)	62 (18.7)	3 (0.9)
	비사용	•	13 (7.2)	57 (31.5)	87 (48.1)	15 (8.3)	9 (5.0)
전 체		4 (0.8)	29 (5.7)	148 (28.8)	243 (47.4)	77 (15.0)	12 (2.3)

* < .05 ** < .01 *** < .001

는데, 이것은 상대적으로 저연령층이 정보 이미지 광고에서 흥미 요소를 보다 많이 발견하고 있다는 사실을 의미하는 것으로 해석된다. 또한 인터넷 사용 여부에 따른 차이 역시 발견되는데, 마찬가지로 인터넷 사용자가 정보 이미지 광고를 보다 흥미롭게 바라보고 있음을 보여준다.

(4) 정서적 일치

정보 이미지 광고와 수용자의 정서적 일치를 묻기 위해 '정보 이미지 광고는 내 정서와 맞지 않는다'라는 질문에 응답하도록 하였다. 전체의 29.0%가 그렇지 않다고 응답한 반면 20.3%는 그렇다, 46.0%는 그저 그렇다고 응답하였다. 정서적으로 일치한다는 응답이 일치하지 않는다는 응답보다 약간 높지만, 아직은 정보 이미지 광고가 모든 수용자층을 대상으로 정서적 친밀성을 획득하지는 못하였음을 보여준다. 하지만 보다 중요한 것은 어떤 집단이 이러한 정보 이미지 광고에 대한 정서적 친밀성을 느끼는가 하는 점이다. 이 조사에서는 정보 이미지와 정서적 친밀성을 느끼는 집단이 10대, 그리고 인터넷 사용자층임을 보여준다. 정보 이미지에 대한 정서적 친밀성은 일종의 새로운 세대적 감성으로 이해될 수 있는데, 어릴 때부터 컴퓨터 사용환경에 익숙하고 인터넷 이용을 일상의 자연스런 한 부분으로 수용하고 있는 10대 및 인터넷 이용자층이 정보 이미지 광고에 대해 강한 정서적 친밀성을 드러내고 있다. 물론 이런 경향은 앞으로 고연령층으로 점차 확대될 것이다.

〈표 3-13〉 정보 이미지 광고는 내 정서와 맞지 않는다

		전 혀 그렇지 않 다	별 로 그렇지 않 다	그 저 그렇다	약 간 그렇다	매 우 그렇다	잘 모르겠다
연령*	10대	6 (7.3)	27 (32.9)	30 (36.6)	11 (13.4)	5 (6.1)	3 (3.7)
	20대	5 (4.0)	35 (27.8)	68 (54.0)	12 (9.5)	3 (2.4)	3 (2.4)
	30대	4 (3.3)	29 (24.0)	57 (47.1)	23 (19.0)	2 (1.7)	6 (5.0)
	40대	3 (3.0)	24 (23.8)	47 (46.5)	24 (23.8)	2 (2.0)	1 (1.0)
	50대 이상	4 (4.8)	16 (19.3)	34 (41.0)	17 (20.5)	5 (6.0)	7 (8.4)
성별	남자	14 (5.4)	65 (25.2)	114 (44.2)	45 (17.4)	9 (3.5)	11 (4.3)
	여자	8 (3.1)	66 (25.9)	122 (47.8)	42 (16.5)	8 (3.1)	9 (3.5)
인터넷*	사용	15 (4.5)	99 (29.8)	147 (44.3)	50 (15.1)	11 (3.3)	10 (3.0)
	비사용	7 (3.9)	32 (17.7)	89 (49.2)	37 (20.4)	6 (3.3)	10 (5.5)
전 체		22 (4.3)	131 (24.7)	236 (46.0)	87 (17.0)	17 (3.3)	20 (3.9)

* < .05 ** < .01 *** < .001

5. 결 론

나는 이 글에서 정보 이미지 광고의 의미작용과 이것이 수용자에게 인식되는 방식을 분석했다. 이것은 넓게 보자면, 우리 사회에서 정보 이미지들이 광고라는 대중매체를 통해 어떻게 만들어지고 유포되며 수용자에게 내면화되는지를 이해하는 사회적 의미작용에 대한 분석으로 자리매김된다. 분석된 결과를 종합해 본다면, 광고에서 정보 이미지의 차용은 일관되게 기술이 가져올 긍정적 결과들을 제시하는 방향으로 이루어지고 있다. 이것은 곧 기술결정론적 시각을 반영하는 것에 다름 아니며, 또한 기술을 소유한 주체, 곧

기업의 사회적 역할을 옹호하고 그 역할의 긍정성을 주장하는 것이다. 이러한 기술-행복의 결합관계는 기술결정론의 사회적 통념을 재생산하고 강화하는 역할을 수행하는 것으로 해석될 수 있다. 이것은 수용자 태도 조사에서도 유사한 결과를 보여주었다. 즉 정보 이미지 광고가 제시하는 첨단기술, 인간적인 것, 기술발전과 인간행복의 의미작용에 대한 수용 정도가 상당히 높게 나타나고 있고, 이것은 광고의 의미작용이 상식의 세계로 이전되고 있음을 보여주는 것이라 할 수 있겠다. 그리고 수용자 집단별로도 유의미한 차이들이 발견되었는데, 이는 정보 이미지에 대해 높은 신뢰를 보이고 흥미를 가지며 정서적 친밀성을 느끼는 새로운 세대들이 출현하였다는 사실을 말해준다.

또한 이 정보 이미지 광고는 논리적이거나 정보전달적 방법을 통해서가 아니라 흥미와 정서적인 것을 자극함으로써 정보 이미지들을 유포하고 있음을 드러냈다. 이것은 부어스틴이 지적하듯이, 하나의 허위의 세계로서의 이미지의 특징을 그대로 드러내는 것이다. 정보 이미지 광고는 정보 기술의 내용들을 전달하는 것이 아니라, 그것의 외형적 특징과 믿음체계를 전달하기 때문에, 쉽게 인간과 행복이라는 가치와 연결된다. 결국 대중들의 믿음체계는 이러한 정서적 혹은 감각적 표상들의 체계 위에 세워지고 있는 것이다.

기술이 가져올 행복이라는 표상들은, 그것이 적절한 토대와 타당한 예측에 근거하지 않을 때는 대중 기만의 신화로만 작동할 뿐이다. 기술결정론은 그것의 실질적인 결과나

논리적 결함 때문에 문제가 되는 것이 아니라, 기술 발전을 신화로 만들고 이를 대중의 맹목적 믿음으로 변질시킴으로써 대중의 개입을 배제하는 작용을 하기 때문에 문제가 되는 것이다. 이러한 광고의 의미작용이 권력의 의미작용과 가지는 친화성 및 유사성에 주목할 필요가 있다. 권력의 발화는 항상 정당한 얘기를 말하며, 이를 통해 권력의 의지를 관철시켜 왔다. 그리고 그 권력 의지의 작용은 대중들의 암묵적인 동의를 항상 수반해왔던 것이다. 오늘날의 정보 이미지 광고는 과연 이런 권력 의지로부터 얼마나 멀리 있는 담론인지를 재고해 보아야 할 것이다.

부록 1.

〈부표 3-1〉 응답자의 사회인구학적 특성

특 성		응답자수 (명)	백분율 (%)
현 거주지	서울	302	56.9
	부산	97	18.3
	대구	66	12.4
	대전	31	5.8
	광주	35	6.6
	계	531	100.0
성별	남자	270	50.8
	여자	261	49.2
	계	531	100.0
연령	12-19세	82	15.4
	20-29세	128	24.1
	30-39세	124	23.4
	40-49세	106	20.0
	50세 이상	91	17.1
	계	531	100.0
학력	무학	4	0.8
	초등학교	26	4.9
	중학교	68	12.8
	고등학교	217	40.9
	전문대학	40	7.6
	대학교	160	30.2
	대학원	15	2.8
	계	530	100.0
결혼상태	기혼	310	58.4
	미혼	217	40.9
	기타	4	.8
	계	531	100.0

〈부표 3-2〉 응답자의 직업적 특성

구분	항목	빈도	%
고용상태	피고용	168	33.3
	자영	126	25.0
	은퇴	1	0.2
	실직	10	2.0
	구직의향 없음/구직불능	186	36.9
	전직중	3	0.6
	잘모름	10	2.0
	계	504	100.0
업 종	농업 및 임업	1	0.3
	제조업	24	7.9
	전기, 가스 및 수도사업	3	1.0
	건설업	14	4.6
	도매/ 소매업	77	25.4
	숙박/ 음식점업	17	5.6
	운송업	10	3.3
	통신업	10	3.3
	금융/보험업	16	5.3
	부동산/임대업	10	3.3
	사업 서비스업	27	8.9
	공공행정,국방/사회보	12	4.0
	교육 서비스업	16	5.3
	보건/사회복지	5	1.7
	오락,문화 및 운동관련 서비스업	15	5.0
	가사서비스업	4	1.3
	기타 공공수리 및 개인서비스업	41	13.5
	국제 및 외국기관	1	0.3
	계	303	100.0
직 업	고위임직원/관리자	12	4.0
	전문가	26	8.6
	기술공 및 준전문가	34	11.2
	사무 종사자	55	18.2
	서비스 종사자	74	24.4
	판매 종사자	70	23.1
	농어업근로자	1	0.3
	기능원 및 관련 기능	6	2.0
	장치, 기계조작 및 조	10	3.3
	단순노무 종사자	15	5.0
	계	303	100.0

4장

정보 격차의 새로운 경향[67)]

1. 들어가는 말

최근 한국사회의 정보화는 매우 빠른 속도로 이루어지고 있다. 초고속 통신망의 빠른 보급과 인터넷 이용 인구의 급속한 확대, 모바일 서비스 이용의 보편화 등은 정보기술이 이미 우리 삶의 중심에 깊이 들어와 있음을 실감하게 한다. 그러나 이러한 정보화의 혜택이 모든 사람에게 골고루 분배될 것이라 기대하는 것은 근거 없는 낙관이거나 성급한 판단이다. 정보 기기의 소유나 정보 접근권 및 이용 능력의 차별화에 따른 새로운 사회적 불평등이 발생할 수 있기 때문이다. 정보통신망에 손쉽게 접근할 수 있는 사람

67) 이 장은 『경제와 사회』 59호(2003)에 실린 "정보 격차의 새로운 경향"을 수정 보완하였다.

에게는 풍부한 정보와 새로운 기회 등의 혜택이 제공되는 반면, 접근이 어려운 사람들은 상대적으로 사회적인 불이익을 받을 수 있다. 이러한 정보사회의 부정적인 측면을 가리켜 정보 격차(digital divide) 혹은 정보 불평등(information inequality)으로 개념화하고 있다.

정보 사회에서 정보 격차가 문제가 되는 이유는 이것이 개인들의 삶을 구조화하는 힘으로 작용하여 삶의 양식의 새로운 차별들을 발생시킬 가능성이 크기 때문이다. 우리는 그 단적인 예를 N세대(Net Generation)에서 찾을 수 있다. N세대라는 개념은 이미 현실의 집단을 지칭하는 유효한 개념으로 사용되고 있는데, 이들은 컴퓨터와 네트워크에 대한 높은 이용능력을 기초로 하여 인터넷의 주요 여론형성 집단이 되고 있으며, 또한 이전 세대와 구별되는 특별한 문화를 만들고 있다는 사실도 보고되고 있다(Tapscott, 2000). 따라서 정보화를 정보기술의 발전과 등치 시키고, 이를 다시 사회발전이나 성원 모두의 행복의 증진으로 연결시키는 통념은 잘못된 것일 뿐 아니라 현실을 호도한다는 점에서 위험하기까지 하다. 이런 이유 때문에 정보기술의 발전이 가져오는 차별화의 경향, 특히 불평등의 심화에 주목할 필요가 있는 것이다.

그런데 기존의 정보 불평등에 대한 논의들은 정보기기의 소유나 인터넷 이용 등과 같은 단순한 지표들을 이용함으로써 빠르게 진행되고 있는 정보 격차의 현황과 방향을 제대로 분석해내는데 한계를 보이고 있다. 그래서 이 연구는 정보격차를 확인하기 위한 지표를 확장하여, 정보격차의 실태를 보다 정확히 파악할 필요가 있다고 제안한다. 이것은 정보화의 진전이 가져오는 주된 효과가 어떤 방식으로 드러나는가를 확인하는 탐색적이고 발견적인 작업이라 할 수 있으며[68], 또한 기술 및 정보의 이용이 삶의 중요한 부분이 되는 정보사회에서 어떤 집단 분화가 이루어지고 있는가를 확인하기 위한 것이기도 하다.

이를 위해 이 연구는 기존의 연구들이 주로 사용하는 정보격차 접근 기본지표 이외에, 소유와 정보 이용의 확장 지표들을 이용하여 현재 진행되고 있는 정보 격차의 새로운 경향을 짚어 보고자 한다.

2. 기존 연구의 검토

정보로 인한 불평등이 증가할 것인가 감소할 것인가에 대해서는 첨예한 논쟁이 존재한다. 확산이론적 관점에서 불평등의 감소를 주장하는 이들은 TV, 라디오, 신문 등이 그러했던 것처럼 결과적으로 정보기술이 보편화됨으로써 대중적인 수용이 이루어지고 이용의 차별이 없어질 것이라 주장한다(Toffler, 1990; Naisbitt & Aburdene, 1990). 반면 정보격차의 증가를 주장하는 이들은 정보나 지식이 독점되거

68) 예컨대 벨(Bell)은 정보기술의 발전이 경제적이고 문화적인 차원에서 다양한 변화들을 가져올 것이라 지적하고 있지만, 그 변화는 모든 영역에서 동시적으로 진행되는 것이 아니라 그 사회적 조건에 따라 매우 차별적으로 진행된다.

나 진입장벽을 통해 이용이 배제되거나, 혹은 정보의 상품화 등의 이유로 정보를 둘러싼 사회적 격차는 더 커질 것이라 주장한다(Golding & Mordock, 1990; D. Shiller, 1994; H. Shiller, 2001). 하지만 정보사회가 정보로 인한 불평등 사회가 될 것인지, 보편적 이용을 통한 평등사회가 될 것인지는, 실상 현재의 시점에서는 검증될 수 없는 다소간 '미래학적'인 쟁점이다. 이 때문에 이 연구는 거시적인 정보 격차가 증가할 것인지 아닌지에 대한 논쟁에서 약긴 비켜서서, 실제 진행되고 있는 정보 격차의 정도와 방향을 확인하는데 더 관심을 갖고 있다.

정보 격차를 지칭하는 개념들도 매우 다양하게 사용되고 있다. 먼저 정보 격차(information gap)라는 개념은 정보에 접근하고 이용하는데 있어 정보 부자(information-rich)와 정보 빈자(information-poor) 간에 존재하는 사회적 격차를 지칭하는 개념이다. 이 개념은 정보매체에 대한 접근 여부와 정보 매체에 접근하여 정보를 활용하고 부가가치를 만들어내는 과정을 포함하는, 접근과 활용의 격차를 포함하는 개념이라 할 수 있다(서이종, 2000: 70). 또한 쉴러(H. Shiller)는 정보가 산업화함으로써 수용자들을 체계적으로 정보로부터 배제하고 비용을 지불하게 하는 정보기술 발전의 부정적 측면을 정보 불평등(information inequality)으로 개념화하고 있다(Shiller, 2001). 하지만 기든스(Giddens)가 지적하고 있듯이 정보란 정보기술을 주축으로 하는 최근의 변화에서만 중요한 것이 아니라, 근대 국가의 출현이 감시를 위해 사회

성원의 정보를 체계적으로 축적하는 과정이었으며, 이 속에서 이미 국가와 개인간의 정보 격차가 발생하였다(Webster, 1999). 정보 개념이 가지는 이런 포괄성 때문에 최근에는 디지털 격차(digital divide) 개념이 더 자주 사용되고 있다. 디지털 격차는 보다 적극적으로 디지털 환경이나 가상공간 하에서의 사회적 분할을 보여주는 개념이다. 미 상무성은 이 디지털 격차를 '신기술에 접근한 자와 접근하지 못한 자 사이의 분할'로 정의하고 있다. 그러나 이러한 개념들 간의 간극은 그다지 크지 않으며, 이 연구는 '정보 격차(digital divide)'라는 개념을 통해 '정보의 접근 및 이용이 사회집단 간 동등한 수준으로 진행되지 않는 현상'을 지칭하여 사용하고자 한다.[69]

한편 기존의 몇몇 연구들이 정보 접근이나 이용에 있어서의 불평등에 주목하고 있음에도 불구하고 실제 이러한 격차가 얼마나, 그리고 어떤 방향으로 발생하고 있는가에 대해서는 뚜렷한 연구 성과를 제시하지 못하고 있는 것이 현실이다. 예컨대 심상완 · 김정석(2002)은 컴퓨터 소유와 인터넷 이용여부라는 두 변수를 이용하여 1998년부터 2000년의 3년간 정보격차 추이를 추적하면서 이것에 영향을 미치는 사회인구학적 변수들의 다원적 모형을 제시하고 있다. 이 연구는 지역, 성, 연령, 교육수준 및 가구소득에 따른 집

69) 정보 격차는 그 격차의 주체의 차원에서 개인, 집단, 국가간 격차를 이야기 할 수 있는데(한국전산원, 2000: 6), 이 연구에서는 이 중 집단 차원의 정보 격차를 다룬다.

단별 정보격차의 현황과 추이를 잘 보여주고 있음에도 불구하고, 정보 격차를 측정함에 있어 컴퓨터 소유와 인터넷 이용이라는 단순한 변수를 사용함으로써 정보 격차의 질적인 측면을 포착하는데 어려움을 보이고 있다. 서진완(2000)은 개인의 정보 이용능력에 주목하는 정보 리터러시(information literacy)[70]라는 개념을 사용하여, 서울 서초구 지역 주민의 정보화 수준과 차이를 살펴보고 있다. 이 결과에 따르면 집단별로는 성별, 연령별, 직업별, 소득수준별 차이는 뚜렷이 나타난 반면, 교육수준별 차이는 그다지 크지 않은 것으로 조사되고 있다. 하지만 이 연구도 몇가지 문제점을 가지는데, 우선 모집단이 서초구라는 특정 지역에 국한되어 있어 정보 격차의 중요한 차원인 지역간 격차 자체가 고려되지 못하고 있다. 또한 기존의 단순 격차 지표에 비해 개인의 이용능력을 강조한 복합적인 지표를 구성하고 있음에도 불구하고, 주관적 평가를 통해 지표를 측정함으로써 측정의 타당성 문제를 피해가기 어려울 것으로 보인다.

또한 기존의 연구들은 빠르게 변화하고 있는 정보 사회 불평등의 현실을 제대로 재현하지 못한다는 점에서도 일정한 한계를 보이고 있다. 예컨대 기존의 정보 불평등을 특징지웠던 계급, 성, 연령 등의 불평등 중 성별 격차는 빠르게

70) 정보 리터러시란 '필요한 정보를 인식한 이후, 최종적으로 정보를 활용하기까지 개개인의 능력'으로 정의되며, 그 구성요소를 문제해결능력, 문제인식능력, 정보탐색능력, 정보수집능력, 정보평가능력, 정보활용능력, IT이용능력, 컴퓨터 이용능력, 네트워크 이용능력 등이다. 서진완, 2000.

해소되고 있다(최문경, 윤영민, 1998). 이전의 라디오나 텔레비전이 그랬던 것처럼 컴퓨터 소유가 일반화되면서 단순한 접근 지표로는 불평등의 내용을 변별적으로 보여줄 수 없는 것이다. 따라서 정보 불평등의 실태를 정확히 이해하기 위해서는 정보 격차를 측정하는 지표가 우선 재정의될 필요가 있다. 이것은 보다 근본적으로 정보 불평등의 방향이 어디로 향하고 있는가에 대한 새로운 사회학적 전망과 기존의 정보 개념에 대한 반성을 전제한다. 기존의 정보 격차에 대한 접근은 단순한 보편적 접근의 관념, 즉 컴퓨터의 전사회적 보급이나 인터넷 이용환경의 보편적 제공이 정보 격차를 해소할 것이라는 신념에 기초하고 있는데, 이것은 이용자 측면의 특성을 간과한 공급적 관점의 편향이며, 또한 정보 사회의 불평등의 성격을 소유의 관념을 통해서만 이해하는 것이다. 즉 이 지표들은 사실상 경제적 차이의 개념에 기초하는 것으로 보는 것이 타당하다. 그러나 기존의 매체들이 대중들에게 보편화되었음에도 불구하고 여전히 정보의 불평등, 대중의 무능력이 문제가 되는 것은 소유의 보편화만으로는 근본적인 불평등이 해소될 수 없음을 보여주는 것이다(Adorno, 1991; Murdock & Golding, 1994.). 소유 지표를 통해 정보 격차를 이해하는 것의 또다른 문제점은 정보 수용자의 관점이 배제되어 있다는 사실에 있다. 단순히 보편적 정보접근이 이루어진다고 해서 수용자들이 동일한 수준에서 정보를 이용할 수 있는 것은 아니며, 수용자의 이용능력 및 이용환경이 더 중요한 요인으로 작용하기 때문이다.

이런 이유 때문에 정보 격차를 제대로 파악하기 위해서는 우선 정보 격차 지표의 확장이 필요하다. 이 연구는 기존의 컴퓨터 소유 및 인터넷 이용 여부 지표를 접근에 기초한 정보 격차의 기본 지표로 이해하면서, 격차의 구체적인 내용을 확인할 수 있고 또 이용자 측면의 특성을 반영하는 지표로서 정보 격차 확장지표를 구성하고자 한다.

3. 연구의 대상과 방법

1) 표본 추출

본 조사의 모집단은 2002년 3월 현재 전국에 거주하고 있는 만 12세부터 64세까지의 인구층이다. 제주도를 포함한 전국을 표집 대상지역으로 하여, 다단계 층화 집락 표집의 방법을 사용하여 표본을 추출했다. 목표 표본 수와 표집 틀은 표집 오차(sampling error)가 표본의 수와 표집 단위의 동질성에 따라 영향을 받는다는 점을 고려하여 설정했다.

전체 목표 표본 수는 2,300명이었으며, 표본대상지역은 제주도를 포함한 전국으로 하며, 특별/광역시, 시부, 군부별 행정구역에 따라 조사지역을 체계적으로 세분화하여 표집 단위의 동질성을 높일 수 있도록 했다. 조사대상자는 만 12세에서 64세까지의 남녀로 설정했으며, 조사대상자의 연령층은 10대, 20대, 30대, 40대, 50대, 60대로 구분했다.

모집단을 12세 이상으로 한 것에는 몇가지 이유가 있는데, 하나는 컴퓨터 및 인터넷의 실제 이용이 10대에서 왕성하게 이루어지고 있기 때문에 이들의 이용 행태를 포착하기 위해 모집단 연령을 낮출 필요가 있었다. 또 하나는 대부분의 국제적인 인터넷 이용율 조사가 15 내지 16세 이상 인구를 대상으로 하기 때문에, 국제 비교를 위해 최소 15세라는 연령이 모집단에 충족될 필요가 있었다. 이러한 결과 얻어진 표본의 특성은 아래의 <표 1>에 제시되어 있다.

〈표 4-1〉 표본의 특성

구 분		빈 도	퍼센트
성	남자	1,164	50.6
	여자	1,137	49.4
연령	10대	375	16.3
	20대	534	23.2
	30대	540	23.5
	40대	438	19.0
	50대	272	11.8
	60대 이상	142	6.2
교육	중졸 이하	469	20.4
	고졸	1,011	43.9
	전문대졸 이상	821	35.7
계급	고용주	237	10.8
	쁘띠 부르조아	762	34.6
	신쁘띠 부르조아	645	29.3
	노동자 계급	559	25.4
지역	읍면부	296	12.9
	중소도시	908	39.5
	특별·광역시	1,097	47.7
컴퓨터 보유	있다	1,891	82.2
	없다	410	17.8
인터넷 사용	사용	1,385	60.2
	비사용	916	39.8
전 체		2,301	100.0

2) 주요 변수의 측정

(1) 정보격차 기본 지표

정보 접근의 관점에서 주로 이용되어 온 정보격차 지표가 컴퓨터 소유 여부와 인터넷 이용여부 지표이다. 컴퓨터 소유는 '현재 가정에 쓸 수 있는 컴퓨터가 있습니까?'라는 질문을 통해 측정되었다. 응답자의 컴퓨터 소유율은 <표 4-1>에 제시되어 있다. 인터넷 이용 지표로는 대개 한달에 한번 이상 이용하는 사람을 이용자로 분류하며[71], 이 조사에서도 마찬가지로 '지난 1개월 동안 적어도 1회 이상 인터넷에 접속했습니까?'로 질문하여 자료를 얻었다. 인터넷 이용율 역시 <표 4-1>에 제시되어 있다.

(2) 정보격차 확장 지표

컴퓨터 소유와 인터넷 이용은 정보격차를 확인하기 위한 가장 기본적인 지표로, 이는 정보 접근의 기회라는 관점에서 흔히 이용되는 지표다. 하지만 이 지표로는 정보격차의 구체적인 양상을 확인하기는 상당히 미흡하다. 그래서 구체적으로 이루어지는 정보의 접근 방식과 이용 행태에 관한 지표를 정보 격차 지표로 포함시킬 필요가 있다. 이 연구에서는 컴퓨터 소유의 확장 지표로 컴퓨터 보유대수와

71) 이 기준을 따르는 국제 조사로는 AngusReidGroup, Computer Industry Almanac Inc., Nielsen Media Research, Nua, PC Data, NikkiBP, NetValue 등의 기관에서 행해지는 조사가 있다. 한국인터넷정보센터, 2001: 22.

인터넷 접속설비 소유를, 그리고 인터넷 이용의 확장 지표로 인터넷 사용시간, 인터넷 이용기능과 활동을 측정하였다. 컴퓨터 보유대수는 응답자 가구 내에 있는 컴퓨터 대수로 측정하였고, 인터넷 접속설비 소유는 인터넷에 접속할 수 있는 기기를 전화모뎀, 케이블 모뎀 등 10개로 분류하여, 이들 기기 중 몇가지를 소유하고 있는지를 측정하였다. 인터넷 이용기능은 인터넷에서 할 수 있는 기능과 활동을 26개로 분류하여 측정하였다.

3) 집단 구분 변수

정보 격차의 집단별 차이를 확인하기 위한 집단 변수로는 성, 연령, 학력, 계급, 지역의 다섯개 변수를 선정하였다. 성, 연령, 학력, 지역은 기존의 정보 격차에 대한 논의에서 주로 다루어진 변수들인 반면 계급별 정보 격차는 별로 주목되지 못했는데, 이 연구는 계급별 정보격차를 확인함으로써 정보화가 우리 사회를 심층의 수준에서 어떻게 구조화하고 있는지를 이해해보고자 한다. 소득 변수는 주부나 학생 등 소득이 없는 응답자의 경제적 수준을 대표할 수 있도록 가구 소득을 중심으로 구성하였으며, 가구소득이 제시되지 않은 경우는 개인 소득을 변수로 구성한 후 합산하였다. 계급은 라이트(Wright, 1997)의 계급 모형에 기초하여 기술수준, 권위수준, 고용관계와 피고용자 수 등을 고려한 12개 계급을 구성한 후 이를 다시 최종적으로 고용주, 구쁘띠부르조아, 신쁘띠부르조아, 노동자 계급의 4개 계급으로 재구성하였다. 분석에는 고용주, 구쁘띠, 신쁘띠 세 개의 더미변수가 이용되었다. 학력수준은 응답자 학력을 중졸이하, 고졸, 전문대졸 이상으로 구분하였고, 분석에는 고졸, 전문대졸 이상 더미변수가 이용되었다. 지역 변수는 응답자의 현거주지를 읍면지역, 중소도시, 특별시·광역시로 구분하였고, 분석에는 중소도시, 특별시·광역시 더미변수가 이용되었다.

4. 정보격차의 현황

1) 정보격차 기본 지표

(1) 컴퓨터 소유

정보격차의 기본적인 지표로 이용되는 컴퓨터 소유가 각 집단별로 어떤 차이를 보이는가를 밝히기 위해 교차 분석을 실시한 결과가 아래의 표에 제시되어 있다.

연령, 성, 학력, 지역, 계급, 지역별 컴퓨터 소유의 차이를 살펴본 결과 성별 차이를 제외하고는 모두 유의미한 집단별 차이를 드러냈다.

응답자 연령 집단에서는 50대 이상의 고연령층이 컴퓨터 소유 측면에서 뚜렷한 정보 빈자 집단임을 보여준다. 10대에서 40대까지의 연령층이 80% 이상의 높은 소유율을 보인 반면, 50대는 69.5%, 60대 이상은 49.3%로 현저히 낮은 비율을 보이고 있다.[72)]

---

72) 40대의 컴퓨터 소유율이 20대나 30대 보다 더 높은 이유는, 컴퓨터 소유가 가구 소유로 측정되었기 때문에 응답자 본인 뿐만 아니

〈표 4-2〉 집단별 컴퓨터 소유: 카이 자승 검증

		컴퓨터 보 유	컴퓨터 미보유	계
응답자 연령***	10대	355 (94.7)	20 (5.3)	375 (100.0)
	20대	437 (81.8)	97 (18.2)	534 (100.0)
	30대	445 (82.4)	95 (17.6)	540 (100.0)
	40대	395 (90.2)	43 (9.8)	438 (100.0)
	50대	189 (69.5)	83 (30.5)	272 (100.0)
	60대 이상	70 (49.3)	72 (50.7)	142 (100.0)
성	남자	954 (82.0)	210 (18.0)	1,164 (100.0)
	여자	937 (82.4)	200 (17.6)	1,137 (100.0)
학력***	중졸이하	336 (71.6)	133 (28.4)	469 (100.0)
	고졸	803 (79.4)	208 (20.6)	1,011 (100.0)
	전문대졸 이상	752 (91.6)	69 (8.4)	821 (100.0)
지역***	읍면부	212 (71.6)	84 (28.4)	296 (100.0)
	중소도시	751 (82.7)	157 (17.3)	908 (100.0)
	특별•광역시	928 (84.6)	169 (15.4)	1,097 (100.0)
계급***	고용주	212 (89.5)	25 (10.5)	237 (100.0)
	구쁘띠	602 (79.0)	160 (21.0)	762 (100.0)
	신쁘띠	594 (92.1)	51 (7.9)	645 (100.0)
	노동자계급	418 (74.8)	141 (25.2)	559 (100.0)
가구소득***	1500만원 이하	127 (59.6)	86 (40.4)	213 (100.0)
	1501-2000만원	151 (71.6)	60 (28.4)	211 (100.0)
	2001-2500만원	111 (76.6)	34 (23.4)	145 (100.0)
	2501-3000만원	184 (83.3)	37 (16.7)	221 (100.0)
	3001-3500만원	84 (90.3)	9 (9.7)	93 (100.0)
	3501만원 이상	312 (91.2)	30 (8.8)	342 (100.0)
전 체		1,891 (82.2)	410 (17.8)	2,301 (100.0)

* p<.05 ** p<.01 *** p<.001

라 자녀 등 가구 내에 있는 컴퓨터를 모두 포함하고 있기 때문에 발생한 결과라 여겨진다.

학력별로는 단연 전문대졸 이상 고학력층의 높은 소유율이 두드러진다. 이것은 컴퓨터 자체가 학력에 따른 이용과 접근 능력의 차이를 반영하는 것이기 때문이라 할 수 있다. 전문대졸 이상인 사람의 컴퓨터 소유율이 91.6%인데 반해, 중졸 이하는 71.6%, 고졸은 79.4%로 전체 응답자 평균 소유율을 밑도는 수치를 보이고 있다.

지역별 격차 역시 존재하는데, 중소도시와 특별·광역시의 소유율이 각각 82.7%와 84.6%로 비슷한 비율을 보인 반면 읍면부는 71.6%로 상대적으로 낮은 비율을 보이고 있어 여전히 지역별 격차도 존재함을 알 수 있다.

계급별로는 신쁘띠 부르조아의 컴퓨터 소유율이 92.1%로 가장 높고, 그 다음이 고용주 > 구쁘띠 부르조아 > 노동자계급의 순으로 나타나고 있다. 전문·관리·감독직이 대부분인 신쁘띠 부르조아의 컴퓨터 소유율이 압도적으로 높다는 것이 특징이다. 가구소득별로는 1500만원 이하 저소득 집단은 소유율이 59.6%로 현저히 낮은 반면, 소득이 높을수록 소유율이 증가하여 연 3500만원 이상의 고소득 집단에서는 91.2%의 소유율을 보이고 있다. 가구 소득에 따른 컴퓨터 소유의 차이도 여전히 존재함을 알 수 있다.

이상의 집단 변수들이 컴퓨터 소유에 미치는 독립적인 영향을 살펴보기 위해 로지스틱 회귀분석을 실시한 결과가 아래의 표에 제시되어 있다.

〈표 4-3〉 컴퓨터 소유에 대한 로지스틱 회귀분석

	로지스틱 회귀계수	표준오차	Wald	유의확률
응답자 연령	-.024	.004	29.296	.000
성	-.143	.121	1.404	.236
교육수준				
고졸	.166	.150	1.231	.267
전문대졸 이상	.886	.189	22.007	.000
지역				
중소도시	.406	.171	5.612	.018
특별·광역시	.330	.170	3.773	.052
계급				
소유주	.382	.250	2.325	.127
구쁘띠	.293	.139	4.420	.036
신쁘띠	.881	.188	21.948	.000
가구 소득	.000	.000	43.644	.000
상수	.579	.292	3.927	.048
Cox & Snell R sq = .117 Nagelkerke R sq = .191				

컴퓨터 소유 여부에 영향을 미치는 변수로는 연령, 전문대졸 이상의 고학력 집단, 지역 중 중소도시, 계급에서는 구쁘띠와 신쁘띠, 그리고 가구 소득 등인 것으로 나타났다. 이 중 연령은 저연령 집단일수록 컴퓨터 소유율이 높게 나타나고 있다. 집단별 차이에서도 드러났듯이 성 변수는 컴퓨터 소유에 의미있는 영향을 미치지 못하고 있다. 지역 변수에서는 상대적으로 중소지역의 영향이 존재하는 것이 주목된다. 계급에서는 소유주 보다 구쁘띠나 신쁘띠의 영향력이 더 큼을 알 수 있는데, 이것은 소유주 계급에 영세·중

소 기업 경영자들이 포함되었기 때문에 드러난 효과로 생각된다.[73] 가구소득도 컴퓨터 소유에 영향을 미치는 것으로 나타났다.

컴퓨터 소유 자체는 이미 상당히 보편적 접근을 획득한 상황이어서 컴퓨터 소유에서의 격차는 과거의 형태들과는 조금 다른 양상을 보여준다. 성별 차이가 존재하지 않고, 지역별 차이도 별로 뚜렷이 드러나지 않는 반면, 고학력, 저연령, 전문직 신쁘띠 계급, 그리고 가구소득의 효과가 상대적으로 더 커지고 있음은 접근의 정보 격차 방향이 변화하고 있음을 의미한다. 즉 컴퓨터 소유에 경제적 능력 이외의 변수들이 상당히 영향을 미치고 있음을 보여주는 것이다. 따라서 현재 컴퓨터 보급, 정보화 단말기 보급이나 주민정보이용실의 설치 등 이른바 보편적 소유를 지향하는 정책 방향에 대해서도 재고해 볼 필요가 있을 듯 하다.

(2) 인터넷 이용

한국의 인터넷 이용자는 아주 빠른 속도로 증가하고 있다. 1999년 10월 22.4%이던 인터넷 이용율은 2000년 12월 44.7%, 2001년 12월 56.6%, 그리고 2002년 12월 59.4%로 증가했다.[74] 이 조사에서는 60.2%로 나타났다.

---

73) 라이트(Wright)는 계급 분류의 기준으로 피고용자수, 숙련수준, 권위수준, 그리고 생산수단과의 관계라는 4가지 축을 제시하는데, 이 연구에서는 고용주를 피고용자수 10인 이상으로 설정했다. Wright, 1997.

74) 한국인터넷정보센터, 2001 및 http://isis.nic.or.kr. 이 조사의 모집단

〈표 4-4〉 집단별 인터넷 이용: 카이 자승 검증

		인터넷 이 용	인터넷 이용 안함	계
응답자 연령***	10대	366 (97.6)	9 (2.4)	375 (100.0)
	20대	458 (85.8)	76 (14.2)	534 (100.0)
	30대	338 (62.6)	202 (37.4)	540 (100.0)
	40대	162 (37.0)	276 (63.0)	438 (100.0)
	50대	54 (19.9)	218 (80.1)	272 (100.0)
	60대 이상	7 (4.9)	135 (95.1)	142 (100.0)
성***	남자	780 (67.0)	384 (33.0)	1,164 (100.0)
	여자	605 (53.2)	532 (46.8)	1,137 (100.0)
학력***	중졸이하	196 (41.8)	273 (58.2)	469 (100.0)
	고졸	506 (50.0)	505 (50.0)	1,011 (100.0)
	전문대졸이상	683 (83.2)	138 (16.8)	821 (100.0)
지역**	읍면부	150 (50.7)	146 (49.3)	296 (100.0)
	중소도시	548 (60.4)	360 (39.6)	908 (100.0)
	특별·광역시	687 (62.6)	410 (37.4)	1,097 (100.0)
계급***	고용주	161 (67.9)	76 (32.1)	237 (100.0)
	구쁘띠	370 (48.6)	392 (51.4)	762 (100.0)
	신쁘띠	482 (74.7)	163 (25.3)	645 (100.0)
	노동자계급	324 (58.0)	235 (42.0)	559 (100.0)
가구소득***	1500만원 이하	241 (46.1)	282 (53.9)	523 (100.0)
	1501-2000만원	301 (57.3)	224 (42.7)	525 (100.0)
	2001-2500만원	233 (64.2)	130 (35.8)	363 (100.0)
	2501-3000만원	249 (63.2)	145 (36.8)	394 (100.0)
	3001-3500만원	68 (64.2)	38 (35.8)	106 (100.0)
	3501만원 이상	239 (75.4)	785 (24.6)	317 (100.0)
전 체		1,385 (60.2)	916 (39.8)	2,301 (100.0)

* p<.05　** p<.01　*** p<.001

은 7세 이상 인구이며 이용자는 1달에 1번 이상 사용하는 사람으로 규정하고 있다.

컴퓨터 소유가 정보 접근의 최소 요건이라면, 인터넷 이용 여부는 보다 실제적인 정보접근을 보여주는 지표라 할 수 있다. 주요 집단별 인터넷 이용율은 컴퓨터 소유에 비해 그 격차가 더 크게 나타나고 있으며, 연령, 성, 학력, 지역, 계급, 소득별 차이는 모두 유의미한 것으로 나타났다.

연령별 인터넷 이용률은 상당히 큰 차이를 보이고 있다. 10대의 인터넷 이용율이 97.6%, 20대가 85.8%인 반면, 40대는 37.0%, 50대는 19.9%, 60대 이상은 4.9%로 뚜렷한 대비를 보이고 있다. 인터넷이라는 정보화의 주류가 10대와 20대, 이른바 N 세대에 의해 주도되고 있음을 확인할 수 있으며, 40대 이상의 고연령층은 인터넷 이용의 소외 집단이 되고 있음을 보여준다. 물론 시간이 지남에 따라 세대별 격차는 당연히 줄어들게 되겠지만, 문제는 연령 및 세대간 격차가 지나치게 크게 나타난다는 사실에 있다. 사회를 움직이는 주도 세대임에도 불구하고 4-50대 장년층이 인터넷과 정보화라는 흐름에서 소외되고 있다는 사실은 여러가지 사회적 괴리 현상을 발생시킬 것이기 때문이다.

성별 격차는 해마다 조금씩 줄어드는 추세를 보이는 것으로 보고되고 있지만, 여전히 인터넷 이용의 격차가 존재함을 보여준다. 남자의 인터넷 이용율이 67.0%인 반면, 여자는 53.2%이며, 다른 집단들의 차이에 비해서는 상대적으로 그 차이가 크지는 않다. 학력별 인터넷 이용의 차이도 뚜렷이 확인된다. 전문대졸 이상 고학력층의 이용율이 83.2%인 반면, 중졸 이하는 41.8%, 고졸은 50.0%에 그치고 있다.

지역별로는 중소도시와 특별·광역시 이용율이 각각 60.4%와 62.6%로 비슷한 수준인 반면, 읍면부는 50.7%로 상대적으로 낮은 비율을 보이고 있어, 지역별 격차는 도시와 농어촌 간의 격차라는 형태로 존재함을 보여준다. 인터넷 이용의 계급별 차이는 컴퓨터 소유와 유사한 형태를 보이고 있다. 신쁘띠 부르조아의 이용율이 74.7%로 가장 높고 그 다음이 고용주 67.9%이며, 가장 낮은 이용율을 보인 계급은 구쁘띠 부르조아로 48.6%이다. 마지막으로 소득에 있어서는 소득수준별 차이가 통계적으로 유의미하게는 나타나지만, 그 차이는 상대적으로 크지 않은 것으로 보인다. 3,501만원 이상의 고소득 집단이 75.4%로 상당히 높은 이용율을 보이고, 1,500만원 이하 집단이 46.1%로 상당히 이용율이 낮지만, 그 중간 소득집단들에서는 이용율이 비슷한 수준에서 분포하고 있다.

이들 집단 변수를 이용한 로지스틱 분석을 통해 인터넷 이용 여부의 판별 효과를 살펴본 것이 아래의 표다.

인터넷 이용에 있어서는 컴퓨터 소유와는 상당히 다른 결과를 보여주고 있다. 응답자 연령, 성, 전문대졸 이상, 그리고 신쁘띠 계급 등이 인터넷 이용에 영향을 미치고 있는데, 컴퓨터 소유가 일정 부분 경제적 차이를 반영한 것이라면, 인터넷 이용의 격차는 경제력 이외의 요인이 훨씬 중요하게 작용함을 보여주고 있다. 이것은 컴퓨터 소유에서는 유의미한 변수였던 지역이나 가구 소득이 인터넷 이용에서는 유의미한 영향을 미치지 않고 있다는 사실에서 확인할

〈표 4-5〉 인터넷 이용에 대한 로지스틱 회귀분석

	로지스틱 회귀계수	표준 오차	Wald	유의 확률
응답자 연령	-.125	.006	474.918	.000
성	-.860	.124	48.263	.000
학력				
고졸	.113	.196	.332	.565
전문대졸 이상	1.481	.214	48.001	.000
지역				
중소도시	.067	.192	.122	.727
특별·광역시	-.050	.191	.067	.795
계급				
소유주	.134	.226	.350	.554
구쁘띠	-.107	.152	.495	.482
신쁘띠	.699	.167	17.440	.000
가구소득	.000	.000	.893	.345
상수	3.713	.323	131.775	.000
Cox & Snell R sq = .419 Nagelkerke R sq = .567				

수 있다. 연령, 고학력, 그리고 전문 신쁘띠 계급 등의 집단들이 상대적으로 인터넷을 많이 이용하는 것은 그들의 인터넷 사용 환경과 문화를 반영하는 것으로 보아야 할 것이다. 또한 컴퓨터 소유에서는 존재하지 않았던 성별 격차가 인터넷 이용에서 존재하는 것도 주목해야 할 부분인데, 인터넷 이용이라는 지표 자체가 대개의 경우 컴퓨터 소유를 전제하므로 성별 격차가 이용 능력의 차원으로 변화하고 있음을 보여주는 것으로 해석하는 것이 타당할 것이다.

이 결과는 단순한 접근 지표를 통해 정보 격차를 이해

하는 것이 더 이상 현실적이기 힘들다는 사실로 받아들여야 할 것이다. 컴퓨터 소유는 80%를 이미 넘어서 보편적 접근의 수준에 접근했으며, 인터넷 이용율도 60%를 넘어서고 있는 실정이다. 컴퓨터 소유와 인터넷 이용을 결정하는 요인들이 상당히 차별적임이 드러났듯이, 이제 정보 격차는 단순한 경제적 차이를 반영하는 현상으로 보기는 힘들다. 그렇다면 이러한 경제적 차이와는 구분되는 새로운 정보 격차를 이해하기 위해서는 소유와 이용이라는 보다 깊은 차원을 건드려 볼 필요가 있다.

2) 정보격차 확장 지표

이 연구에서 정보격차 확장 지표는 크게 소유와 이용의 두 측면으로 구분된다. 소유 측면에서는 컴퓨터 소유 여부를 넘어 소유 대수를 지표로 활용하며, 또한 인터넷 접속을 위한 다양한 설비의 소유 정도도 마찬가지로 소유의 확장 지표로 이용하고 있다. 이용 측면의 확장 지표로는 일주일 평균 인터넷 이용시간, 인터넷에서 이용하는 기능과 활동을 이용하였다.

한편 이러한 확장 지표를 통한 집단간 정보격차를 확인하기 위해 소득, 연령, 계급, 성, 지역, 학력의 6개 변수를 이용한 회귀분석을 실시하였다.

(1) 컴퓨터 소유대수

아래의 표는 컴퓨터 소유대수에 집단 변수들이 미치는

영향을 회귀분석을 통해 확인한 결과다. 컴퓨터는 전화나 TV처럼 거의 보편적 접근이 실현되어 있는 정보화 기기다. 앞서 정보격차 기본 지표에서 살펴보았듯이 응답자의 82.2%가 컴퓨터를 소유하고 있는 것으로 조사되고 있다. 하지만 나아가 가족들 내에서 필요에 따른 추가적 컴퓨터의 구입은 정보화 수준이 상당히 심화된 상황에서 이루어질 수 있는 것이며, 여전히 컴퓨터는 고가의 소비재이기 때문에 상당한 경제적 능력을 필요로 한다. 따라서 컴퓨터 소유대수의 집단별 차이는 소유 격차의 보다 심층적인 차원을 보여주는 것으로 볼 수 있다.

분석 결과, 컴퓨터 소유대수에서는 성과 지역을 제외한 모든 변수들이 유의미한 것으로 나타났다. 연령은 낮을수록 소유대수가 더 많은 것으로 드러났다.[75] 특히 소득, 신쁘띠 계급, 그리고 전문대졸 이상 집단의 영향이 상대적으로 크게 나타나고 있다. 컴퓨터를 가구 내에 2대 이상 소유한다는 것은 경제적 능력이 높다는 것, 그리고 컴퓨터를 사용하는 사람이 가구 내에 2명 이상이 존재한다는 것을 의미한다. 즉 고소득자, 저연령층 가구원을 둔 집단, 그리고 학력이 높으면서 전문직인 신쁘띠 계급이 경제적 능력도 있으면서 컴퓨터 사용 가구가 많은 집단을 구성하고 있음을 알 수 있다. 과거의 주요한 정보격차였던 성별 및 지역별 격차

75) 컴퓨터 소유대수 역시 가구소유를 측정한 것이기 때문에 응답자 연령이 낮은 집단의 소유 대수가 많은 것은 다른 가구원이 소유한 컴퓨터 수가 포함된 효과라 할 수 있다.

〈표 4-6〉 컴퓨터 소유대수에 대한 회귀분석

	B	Beta	t
상수	.684		13.100 ***
가구 소득	3.084E-05	.109	5.148 ***
응답자 연령	-3.60E-03	-.094	-4.524 ***
계급			
고용주	.176	.101	4.367 ***
구쁘띠	9.420E-02	.084	3.434 **
신쁘띠	.214	.181	7.291 ***
학력			
고졸	6.439E-02	.061	2.199 *
전문대졸 이상	.206	.187	6.528 ***
성	1.357E-02	.013	.628
지역			
중소도시	5.528E-02	.051	1.612
특별 · 광역시	5.165E-02	.049	1.527
Adj. R sq.=.102 F=26.379***			

* $p<.05$ ** $p<.01$ *** $p<.001$

는 컴퓨터 소유대수 지표에서는 존재하지 않는다는 사실도 주목되어야 할 것이다.

(2) 인터넷 접속설비 소유

인터넷을 가정에서 접속하기 위해서는 다양한 접속 설비를 필요로 하며, 접속 방식도 매우 다를 수 있다. 가정에서 인터넷을 사용한다는 것은 정보접근과 이용이 가정이라는 가장 기초적인 단위에서 이루어지기 때문에 정보 이용의 수준이 상대적으로 높음을 보여주는 지표라 할 수 있다.

여기서 인터넷 접속설비 소유 변수는 전화모뎀, 케이블 모뎀, 인터넷 TV, ADSL, ISDN, Satellite, T1/T3, PDA 등 무선, 휴대전화, 기타의 10개 항목으로 구분한 후 소유하고 있는 것에 모두 1점을 부여한 후 합산하여 구성한 것이다.[76)]

이 모델에서는 가구 대표소득, 연령, 계급 중 신쁘띠 부르조아, 학력별로는 전문대졸 이상, 그리고 성이 유의미하게 나타났다. 소득이 높을수록 인터넷 접속설비의 소유 정도는 높아지며, 연령별로는 연령이 낮을수록 설비 수가 더 많음을 보여준다. 계급 변수에서는 신쁘띠 부르조아가 상대적으로 가정의 인터넷 접속 설비를 많이 가지고 있음을 보여주는데, 이것은 전문가, 관리자, 감독자 등 인터넷 사용이 빈번한 계급의 특성을 반영하는 것이다. 유사하게 학력별로는 전문대졸 이상의 고학력자가 더 많은 인터넷 접속 설비를 보유하고 있으며, 성별로는 여자보다 남자가 더 많이 소유하고 있음을 보여준다. 이러한 기본적인 집단 변수들이 인터넷 접속설비 소유를 설명하는 비율은 32% 정도로 상당히 높은 설명력을 보이고 있다.

76) 이 항목 모두가 동시적으로 소유될 수 있는 것은 아니지만, 예컨대 모뎀, ISDN, PDA, 휴대전화 등의 경우는 동시 소유가 가능하기 때문에 소유의 '정도'를 보여주는 지표로 사용 가능하다. 이 지표는 WIP(World Internet Project)의 공통 측정 지표이기도 하다.

〈표 4-7〉 인터넷 접속설비 소유에 대한 회귀분석

	B	Beta	t
상수	.995		21.280 ***
가구 소득	2.239E-05	.077	4.170 ***
응답자 연령	-1.7E-02	-.436	-24.077 ***
계급			
고용주	3.117E-02	.017	.865
구쁘띠	-1.3E-02	-.011	-.531
신쁘띠	.100	.083	3.808 ***
학력			
고졸	-2.9E-02	-.026	-1.090
전문대졸 이상	.223	.197	7.902 ***
성	8.475E-02	.078	4.382 ***
지역			
중소도시	-2.4E-02	-.022	-.791
특별·광역시	-2.8E-02	-.025	-.911
Adj. R sq.=.318 F=95.212***			

* p<.05 ** p<.01 *** p<.001

(3) 인터넷 사용시간

인터넷 사용시간은 정보 이용의 질적 차원을 보여주는 지표로 해석할 수 있다. 인터넷 사용시간이 길다는 것은 그만큼 인터넷을 통해 많은 정보들을 검색하고 이용하는 것으로 이해할 수 있기 때문이다. 여기서 인터넷 사용시간은 주당 평균시간으로 측정하였다.

회귀분석 결과에서는 연령, 학력 중 전문대졸 이상 더미, 성 변수만이 유의미한 것으로 드러났다. 표에서 보듯 인터넷 사용시간은 연령이 낮을수록 높아지는 특징을 보이며, 성별로는 여자보다는 남자의 사용시간이 더 길다는 것을 알 수 있다. 한편 소득이나 지역은 인터넷 사용시간에 유의미한 영향을 미치지는 않는 것으로 나타났다.

〈표 4-8〉 인터넷 사용시간에 대한 회귀분석

	B	Beta	t	
상수	17.185		14.638	***
가구 대표소득	5.600E-05	.008	.415	
응답자 연령	-.331	-.359	-18.459	***
계급				
고용주	-4.2E-02	-.001	-.046	
구쁘띠	-.458	-.017	-.742	
신쁘띠	.413	.015	.626	
학력				
고졸	-.891	-.035	-1.352	
전문대졸 이상	3.616	.136	5.094	***
성	4.060	.160	8.361	***
지역				
중소도시	-1.049	-.040	-1.360	
특별·광역시	.896	.035	1.177	
Adj. R sq.=.215 F=62.043***				

* p<.05 ** p<.01 *** p<.001

(4) 인터넷 기능이용과 활동

인터넷은 다양한 정보들을 제공하며 또 다양한 기능들을 활용할 수 있다. 단순한 인터넷 접속이 아닌 다양한 기능 이용과 활동은 정보능력을 보여주는 가장 중요한 지표라 할 수 있으며, 이 지표를 통해 정보 격차를 확인할 때 정보 격차의 방향성을 또한 확인할 수 있다. 여기서 인터넷 기능이용과 활동 변수는 26개 항목으로 구분하여, 지난 일주일 동안 사용 경험이 있는 경우를 1로 주어 합산한 것이다.77)

〈표 4-9〉 인터넷 활동에 대한 회귀분석

	B	Beta	t	
상수	9.167		20.234	***
가구 대표소득	2.561E-05	.009	.492	
응답자 연령	-.176	-.441	-25.510	***
계급				
고용주	.372	.020	1.066	
구쁘띠	-.172	-.015	-.722	
신쁘띠	1.090	.089	4.277	***
학력				
고졸	-.129	-.012	-.506	
전문대졸 이상	3.239	.282	11.824	***
성	1.265	.115	6.749	***
지역				
중소도시	-.190	-.017	-.637	
특별·광역시	.140	.013	.476	
Adj. R sq.=.377 F=135.732***				

* p<.05 ** p<.01 *** p<.001

77) 26개 기능은 경매, 여행관련 정보 및 서비스, 게임, 취미/동호회, 재택근무, 음악듣기, 국내 뉴스 및 정보검색, 국외 뉴스 및 정보검색, 의료정보, 종교 및 영적 활동, 학교활동, 대화방, 쪽지보내기, 전자우편, 오락 정보, 구인/구직 광고, 증권거래, 인터넷 뱅킹, 인터넷 쇼핑, 포르노 사이트, 행정 서비스, 일반적인 서핑이나 브라우징, 동창회/향우회, 게시판/주소록/뉴스그룹, 파일전송, 기타 등이다.

분석 결과는 인터넷 사용시간과 동일한 패턴을 보여주었다. 즉 연령, 계급 중 신쁘띠 부르조아 더미, 학력 중 전문대졸 이상 더미, 성 변수만이 유의미한 것으로 드러났다. 연령이 낮을수록 인터넷에서 이용하는 기능과 활동은 더 많으며, 성별로는 여자보다는 남자의 기능 이용이 더 많음을 알 수 있다. 소득이나 지역은 인터넷에서 사용하는 기능에 유의미한 영향을 미치지는 않는 것으로 나타났다.

5. 분석 및 결론

이 결과를 중심으로 먼저 우리 사회의 정보격차의 정도와 방향을 간략히 검토해 보자. 보편적으로 사용되어온 정보격차 지표인 컴퓨터 보유율에서는 각 집단 내부의 차이가 여전히 확인되고 있지만 그 차이는 그다지 크지 않은 것으로 나타났다. 특히 기존의 정보 격차의 한 양상이었던 성별 격차가 존재하지 않는다는 사실은 함의하는 바가 크다. 이것은 정보 이용의 최소한의 요건인 컴퓨터 소유에서는 상당 정도 보편적 접근이 이루어지고 있음을 보여주는 것이라 할 수 있다. 로지스틱 분석을 통해 집단 변수들의 영향을 검토한 결과는 가구소득 등 상당부분 경제력이 컴퓨터 소유를 결정하고 있지만, 그와 함께 연령, 신쁘띠 계급, 전문대졸 이상의 고학력 등 정보 이용 능력이 높은 집단의 효과도 중요하게 나타남을 주목할 필요가 있다.

인터넷 이용에서는 컴퓨터 소유에 비해 집단별 차이가

비교적 크게 나타나며, 특히 연령과 학력 및 계급에 따른 차이가 두드러지고 있다. 로지스틱 분석에서 지역이나 가구소득의 영향이 존재하지 않는 것은 현재의 정보 격차가 정보기기 소유 등과 같은 경제적 능력과는 성격이 다른 구분선, 즉 이용의 축을 따라 격차가 발생하고 있음을 함축하고 있다.

회귀분석을 이용, 확장지표를 통해 정보격차를 분석한 결과는 격차의 두 경향이 혼재되어 있음을 보여주었다. 먼저 소유의 확장지표인 컴퓨터 대수와 접속설비 수를 통해 볼 때 소유의 격차는 높은 수준의 정보설비 소유로 그 격차가 확대되고 있음을 보여준다. 그리고 이 격차는 경제적 능력과 정보이용능력 변수가 모두 작용한 결과로 해석되며, 또한 공통적으로 지역별 차이가 존재하지 않는 것도 특징적이다. 이용의 확장 지표에서는 지역과 가구소득 등 경제력의 효과가 현저히 줄고, 대신 연령, 즉 세대와 계급, 학력 등 정보이용 능력에 따른 차이가 두드러지고 있다.

이 결과들은 좀 더 거시적인 관점에서 재해석될 필요가 있다. 먼저, 소유가 아닌 이용에서 발생하는 차이는 두가지 차원을 가진다. 하나는 개인 이용자의 이용 능력의 차이가 존재한다는 사실의 차원이며, 다른 하나는 집단별로 이질적인 정보 문화가 생성되고 있다는 사실의 차원이다. 일종의 개인적 자본으로서 정보 이용능력은 교육과 경험을 통해 축적되는 것이다. 이것은 상대적으로 교육수준이 높고 컴퓨터와 인터넷을 이용한 경험이 많은 집단들, 즉 젊은 세대와 대졸 이상, 그리고 신쁘띠 부르조아 계급이 상대적으로 높을 수 밖에 없다. 그리고 교육 기회의 확대와 기술적 확산 과정을 통해 어느 정도 그 격차를 줄일 수 있는 부분이라 할 수 있다. 반면 집단별로 차별화되고 있는 정보 문화는 이와는 다른 방식으로 이해되어야 한다. 인터넷이나 컴퓨터를 문화적 삶의 주요 요소로 편입시키는 것은 특정한 문화적 환경 하에서만 가능하다. 예컨대 인터넷을 이용함에도 그것을 단순한 이메일 전달 수단으로 이용할 것인지, 인터넷을 통해 새로운 인간관계를 구성하고 문화적으로 향유할 것인지는 이용 능력의 차원 보다는 이용의 문화적 환경에 관계된 것이다. 이 연구의 결과가 보여주듯이 정보기기 소유로부터 이용의 차원으로 정보 격차의 양상이 바뀌고 있다는 사실은 집단들의 문화적 이질화의 가능성을 제기한다. 지식과 정보는 그 자체가 생산된 의미와 문화인 동시에 그것을 생산하는 수단이기 때문에 이용에서의 차별화는 집단간의 문화적 소통을 현저히 약화시킬 가능성이 크다. 이용의 격차는 정보 이용자와 비이용자 집단의 단절은 말할 것도 없고, 이용자 내에서도 문화를 생산하는 집단과 그렇지 못한 집단 사이의 단절 또한 확대하게 될 것이다.[78)]

두번째로, 이러한 결과를 정보격차 해소의 관점에서 토론해 본다면, 이제는 그 정책 방향이 접근을 위한 기반과

---

78) 그 단편적 사례로 '디카', 폐인 문화나 외계어 등의 현상을 들 수 있다. 이들 문화가 가진 특징은 매우 이질적이면서 집단 내부적인 소통만을 지향한다는 것이다.

환경 마련과 같은 제공의 차원이 아니라, 정보 이용자들의 능력 제고 방향에서 이루어져야 함을 시사한다. 기존의 정보격차 해소를 위한 노력은 농어촌 지역과 장애자 등 정보 약자를 대상으로 한 정보접근 기회 제공의 방향으로 이루어졌다. 그러나 그동안 기간망의 확립, 컴퓨터 보급률의 증대, PC 방 등 다양한 접근 인프라가 사회적으로 확충되어 이제 접근 기회의 차이는 그다지 크지 않다고 볼 수 있다. 그러나 컴퓨터를 일상적으로 접하고 자기 문화화한 N세대나 신쁘띠 부르조아와 같은 계급, 그리고 고학력층은 상대적으로 이용의 혜택을 누리고 있는 반면, 나머지 집단은 그러한 이용에서 배제되고 있다. 즉 정보 능력을 제고하는 것이 보다 시급한 문제라 할 수 있다. 그리고 보다 중장기적으로는 집단간의 문화적 소통을 위한 정책이 개발되어야 한다. 그것은 정보 약자들을 정보 공간으로 끌어들임으로써 차별적이되 위계적이지 않은 집단 문화를 발전시키는 방향이 되어야 할 것이다.

마지막으로 현재 정보 접근과 이용의 핵심 세력으로 부상하고 있는 신쁘띠 부르조아 계급, 고학력층과 N세대 집단의 문화적 성격에도 주목할 필요가 있다. 인터넷만을 국한하여 생각해본다면, 이는 일종의 소통의 공간, 담론의 공간이며, 여기서 어떤 담론들이 부유하는가가 인터넷 이용의 성격을 규정한다. 따라서 인터넷의 담론 공간을 점하고 있는 이들 집단의 계급적, 문화적 성격을 제대로 해명할 필요가 있는데, 이들 집단은 컴퓨터 사용을 생활화하고 있고 정보기술에 대한 신화를 수용하며, 전문성 이념을 충실히 내면화하고 있다는 공통점을 갖고 있다. 이들 집단이 주도하고 있는 인터넷 문화는 사회적 보편성을 아직 획득하지 못한 신념에 기반하고 있으며, 특정 집단들의 가치를 체계적으로 배제할 위험이 크다.[79)]

'초고속 통신망 시설 세계1위', '개인 인터넷 이용시간 세계1위' 등의 언표들이 단순한 수사에 그치지는 않을 것이다. 우리 사회는 빠르게 '정보사회'로 나아가고 있고 그래서 더욱 새로운 정보사회의 모습들을 만들어 낼 것이다. 그러나 정작 우리들의 담론에서 '정보사회'는 그 내용을 결여하고 있다. 어떤 정보사회를 만들어 갈 것인가는 지금부터 사회적으로 논쟁되어야 할 부분이다. 현재 발생하고 있는 정보 격차에 대한 이해는 그것을 위한 최소한의 출발점을 제공할 수 있으리라 여긴다.

---

79) 프로우(Frow)가 지적하고 있듯이 신쁘띠 부르조아의 성장과 지식의 독점적 가치 부여는 노동자계급의 숙련 지식이 그 과정에서 체계적으로 배제된 결과이다. Frow, 2002. 이런 점에서 어떤 '정보'를 말할 것인가에 대한 논쟁이 필요한데, 한 예로 웹스터는 양으로서의 정보에 대비되는 의미있는 정보 개념을 제시하고 있다. Webster, 1999: 57-60.

5장

정보화와 소비: 온라인 소비의 성격[80)]

> "상품이 의식주를 위한 물건이라는 사실은 망각하라. 사물의 유용성을 잊어버리고 대신 상품이 사고를 위한 물건이라고 생각하라. 인간의 창조적인 능력을 위한 비언어적 매체로서 상품을 다루어라."
> (슬레이터, 2000: 211)

1. 들어가는 말

정보사회로의 진입과 함께 다양한 변화들이 목격되고 있다. 그리고 그 현상들 만큼이나 새로운 담론들이 출현하고 있다. 그런데 유독 '소비'라는 담론은 여기서 예외가 되고 있다. 근대의 출현에 결정적인 요인이었음에도 불구하고 소비는 잊혀진 영역이 되었듯이(McCracken, 1997: 31), 정보사회적 변모 속에서도 소비는 잊혀진 영역이 되고 있는

80) 이 장은 『사회과학연구』 12호(2004)에 실린 "정보화와 소비: 온라인 소비의 성격"을 수정 보완하였다.

것이다. 이것은 아마도 여전히 사회 담론의 중심이 기술과 생산에 놓여져 있음을 반영하는 것일 터이다. 하지만 지나온 근대화의 역사를 통해 알 수 있듯이, 소비의 역사는 곧 주체들의 일상의 역사이자 그들의 문화의 역사였다. 소비는 개인의 삶을 재생산하기 위한 필수적인 경제적 행위로, 노동력재생산 및 삶의 재생산은 사회 재생산을 지탱하는 가장 미시적인 기초라 할 수 있다. 또한 소비는 개인들의 생활양식(mode of life)을 구성하는 적극적인 행위이기도 하다.[81] 즉 소비는 문화를 향유할 수 있게 해주는 행위이자, 그 자체가 하나의 독특한 문화적 행위이기 때문에, 오늘날의 대중문화 혹은 문화산업의 기초 위에서 분화하는 다양한 하위문화(sub-culture)들, 즉 계급, 집단별 문화들은 상품에 대한 소비를 통해 형성, 재생산되고 있다. 그리고 이러한 일상적 실천과 문화적 의미구성을 통해 각 사회, 각 시기들이 정의되어 왔음을 알고 있다. 이런 이유 때문에 새로운 소비의 출현은 곧 새로운 문화의 출현을 알리는 하나의 지표로 이해할 필요가 있는 것이다.

이러한 문제의식에 입각해서, 이 연구는 새로이 등장하고 있는 정보사회적 소비를 검토해보고자 한다. 그 관심은 우선, 소비라는 행위 형태의 변화, 그리고 의미 변화에서

81) '일과 노동, 가사노동, 여가활동과 도덕적 가치, 신앙, 그리고 가족 구성원의 감정을 분절하는 방식들 간의 연결', R. Williams, 1958.; "현대 소비문화에서 이것은 개별성, 자기표현, 그리고 양식화된 자기의식을 함축한다.", Featherstone, 1991: 83.

시작될 것이다. 상품의 구매와 이용은 그것과 대면하는 행위를 통해 구성된다. 그런데 정보기술의 발전과 함께 그 대면의 행위 자체가 변모하고 있다. 그리고 이것은 또한 물리적인 시장 개념을 가상의 시장으로 변모 혹은 확장시킴으로써 이루어지고 있다. 이러한 소비 행위의 변화가 던지는 의미들을 탐색해 볼 것이다. 두번째는, 이러한 행위의 변화가 소비의 대상, 즉 소비 상품의 변화와 연결됨으로써 소비되는 상품의 변화가 어떻게 관찰되고 있는지를 확인해 볼 것이다. 특히 정보재(information goods)라 칭해지는 새로운 상품들의 소비가 가져온 변화를 어떻게 보아야 할 것인지도 함께 토론될 것이다. 마지막으로, 이러한 소비의 변화가 어떤 새로운 소비양식의 출현을 예고하고 있는지를 탐색해 보고자 한다. 특히 이 연구에서 관심을 가지는 것은, 이 새로운 양식의 출현을 만들어내고 있는 새로운 집단은 누구인가 하는 점이다. 부르디외(Bourdieu)가 적절히 지적하고 있듯이, 소비는 사회적 성층화와 문화적 지배라는 키워드를 내포하고 있다(Bourdieu, 1995). 즉 소비란 단순한 삶의 재생산에 머무는 것이 아니라, 삶의 의미화, 문화영역의 재생산, 그리고 문화적 지배라는 의미 연쇄를 이루고 있으며, 이런 점에서 새로운 소비의 출현을 추동하는 잠재적인 새로운 지배 집단이라는 문제 설정을 검토해 볼 필요가 있는 것이다.

이 책의 4장에서 지적하고 있듯이, 정보사회는 상당한 진입 비용을 요구한다. 즉 컴퓨터 소유를 기초로 하여, 사이버공간에 대한 기술적, 이론적, 그리고 감성적 능력이 확보되어야만 그 문화 내에서 시민권을 부여받을 수 있는 것이다. 소비는 이러한 이용능력에 더하여, 경제적 능력의 추가적 결합을 요구하는 행위다. 이런 까닭에 정보사회에서 소비는 정보사회를 지탱하고 재생산하는 경제적 및 문화적 토대가 되는 것이다. 이 장에서는 상품소비를 하나의 문화적 현상, 특히 상품의 발화라는 측면에서 이해하고, 이것이 정보사회에서 어떤 변형을 겪는지를 살펴볼 것이다. 강조하고 싶은 것은, 정보사회의 소비가 온라인 소비 혹은 원격구매라는 단일 행위로 환원될 수 없다는 점이다. 그것은 하나의 문화적 변형인 것이다.

2. 이론적 논의

1) 소비와 문화

근대적 소비의 등장은 새로운 생활양식의 출현과 연결되어 있었다.[82] 삶의 단순한 재생산이라는 의미로부터, 소비 자체가 대상과 목적으로 등장하게 되는 새로운 생활양식은 자본주의적 생산의 출현과 직접적인 함수관계를 구성하면서 근대적 소비의 특징이 되었다.[83] 개인의 삶에서 소

82) 소비가 중요한 사회적 행위로 부상하는 것은 근대자본주의 출현 이후의 일이다. 하지만 매크레켄과 같은 이는 인간의 소비가 그 이전의 역사에서도 항상 중요했다고 주장하기도 한다.

83) "소비는 근대 자본주의를 지탱해온 결정적인 구성요소다. 돈을 받고 상품을 팔 수 없다면 이윤도 존재하지 않는다는 간단하고도 명

비되어야 할 일상적인 용품들, 예컨대 의류, 보석, 단추 등이 시장을 위해 생산되기 시작한 것은 서양의 경우 18세기 무렵이었다(Bocock, 2003: 30). 이 시기부터 소비는 단순한 생존의 문제와 구별되는 하나의 뚜렷한 의미있는 행위가 되었다. 소비재가 물질적 재생산을 위해 다양하게 제공되기 시작하면, 그 다음에는 무엇을 소비하는가가 사회적으로 의미있는 차원으로 구성되기 시작한다. 상품의 소비는 동시에 상품에 결부되어 있는 다양한 사회적 상징과 선호체계의 소비를 의미하는 것이기도 하기 때문이다.[84] 매크레켄은 이 시기의 변화를 크게 두가지로 요약한다. 하나는 가족을 위한 소비로부터 개인을 위한 소비가 출현했다는 것이다. 이것은 상품의 소비가 유용성 보다는 개인성을 정의하는 의미로 변화했음을 의미한다. 또 다른 변화는 유행의 출현, 즉 고색 보다는 새로움(novelty)이 소비의 중요한 가치로 등장했다는 점이다. 이러한 새로움의 가치는 지속적인 소비연쇄를 보증하는 중요한 메커니즘이 됨과 동시에, 소비를 삶의 중요한 부분으로 간주하는 새로운 사고 유형의 출현을 의미하는 것이기도 했다(McCracken, 1997: 56-67)[85].

백한 이유 때문이다.", Bocock, 2003: 60.

84) 나는 이 상징적 소비의 핵심을 선망으로 이해한다. 이 선망은 상품과 연관된 사회적 준거집단(reference group)에의 선망이기도 하며 동시에 상품에 부착된 의미들에의 선망이기도 하다. 그리고 이런 상품 선망을 만들어내는 중요한 기구가 바로 매스미디어이다. 이에 대해서는 Boorstin, 2004 참조.

85) 소비를 통해 출현한 새로운 인격의 변화에 대한 흥미로운 분석으로 캠벨을 들 수 있다. 그는 소비를 통해 자아의 독자성과 자율성

이러한 변화를 통해 18세기 유럽에서 소비는 그야말로 '폭발'하였던 것이다.

소비의 관점에서만 본다면 19세기 프랑스에서 백화점의 등장은 하나의 중요한 계기였다. 그것은 대중적 상품이 폭발적으로 증가했다고 해도, 그 소비의 행태는 여전히 '필요에 의한 즉각적 구매'였다. 백화점은 즉각적인 구매의 의무 없이 그 내부를 마음대로 돌아다닐 수 있도록 함으로써 '자유롭게 떠도는 욕망을 자극하는' 방식을 도입했다. 이러한 자극을 위해 백화점은 거대한 스펙터클, 즉 이국적이면서도 혼돈스럽고, 예술적이면서도 대중적인 '장식미'들을 만들어 냈다(McCracken, 1997: 73-4). 이에 덧붙여 백화점 소비의 비약적 증가, 그리고 이후 대중소비라는 현상의 토대가 되었던 신용거래의 도입은 백화점이 소비의 중심으로 자리잡게 된 중요한 원인 중의 하나가 되었다(Williams, 1988: 93).

이 소비가 다시금 새로운 방식으로 등장하는 것은 20세기 초 이후다. 이른바 대량소비의 발전은 소비에 새로운 의미를 부과했다. 상품에 대한 소비가 일정한 수준으로 발전하여 독자적인 체계를 갖추게 되면, 소비는 이제 단순한 재생산의 수단에서 탈피하여 개인의 정체성을 구성하는 중요한 행위로 자리잡게 된다. 그리고 이러한 개인적 정체성은

에 대한 낭만파적 강조가 이루어지고, 이것이 결국 소비와 개인주의의 융합으로 나타났다고 지적한다. Campbell, 1983. 또한 이러한 대중적 소비의 출현과 낭만주의와의 관계에 대해서는 Williams, 1988을 참조.

나아가 집단을 구성하는 중요한 힘으로도 작용했다.[86] 조절 이론가들이 주장하듯이, 20세기 초부터 1970년대까지의 시기는 이른바 '포드주의'의 황금기였다. 거시 경제적으로는 대량생산과 대량소비의 유기적 결합을 기반으로 하며, 생산 방식에서는 테일러의 과학적 관리, 즉 표준화 원리를 기계화하여 이른바 '규모의 경제'를 실현할 수 있는 기술적 기초를 형성하는 것이 포드주의를 지탱하는 주요한 축이었다. 규모의 경제는 다양하고 값싼 상품을 거대한 단위로 제공하는 '수퍼마켓 문화'를 만들어낸다. 사람들은 다양한 상품 소비들을 조합함으로써 자신의 정체성을 구성하기 시작한다. 그래서 성, 인종, 세대, 하위집단 등 다양한 집단별 소비문화 혹은 소비양식들이 발전하기 시작하며, 이를 기초로 스타일(style) 현상이 출현하게 된다.[87] 하지만 대량생산 하에서 소비를 통해 자신의 고유한 스타일이나 집단의 정체성 의식을 구성하려는 노력은 근본적으로 모순적인 것이었다. 왜냐하면 포드주의는 소품종 대량생산에 기반하여 동질적인 대량의 소비시장을 창출하는 원리에 의존하기 때문에 다양한 정체성을 구성하려는 시도와는 결국 충돌을 일으킬

---

86) 정체성 의식의 구성이란 특정한 음악 그룹, 가수, 축구팀의 지지자가 되는 것을 포함하여 의복, 신발, 대중음악, 또는 스포츠 등의 소비 품목을 사용하는 과정으로 볼 수 있다. 그 같은 소비양식은 누가 특정한 집단이고 아닌지를 정의하는 주요 수단으로 쓰일 수 있다. Bocock, 2003: 51.

87) 다양한 의상과 장신구, 그리고 머리모양 등의 조합을 통해 자신의 정체성을 표현하는 하위문화(subculture)가 가장 대표적인 현상이다. 이에 대한 자세한 논의로는 Hebdige, 1998을 참조할 수 있다.

수밖에 없는 운명이었다. 시장의 세분화 혹은 소비자의 반란이라 칭해지는 이 현상은 미국의 경우 70년대에 들어서면서 본격화된다.

70년대 이후 포드주의적 대량생산 문화의 재조정과 함께 등장하는 새로운 소비 현상은 소비가 이제 더 이상 상품의 소비가 아니라 의미나 기호(signs)의 소비의 소비라는 점에 그 특징이 있다.[88] 상품은 물질이기도 하지만 동시에 기호이자 의미이기도 하다. 맑스가 상품이 가지는 가치를 사용가치와 교환가치의 구분을 통해 분석했던 것에서 더 나아가, 상품이 물질적 유용성을 뛰어넘어, 의미로 이해되고 정서적 만족을 충족시킴으로써 가지게 되는 가치를 의미가치(signifying value)로 개념화하기도 한다. 상품의 소비는 일차적으로 사용가치를 목적으로 하는 것이지만, 골동품과 같이 사용가치를 위한 것이 아니라 소유와 향유 자체가 목적이 될 경우, 이 때 소비자 개인에게 충족되는 가치는 사용가치도 교환가치도 아닌 의미가치라는 것이다.

상품의 기호와 의미에 대한 소비를 통해 정체성을 구성하려는 행위가 기존의 사회경제적 질서와 연결되어 있는가의 여부는 또다른 중요한 쟁점이다. 기호의 소비가 기존의 질서, 특히 계급 질서와 관련되어 있다는 전형적인 주장은

88) "소비자는 특정한 구체적인 목적을 성취하기 위해 특정 대상을 소비하기 보다는, 일반적인 사회적 목적을 위해 일반적인 기호들(signs)을 소비한다. 사회적 차별화가 게임의 이름이 되며, 여기서는 어떤 합리적이고 공리주의적인 방법으로 욕구들을 제한하는 방식이 존재하지 않게 된다." Corrigan, 2002: 37.

부르디외(Bourdieu)에서 발견된다. 그에 의하면 문화자본의 소유를 통한 취향의 소비는 특정한 계급적 구별과 연결되어 있는데, 예컨대 구 부르조아는 높은 문화자본과 경제적 자본을 소유함으로써 가장 높은 수준의 문화적 취향을 구성한다. 반면 신흥 부르조아는 구 부르조아가 정의하는 문화와는 다른 취향들을 옹호함으로써 자신의 계급적 정체성을 강화한다[89].

반면 기호의 소비는 사회경제적 요인들과 무관하게 다양한 집단을 구성하는 정체성 표출 형태라 주장되기도 한다. 윌리스(Willis)는 소비양식이 삶을 구성하는 보다 중요한 요인이 되고, 심지어는 소비를 통해 자본주의 사회에 보다 적극적인 영향을 행사하는 세력으로 부상하게 되었음을 주장한다.[90] 이러한 주장은 기존의 사회경제적 구분선을 부정하고 자유로운 정체성들의 표출을 옹호하는 포스트모던한 사회이론가들의 공통된 견해이기도 하다. 예컨대 페더스톤(Featherstone)은 소비의 포스트모던한 경향은 소비가 더 이상 사회적 위계적 분할, 즉 계급, 계층 혹은 인종집단 등과는 상관없는 것으로 존재하는 것이라 여긴다. 즉 현재의 시기는 ".. (의상, 여가활동, 소비재의 선택에서 드러나는) 특

---

89) 보콕은 이러한 문화자본을 통한 구별짓기를 일종의 '문화의 정의를 둘러싼 투쟁'으로 이해한다. Bocock, 2003: 108.

90) "소비자는 상업주의라는 불가항력의 수동적 희생자이기는 커녕, 점점 문화적 상품들의 선택과 사용에 있어 실질적이고 예측 불가능한 결정권을 가진 존재로 인식되어가고 있었다." Willis, 1990: 137; Bocock, 2003: 52에서 재인용.

정 집단에 고착된 삶의 방식이 극복되고 고정된 지위집단이 존재하지 않는 사회를 향해 나아가고 있"는 시기라는 것이다(Featherstone, 1991: 83). 이런 점에서 이제 상품은 '단순한 경제적 교환의 대상이 아니라 그것에 대해 사유하고 이야기해야 할 대상'이 되었다(Fiske, 1989: 31).

결국 역사적인 소비의 발전은 소비가 문화의 핵심이 되는 과정이자 그 속에서 개인들이 소비자로서 정체성을 형성해가는 과정이기도 하다는 사실을 보여준다. 그리고 그 속에서 역설적으로 우리는 발화의 주체가 아니라 상품의 발화에 대한 대상이 되었다. 상품은 이제 우리 정체성을 구성하는 토템이자 약호가 된 것이다.

2) 정보화와 온라인 소비

정보기술의 발전으로 인해 소비영역에서 발생한 가장 큰 변화는 온라인 소비라는 새로운 소비행태의 출현이다. 편리함을 가장 큰 장점으로 하는 온라인 소비는 최근 그 증가 추세가 두드러지고 있다. 하지만 앞서의 논의에 이어 본다면, 정보화가 가져온 소비의 새로운 양상은 실상 문화에 대한 소비, 그리고 이를 통한 정체성 표출이 강화되고 또한 용이해지는 것으로 요약할 수 있다. 그것은 온라인 혹은 사이버 매체라는 것이 가지는 기술적 특성에 기인한다. 즉 정보사회에서 새로운 소비양식의 출현은 두 가지 방향을 지니는 것으로 보아야 한다. 첫째는 소비의 공간적 장이 현실세계에서 가상의 세계로 옮겨져 오는 것이며, 두번째는 기호와 의미의 소비가 보다 심화되는 현상이다.

그런데 여기서 좀 더 따져보아야 할 것은 정보사회에서 기호와 의미의 소비가 가지는 특징이다. 이전의 사회에서 기호와 의미의 소비는 생산과 소비의 과정이 엄격히 분리되어 있고, 소비자가 가질 수 있는 능동성은 상품의 선택이라는 좁은 행위 양식에 한정되어 있었다. 즉 이미 만들어져 있는 상품들 중 무엇을 선택하고 조합함으로써 자신의 스타일이나 정체성을 구성하는 것이 소비자가 가질 수 있는 능동성의 전부였다. 하지만 정보사회에서 소비, 특히 가상공간을 통한 소비는 이것과는 질적으로 다른 새로운 소비 형태를 출현시킨다. 그것은 두 가지 점에서 그렇다. 첫째, 온라인을 통한 물질 상품 소비도 증가하는 추세에 있지만, 그보다는 소비되는 상품 중 많은 것은 유형의 물질 상품이라기보다는 지식, 정보, 기호들이다. 온라인에서 정보 상품으로서 제공되는 것은 물질 상품에 비해 제한적이며 그 사용가치도 차이가 있다. 물질 상품의 소비는 무엇보다 삶의 물질적 재생산에 일차적으로 관련되어 있다. 하지만 정보 상품(information goods)은 물질적 재생산보다는 삶의 정신적 및 정서적 재생산과 보다 밀접히 관련되어 있다. 그렇기 때문에 정보재는 그 자체로 문화적 이용이라는 특징을 내포하고 있다. 윌리엄스(Williams)가 지적하듯이, 대중문화의 출현은 고급예술과 대중문화라는 문화의 구별을 만들었고, 그럼으로써 문화 자체가 사회적 위계를 담은 개념이 되었다(Williams, 1988). 문화는 그 자체가 정서적 차별화를 내포하고 있는 것이다. 이런 점에서 정보재의 이용과 소비는 또다른 문화적 차별화의 가능성을 내포하는 것으로 볼 수 있다. 두번째로 정보 상품을 이용하기 위해서는 일정 정도의 이용 능력을 필요로 한다는 점도 물질 상품 소비와는 뚜렷이 구분되는 특징이다. 즉 컴퓨터의 활용능력을 기초로 하여, 인터넷을 이용하고 정보를 활용하는 등의 활동은 일정한 사전 지식과 이해를 필요로 한다. 나아가 이러한 정보 이용 행위가 아비투스(habitus)화 됨으로써만 정보상품의 이용이 가능해진다. 이런 이유 때문에 정보 상품의 이용은 그 자체가 일종의 문화적 능력이 되는 것이다. 4장에서 살펴보았듯이 우리 사회의 정보 격차는 소유의 차원에서 그 격차가 현저히 줄어든 반면, 이용에서는 격차가 확대되는 경향을 보이는데, 이는 특히 세대간 격차에서 뚜렷이 증가하고 있다. 이것은 정보이용 능력, 정보이용의 문화에 따른 사회적 분화가 진행되고 있음을 보여주는 것이라 할 수 있다.

이렇게 본다면 온라인 소비는 물질 상품의 소비와는 구분되는 매우 독특한 정체성 형태들을 만들어낸다고 볼 수 있다. 그것은 많은 이론가들이 지적하듯, 완전히 새로운 정체성을, 심지어는 다중의 정체성들을 구성하기도 한다.

소비에 대한 연구의 심화를 통해 소비 개념의 외연이 확대되었다. 그 결과 소비는 상품의 발화, 상품의 구매 행위, 구매 후의 이용 전과정을 포괄하는 개념이 되었다. 온라인 소비는 이런 확대된 소비 개념을 통해서만 파악될 수 있다. 온라인 소비는 상품의 유형과 구매 행위가 겪고 있는 근본적인 변화의 한 축을 형성한다. 즉 소비는 항상 암묵적으로 소비자와 상품의 대면과 소통을 전제해왔다. 하지만 온라인 소비는 이 대면 관계를 매개된 간접적 관계로 전환시킨다. 그렇지만 이 연구는 구매 행위조차 온라인 소비에서는 하나의 발화가 됨을 주장하고자 한다. 즉 구매 행위 자체가 하나의 지위 기호가 될 수 있음을 보여주고자 한다. 이것은 부르디외(Bourdieu)가 지적하듯, 구별짓기 행동의 하나인 것이다.

이런 점에서 새로운 소비행태의 출현은 단순한 구매습관이나 취향의 변화가 아니라, 문화의 근본적인 변화를 함축한다. 근대 자본주의의 출현이 대중매체와 대량시장의 발달을 통해 대중문화(mass culture)를 만들어 내었듯이, 정보사회의 출현과 함께 등장하는 새로운 소비는 새로운 문화적 형태를 출현시킬 가능성들을 보이고 있는 것이다. 물론 아직은 이러한 문화적 변화의 전개를 명백한 형태를 관찰하기는 시기상조일 수 있지만, 그럼에도 불구하고 그러한 변화의 단서들이 무엇인지를 탐색하는 것은 매우 의미있는 일일 것이다.

3. 새로운 소비문화

1) 온라인 소비: 물질 상품

소비는 기본적으로 물질재화와 소비자가 대면하여, 상품을 구매하는 행위를 그 중심에 두는 과정이다. 상품을 선택하는 과정은 꿈의 세계(dream world)로 진입하는 것이기도 한데, 이 진입의 과정은 곧 사물의 발화를 듣는 과정이다. 사물이 주는 매력은 그것이 가지는 기호적 가치들, 즉 다른 상품들과의 관계에서 발생하는 차별성, 그것이 약속하는 사회적 가치의 차별성에서 나온다. 하지만 만약 이 대면이 직접적인 것이 아니라 매개된 것이라면 그 매력은 어떻게 될 것인가? 매개된 소비인 온라인 소비는 이전의 소비가 '시장'이라는 공간에서 상품을 직접 대면하여 그것의 감각적인 정보를 토대로 구매하는 것과 달리, 전적으로 이미지에 기초하여 구매가 이루어진다. 따라서 짐작컨대, 상품의 표면이 주는 매력은 감소할 것이므로, 다른 요소를 통한 소구를 통해서만 온라인 구매가 소비자를 자극할 수 있을 것이다. 그러한 또다른 소구력이 바로 편리성이나 다양한 상품 정보의 활용 등의 이유라 할 수 있다.

또한 온라인 소비는 단일 지표로 해석되기 어려운, 복잡한 내용들을 보여주는 하나의 문화적 현상이다. 우선 온라인 소비는 인터넷 이용을 전제로 하며, 이 인터넷 이용은 새로운 사회적 차별을 보여주는 지표임이 여러 연구들에 의해 밝혀진 바 있다(한국전산원, 2001; 심상완 · 김정석, 2002; 박해광, 2003). 따라서 온라인 소비 경험의 유무는 새로운 사회적 위계 내에서의 위치를 반영하는 지표로 볼 수 있다. 또한 온라인 소비는 인터넷 이용 능력을 전제하기 때문에 개인 자본의 지표로도 이해될 수 있다. 나아가 온라인 소비는 새로운 문화적 현상으로서, 문화적 감수성과 의미세계를 보여주는 지표로도 볼 수 있다. 오랜 소비의 역사 속에서도 직접 상품과 대면하지 않고 이미지를 통해 구매를 결정하는 소비 방식의 출현은 하나의 문화사적 사건이기 때문이다. 이러한, 여러 중첩되어 있는 의미를 온라인 구매의 소구력과 소비행태의 특성으로 나누어 우선 살펴본다.

(1) 온라인 구매의 소구력

온라인 구매가 소비자들에게 소구력을 가지는 이유는 두가지 정도로 생각해 볼 수 있는데, 하나는 대면적 소비와의 비교우위이며, 다른 하나는 그 소비 방식 자체가 주는 새로움이라 할 수 있다. 이 비교우위와 새로움의 요소들을 9가지로 구분해서 살펴본 결과가 아래의 표다[91]. 그 결과를 살펴보면, 가장 높은 점수를 얻은 것은 '편리함'(4.17)이고 그 다음이 '시간이 절약된다'(4.14), '원하는 상품과 서비스를 찾기 쉽다'(4.02), '상품과 서비스에 대한 유용한 정보가 많다'(4.02) 등의 순이다. 이 네가지 이유는 온라인 매체가 제공하는 기술적 우위에 대한 긍정적 평가라 할 수 있으며, 온라인 소비문화가 기능성에 기초하고 있음을 보여준다. 반면 '온라인에서 구매하는 것이 더 재미있다'(3.33)는 응답이 상대적으로 점수가 낮은 것은, 온라인 소비의 새로움이 즐거움에 기초하지 못한다는 사실을 보여준다. 그렇다면 이

91) 이 결과는 인터넷 이용자를 대상으로, '인터넷에서 상품과 서비스를 구입하는데 다음과 같은 사항이 얼마나 중요합니까?'라는 질문의 답을 리커트 5점 척도로 측정한 것이다.

결과를 통해 온라인에서의 소비경험이 있는 사람과 경험이 없으면서 온라인 소비에 대한 이미지만을 갖고 있는 집단 간의 차이가 유의미한 것으로 추론할 수 있는데, 실제로 결과는 온라인 구매 경험이 있는 집단이 그렇지 않은 집단에 비해, 모든 항목에서 온라인 구매의 장점을 중요하게 고려하는 것으로 나타났다[92].

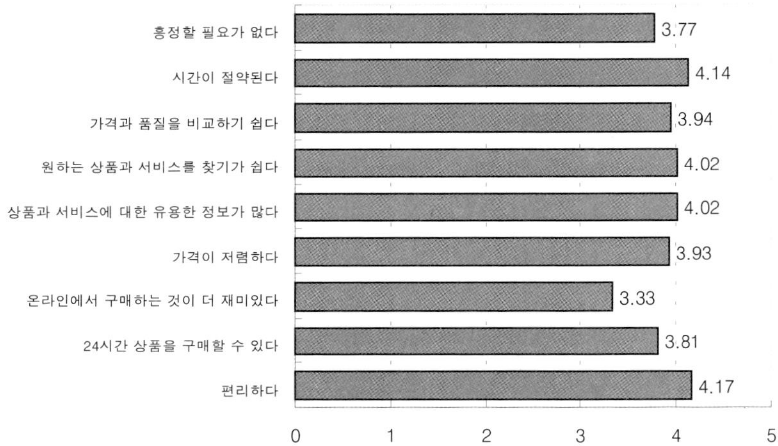

〈그림 5-1〉 온라인 구매의 이유

따라서 편리함과 풍부한 정보 활용 등의 장점에 의해 온라인 구매는 앞으로도 상당히 증가할 것으로 예상해 볼 수 있다. 그런데, 이것이 대면적 소비를 대체할 것인가에 대해서는 회의적인데, 그 근거의 하나는 위의 조사 결과 중 '온라인에서 구매하는 것이 더 재미있다'는 응답이 상대적

---

92) 집단간 차이를 보여주는 표는 부록으로 제시되어 있다.

으로 낮다는 사실을 들 수 있다. 근대적 소비의 발전과정은 상품이 약속하는 꿈의 세계를 소비를 통해 '대면'함으로써 이루어져왔다. 그런데 온라인 소비는 이런 사물의 발화[93]가 유사하게만, 즉 사진 이미지로만 제한됨으로써 상품이 보여줄 수 있는 매력을 감소시키게 된다. 소비의 '재미'가 감소하는 것이다. 또 하나, 가상공간에서의 소비를 제약하는 요소는 신뢰의 문제다. 판매자와 대면하지 못하는 상태에서 이루어지는 구매는 소비과정의 당사자들간의 신뢰 형성에서 약점을 가진다. 나아가 이러한 익명성의 관계 하에서는 판매자와 구매자를 연결하는 유일한 매개물은 상품, 더 정확히는 이미지화된 상품의 정보 밖에 없기 때문에 대면적 구매에 비해서는 구매의 상황 자체에 대한 신뢰가 만들어지기 어렵다. 실제 조사 결과에서도 '인터넷을 통해 구매할 때 물품 내역의 정확성이나 상품의 질을 확인하기 어렵다'는 항목에 대해 60.0%(N=1,364)가 동의하는 것으로 드러났다.

특히 인터넷을 통한 구매에서 염려되는 점으로, '신용카드 정보보안 문제' 77.2%, '개인정보 공개로 인한 사생활 침해'는 75.2%가 염려한다고 응답하였다. 또한 '물건을 발송하지 않거나 파손 상품을 배달'할 것에 대한 우려도 65.9%나 되며, '물건을 받는데 시간이 오래 걸린다'에 대한 염려도 55.4%로 상당히 높게 나타났다. 특히 신용카드 정

93) 하우크는 이를 상품미로 정의한다. 상품미란 '보는 이로 하여금 소유의지를 자극하여 구매충동을 일으키기 위하여 상품에 각인된 것으로서의 미'이다. Haug, 1971:10, 엄광현, 1994: 40에서 재인용.

보의 누출로 인한 경제적 피해나, 개인 사생활 침해의 문제가 가장 심각하게 인식되고 있음을 보여준다. 이것은 인터넷 구매에 있어 시급히 해결되어야 할 문제임을 보여주고 있다.

〈표 5-1〉 온라인 구매에서 염려하는 점

	전혀 염려하지 않는다	별로 염려하지 않는다	보통이다	약간 염려한다	매우 염려한다
1) 물건받는데 시간이 오래 걸린다	25 (1.8)	182 (13.4)	399 (29.4)	535 (39.4)	217 (16.0)
2) 물건을 발송하지 않거나 파손상품 배달	22 (1.6)	116 (8.5)	327 (24.0)	516 (37.9)	382 (28.0)
3) 신용카드 정보보안 문제	11 (0.8)	60 (4.4)	239 (17.5)	480 (35.2)	573 (42.0)
4) 개인정보 공개로 인한 사생활 침해	12 (0.9)	61 (4.5)	266 (19.5)	467 (34.2)	560 (41.0)

이렇게 본다면 현재의 온라인 구매는 편리함과 많은 정보 등을 장점으로 하여 상당히 많은 소비자를 끌어들이고 있지만, 재미, 즉 상품의 발화를 통한 소비자의 포섭은 아직은 크게 진전되지 않았기 때문에 대면적 소비를 대체할 만큼 매력을 가지지는 못하는 것으로 평가할 수 있다. 그러나 이것은 일반적 상황에 대한 진단일 뿐, 인터넷을 적극적으로 이용하고 온라인 소비를 적극적으로 이용하는 사람들에 있어서는 이것이 대면적 소비를 대체할 정도의 매력을 보이는 것으로 여겨진다. 그리고 장기적으로는 이러한 집단

이 소비를 주도할 핵심 세력이 될 가능성도 배제할 수 없다. 그렇다면 이렇게 온라인 소비를 통해 새로운 소비 문화를 등장시키고 있는 이들 집단의 특성은 어떤 것인지를 살펴볼 필요가 있다.

(2) 온라인 구매의 특성

이 절에서는 현재 이루어지고 있는 온라인 구매의 성격을 검토한다. 아직은 온라인 구매가 일반화되지는 않은 상황이기 때문에, 온라인 구매를 경험하고 있는 집단은 앞으로 본격화될 것으로 예상되는 온라인 소비 문화의 선도 집단으로서의 특징을 보여줄 것이다. 여기서는 구매 경험, 구입액, 그리고 구입 물품의 종류 등 세가지 지표를 통해, 이 소비집단의 성격을 밝혀볼 것이다.

먼저, 인터넷을 통한 실제 상품구입 경험이 얼마나 되는지를 조사한 결과가 아래의 표다. 현재 인터넷을 사용하고 있는 사람 중 인터넷을 통한 상품 구입 경험이 있는 사람은 30.9%로 조사되었다[94]. 인터넷을 통한 상품 구입이 가지는 한계들에도 불구하고 3명에 1명 정도는 구입 경험이 있는 것으로 나타나, 온라인 구매가 상당히 확대되고 있음을 보여준다. 인터넷 이용자가 전체 인구의 60% 정도 된다면, 전체 인구의 18%가 온라인 구매 경험을 갖고 있음을 보여주는 결과다. 이것은 트리클 다운(trickle down) 이론에 따른다면, 이미 주도적인 집단의 소비가 다른 집단으로 확

94) 구매경험과 구매액의 조사단위는 1년이다.

대되고 있는 상황을 보여주는 지표로도 해석될 수 있을 것이다[95]. 즉 온라인 구매는 이미 사회적 확산의 경향에 놓여 있는 것이다.

〈표 5-2〉 온라인 구매경험

	빈도	퍼센트
있다	433	30.9
없다	968	69.1
합계	1401	100.0

구매 횟수와 전체 구매금액을 조사한 것이 아래의 표다. 이용한 경험이 있는 사람들의 평균 구매횟수는 5.8회로 조사되었는데, 이것은 이용 경험이 있는 사람들에 있어서는 비교적 인터넷 구매가 일반화되어 있음을 보여주는 결과로 보아도 무방할 것이다. 평균 구매금액은 156,568원으로 조사되었다. 한편 이를 연령별로 구분해보면 상당한 차이가 발견된다. 10대부터 50대까지 연령이 높을수록 이용횟수도 많아지는 경향을 보인다. 이것은 연령이 소비능력의 차이를 반영하기 때문이라 여겨진다. 하지만 이 결과에서 흥미로운 것은 넷맹 세대로 분류되는 50대의 고연령층이 평균 이용횟수가 가장 많다는 점이다. 그렇지만 이용횟수에서 주된 소비층은 30대와 40대임을 알 수 있다. 10대는 실제로 네티즌의 다수를 점하고 있음에도 불구하고 구매횟수에서는 가장 낮은 빈도를 보이고 있는데, 이것은 10대 네티즌이 제

95) 트리클 다운 이론에 대해서는 McCracken, 1997을 참조.

한된 경제력 때문에 상품 구매 등의 경제적 행위보다는 정보의 이용에 치중하고 있음을 보여주는 것이다. 구매금액에서는 연령별 차이가 더 뚜렷하게 드러난다. 40대가 412,895원으로 가장 많은 구매액을 보이며, 그 다음이 50대 189,33원, 30대 172,952원의 순으로 나타나고 있다.

〈표 5-3〉 연령별 물품구매 이용횟수와 이용금액의 차이 비교

	이용횟수			이용금액		
	N	평균(회)	표준편차	N	평균(원)	표준편차
10대	63	3.65	4.31	63	65,063.49	107,475.22
20대	161	5.90	8.44	160	98,712.74	182,275.58
30대	140	6.12	7.93	140	172,952.64	478,211.00
40대	50	6.82	14.78	48	412,895.83	1,468,936.67
50대	15	7.80	5.93	15	189,333.33	258,635.61
60대이상	3	4.00	2.65	3	134,166.67	151,664.38
전 체	432	5.80	8.74	429	156,568.55	580,959.81

다음으로 온라인 구매가 이루어지는 상품은 어떤 것인지를 살펴볼 것이다. 먼저 온라인 구매가 주로 이루어지는 상품은 어떤 것인지를 살펴보고, 그 다음에는 이 구매가 집단별로 어떤 차이를 보이는가를 검토한다. 아래의 표는 온라인에서 구매 경험이 있는 상품의 목록을 보여주고 있다.

온라인 소비에서 상대적으로 구매가 많이 이루어진 상품은 서적, 의류, 전자제품, 음식이나 화장품, 선물 등이며, 반대로 구매가 적게 이루어진 상품은 온라인 뉴스와 잡지,

〈표 5-4〉 온라인 구매상품

구매 상품	전제 응답	응답 퍼센트	사례 퍼센트
인터넷 사이트 구독	20	1.9	4.6
서적	171	16.1	39.5
콤팩트 디스크(CD)	60	5.7	13.9
컴퓨터와 주변기기	67	6.3	15.5
소프트웨어/게임프로그램	52	4.9	12.0
의류	125	11.8	28.9
꽃	12	1.1	2.8
보석이나 시계	36	3.4	8.3
온라인 뉴스와 잡지	9	.8	2.1
증권이나 주식	31	2.9	7.2
전자제품	83	7.8	19.2
음식이나 화장품	91	8.6	21.0
약품	12	1.1	2.8
가구	9	.8	2.1
여행서비스	26	2.5	6.0
스포츠 용품	23	2.2	5.3
취미생활을 위한 상품	38	3.6	8.8
선물	84	7.9	19.4
비디오나 DVD	13	1.2	3.0
어린이용품/ 장난감	32	3.0	7.4
수집용품	3	.3	.7
보험	3	.3	.7
자동차	4	.4	.9
관람티켓예약	38	3.6	8.8
기타	18	1.7	4.2
합 계	1060	100	244.8

가구, 수집용품, 보험, 자동차 등이다. 이것은 대략 '값싼 일상용품'과 '정보재 및 고가 상품'으로 대비되는데, 현재의 온라인 소비는 값싼 일상용품 위주의 소극적 구매가 지배

적이고, 정보재나 고가의 상품은 아직 온라인 구매에서는 초기 단계임을 보여준다. 아직은 대면적 소비의 '상품미'가 온라인에서 제공되지는 못하는 상황인 것이다.

하지만 이는 집단별로 상당한 차이를 보인다. 먼저 연령별로는 10대는 서적, 콤팩트 디스크, 비디오/DVD, 의류, 20

〈표 5-5〉 연령별 온라인 구매

구매 상품	10대	20대	30대	40대이상
인터넷 사이트 구독	5 (7.9)	6 (3.7)	4 (2.8)	5 (7.4)
서적	18 (28.6)	68 (42.2)	58 (41.1)	27 (39.7)
콤팩트 디스크(CD)	15 (23.8)	23 (14.3)	17 (12.1)	5 (7.4)
컴퓨터와 주변기기	5 (7.9)	28 (17.4)	25 (17.7)	9 (13.2)
소프트웨어/게임프로그램	7 (11.1)	21 (13.0)	18 (12.8)	6 (8.8)
의류	14 (22.2)	51 (31.7)	37 (26.2)	23 (33.8)
꽃	0 (0.0)	7 (4.3)	3 (2.1)	2 (2.9)
보석이나 시계	6 (9.5)	18 (11.2)	10 (7.1)	2 (2.9)
온라인 뉴스와 잡지	1 (1.6)	5 (3.1)	3 (2.1)	0 (0.0)
증권이나 주식	0 (0.0)	0 (0.0)	0 (0.0)	0 (0.0)
전자제품	0 (0.0)	7 (4.3)	14 (9.9)	10 (14.7)
음식이나 화장품	7 (11.1)	22 (13.7)	33 (23.4)	21 (30.9)
약품	10 (15.9)	50 (31.1)	22 (15.6)	9 (13.2)
가구	3 (4.8)	1 (0.6)	3 (2.1)	5 (7.4)
여행서비스	0 (0.0)	2 (1.2)	7 (5.0)	0 (0.0)
스포츠 용품	2 (3.2)	9 (5.6)	12 (8.5)	3 (4.4)
취미생활을 위한 상품	2 (3.2)	9 (5.6)	5 (3.5)	7 (10.3)
선물	1 (1.6)	16 (9.9)	15 (10.6)	6 (8.8)
비디오나 DVD	15 (23.8)	41 (25.5)	18 (12.8)	10 (14.7)
어린이용품/ 장난감	1 (1.6)	5 (3.1)	6 (4.3)	1 (1.5)
수집용품	0 (0.0)	6 (3.7)	24 (17.0)	2 (2.9)
보험	1 (1.6)	0 (0.0)	2 (1.4)	0 (0.0)
자동차	0 (0.0)	2 (1.2)	1 (0.7)	0 (0.0)
관람티켓예약	0 (0.0)	0 (0.0)	3 (2.1)	1 (1.5)
기타	3 (4.8)	19 (11.8)	14 (9.9)	2 (2.9)
합 계	63 (100.0)	161 (100.0)	141 (100.0)	68 (100.0)

대는 서적, 의류, 약품, 비디오/DVD, 30대는 서적, 의류, 음식이나 화장품, 컴퓨터와 주변기기, 그리고 40대 이상은 서적, 의류, 음식이나 화장품, 전자제품 · 비디오/DVD 등을 주로 구매하는 것으로 나타났다. 아직은 저가의 물품들을 중심으로 온라인 구매가 이루어지고 있지만, 40대 이상에서는 화장품이나 전자제품 등의 고가 상품 소비도 이미 이루어지고 있음을 보여주며, 이것은 세대별 경제적 지불능력의 차이를 반영하는 것으로 해석된다.

2) 온라인 소비: 정보상품

정보재의 출현은 그 자체로 하나의 역사적 사건이다. 정보가 상품이 될 때 그것은 우리에게 익숙한 물질적 상품과는 상당히 다른 질을 획득하게 된다[96]. 맥크래켄(McCracken)이 상품의 기호적 소비를 의미가치라 불렀다면, 이 정보재는 의미가치 자체가 된다. 왜냐하면 정보는 그 존재형태가 바로 기호이자 의미이기 때문이다. 그렇기 때문에 정보재의 소비는 의미가치의 창출이자 실현인, 즉 하나의 의미작용(signification) 실천이라 보아도 무방할 것이다. 홀(Hall)이 지적하듯이 이러한 의미작용 실천은 문화적 장의 주요 실천논리이면서 동시에 문화적 실천 그 자체다(Hall, 1997). 따라서 정보재의 소비는 정보문화 혹은 디지털 문화라 일

---

96) 정보재는 비소모성, 비전이성, 비분할성, 누적성, 기밀성, 공개성, 개별성, 불확실성 등의 특징을 가진다. 이에 대해서는 전석호, 1991 참조.

컬을 수 있는 새로운 문화적 현상의 핵심적인 일면을 보여주는 것이라 할 수 있을 것이다.

또한 동시에 정보재의 소비는 기존의 대중문화와 밀접한 연관 하에 있다. 대중문화에 가해진 온갖 비난들에도 불구하고, 대중문화는 근대 자본주의를 지탱해 온 중요한 축이었으며, 그 대중문화는 소비라는 행위를 통해 유지되어왔다. 그래서 '소비문화'라는 모순적 개념이 형성되는데,[97] 그 소비의 대상은 항상 상품이 아닌 유흥, 즉 허위적 욕망이었다(Horkheimer & Adorno, 1995). 이러한 문화산업의 속성은 가상공간에도 그대로 이어지고 있으며, 그 다양한 상품 중 대다수는 문화산업의 필요에 의해 만들어진 상품들, 즉 유흥(amusement)을 위한 것들이다. 그리고 이 유흥은 여가시간의 사용이라는 외형을 띤다는 점에서 일종의 문화적 소비라 할 수 있다. 그렇기 때문에 문화의 향유와 소비가 강하게 결합하는 정보재의 소비는 그 자체가 경제적 행위이자 문화적 행위가 됨으로써 개인들의 삶에 더 강하게 결합하게 되는 것이다[98]. 이런 경향은 실제 조사 결과에서도 확인되고 있다.

온라인에서 정보상품 구매는 비용을 지불하고 사이트를

97) 소비와 문화의 결합이 모순적인 이유는, 소비는 비생산적 사용이라는 본질을, 그리고 문화는 창조라는 본질을 부분적으로 담고 있기 때문이다. 이에 대해서는 Williams, 1993; Slater, 2000 등을 참조.

98) 그 대표적인 사례로 게임 중독을 들 수 있을 것이다. 게임은 유흥이자 대표적인 정보재 소비이며, 정보재의 이용을 쾌락원리를 통해 구성하기 때문에 강한 중독성 혹은 의존성을 낳게 된다.

이용하거나, 구분될 수 있는 단위로 된 상품[99])을 구매하거나, 정보나 서비스 이용에 대한 댓가의 지불과 같은 유형으로 대략 구분된다. 전반적으로 인터넷의 상업화가 급격히 진행되고 있는 가운데, 대부분의 유료 사이트들이 유·무료 기능들을 혼합하여 제공하고 있기 때문에 '정보상품의 구매'로 명확히 경계를 나누어 파악하는 것은 쉽지 않다. 그래서 이 연구에서는 '인터넷의 기능 이용'을 정보상품 구매를 측정하는 변수로 사용하고자 한다. 현재 인터넷을 이용하고 있는 사람들을 대상으로, 인터넷 기능 이용을 26개로 구분하여 그 이용 정도를 조사한 것이 아래의 표다.

〈표 5-6〉 온라인에서의 정보재 소비

기능	이용 경험	기능	이용 경험
경매	105 (7.5)	전자우편	1,224 (87.4)
여행관련 정보 및 서비스	418 (29.8)	오락 정보	580 (41.4)
게임	964 (68.8)	구인/구직 광고	201 (14.3)
취미 / 동호회	656 (46.8)	증권, 무츄얼 펀드 거래	124 (8.9)
재택근무	49 (3.5)	인터넷 뱅킹	229 (16.3)
음악듣기	1,000 (71.4)	인터넷 쇼핑	380 (27.1)
국내뉴스 및 정보검색	739 (52.7)	포르노 사이트	149 (10.6)
국외뉴스 및 정보검색	374 (26.7)	행정 서비스	82 (5.9)
의료정보	196 (14.0)	일반적인 서핑, 브라우징	285 (29.3)
종교 혹은 영적 활동	117 (8.4)	동창회/향우회사이트 방문	461 (32.9)
학교활동	382 (27.3)	게시판, 주소록, 뉴스그룹	418 (29.8)
대화방	533 (38.0)	파일전송	350 (25.0)
쪽지 보내기	627 (44.8)	기타	183 (13.1)

99) 예컨대 문서, mp3와 같은 파일, 사이버 캐쉬 구매 등을 들 수 있다.

조사에서 두드러진 것은 우선 음악듣기 이용 비율이 71.4%, 게임의 이용 비율이 68.8%로 이메일 이용을 제외하고 가장 높은 비율을 보인다는 점인데, 이것은 가상공간이 명백히 유흥 목적으로 이용되고 있음을 보여주는 결정적인 증거라 할 수 있다. 인터넷이 사람들의 이용을 자극하는 것은 여러 방식이 있을 수 있지만, 그 중에서도 유흥을 통한 자극이 지배적으로 이루어지고 있다는 사실은 가상공간의 새로움이 단지 새로운 유흥의 형식에 지나지 않을 가능성을 암시한다. 이것은 오락정보 이용이 41.4%로 상당히 높은 데서도 확인된다.

한편 국내 뉴스 및 정보검색의 이용 비율도 52.7%로 상당히 높아, 정보를 위한 온라인 소비의 한 축이 형성되고 있음을 보여주며, 또한 취미/동호회 이용(46.8%), 쪽지 보내기(44.8%) 등과 같은 인간관계 형성과 유지를 위한 기능 이용도 상당히 높은 비율을 보였다. 반면 상당한 이용능력을 필요로 하는 증권 거래(8.9%), 행정 서비스(5.9%), 경매(7.5%) 등의 기능 이용은 비율이 낮아서, 아직은 인터넷의 기능 이용이 낮은 수준에서만 이루어짐을 보여주고 있다.

이러한 정보재의 소비는 집단별로도 상당한 차이를 보이고 있다. 대표적인 유흥적 소비인 게임의 경우, 남자의 74.0%가 이용을 하고 있는 반면 여성은 이보다 낮은 62.1%에 불과하다. 반면 인터넷 쇼핑의 경우는 여자가 31.0%, 남자가 24.1%로 여자의 이용이 더 높다[100]. 또 뉴스 및 정보 검색도 여자보다 남자의 비율이 더 높게 나타나며, 포르

〈표 5-7〉 온라인에서의 정보재 소비: 성별

기 능	이용 경험	
	남 자	여 자
경매	70 (8.9)	35 (5.7)
여행관련정보 및 서비스	236 (29.9)	182 (29.7)
게임	584 (74.0)	380 (62.1)
취미/동호회	363 (46.0)	293 (47.9)
재택근무	32 (4.1)	17 (2.8)
음악듣기	541 (68.6)	459 (75.0)
국내뉴스 및 정보검색	452 (57.3)	287 (46.9)
국외뉴스 및 정보검색	252 (31.9)	122 (19.9)
의료정보	108 (13.7)	88 (14.4)
종교 혹은 영적 활동	62 (7.9)	55 (9.0)
학교활동	200 (25.3)	182 (29.7)
대화방	301 (38.1)	232 (37.9)
쪽지 보내기	341 (43.2)	286 (46.7)
전자우편	679 (86.1)	545 (89.1)
오락 정보	371 (47.0)	209 (34.2)
구인/구직 광고	117 (14.8)	83 (13.7)
증권, 무츄얼 펀드 거래	92 (11.7)	32 (5.2)
인터넷 뱅킹	130 (16.5)	98 (16.0)
인터넷 쇼핑	190 (24.1)	190 (31.0)
포르노 사이트	129 (16.3)	20 (3.3)
행정 서비스	61 (7.7)	21 (3.4)
일반적인 서핑, 브라우징	177 (22.4)	108 (17.6)
동창회/향우회사이트 방문	270 (34.2)	191 (31.2)
게시판, 주소록, 뉴스그룹	238 (30.2)	180 (29.4)
파일전송	227 (28.8)	123 (20.1)
기타	111 (14.1)	72 (11.8)

100) 이 연구의 자료는 2002년에 행해진 것인데, 최근 한 기사에 따르면 주요 인터넷 쇼핑몰의 이용 고객의 남여 비율에서 남자의 비율이 더 높은 것으로 확인되었다. 『아름다운 e세상』 2004년 4월호.

노 사이트 이용도 남자가 16.3%, 여자가 3.3%로 현저한 차이를 보이고 있다.

여가이자 소비인 정보재의 구매는 또한 온라인 매체의 이용에서도 드러난다. 아래의 표는 오프라인 매체와 온라인 매체의 평균 이용시간을 비교한 것이다. 여가시간 중의 매체 이용은 아직도 온라인 매체 보다는 오프라인에서의 개별 매체 이용이 지배적인 것으로 나타난다. 도서, 비디오 게임 등 8개 매체의 총 사용시간을 비교해보면, 오프라인은 주중 여가시간에 21.56시간을 이용하는 반면 온라인 매체 이용시간은 7.96시간에 불과한 것으로 조사되고 있다. 그러나 온라인/오프라인에서의 각 개별 매체 이용시간을 비교해보면 음악과 비디오 게임에서는 온라인 매체를 이용하는 시간이 더 긴 것으로 나타났다. 오프라인에서의 비디오 게임 이용시간은 0.48시간에 불과한 반면 온라인 비디오 게임은 3.32시간을 차지하고 있으며, 음악도 CD 등의 오프라인 매체 이용시간은 1.54시간인 반면 MP3 등 온라인 음악 청취는 2.82시간으로 더 길었다.

이 결과는 두 가지를 보여주는 것으로 생각된다. 우선, 인터넷은 아직 진정한 뉴미디어로서의 가능성을 충분히 실현하지 못하고 있다. 사람들은 여전히 통합된 뉴미디어로서의 인터넷보다는 개별 미디어 매체들을 더 많이 이용하고 있으며, 이는 인터넷이 기술적으로나 내용에서 기존 매체를 대체할 수 있는 발전을 보여주지는 못하고 있는 것으로 해석해 볼 수 있다. 하지만 한편으로 사람들의 여가 활용에서 음악과 게임이라는 유흥·오락은 인터넷이 그 중심으로 부상하고 있다는 사실을 주목할 필요가 있다. 이는 사람들의 유흥·오락이 상당부분 인터넷을 통해 충족되고 있음을 보여주며, 이 경향은 앞으로 더 커질 것으로 예상된다. 또한 이것은 현재의 온라인 소비가 상당히 유흥·오락을 중심으로 이루어지고 있음을 보여주는 결과이기도 하다.

〈표 5-8〉 여가시간 중 오프라인 매체와 온라인 매체의 이용시간

Off-Line		On-Line	
미 디 어	평균 이용시간	미 디 어	평균 이용시간
도서	1.76	도서(e-book)	.31
비디오 게임	.48	비디오 게임	3.32
레코드, CD, MP3 감상	1.54	MP3 등 음악파일	2.82
신문	1.99	신문	.52
잡지	.44	잡지	.29
라디오	1.51	라디오	.13
전화	1.85	전화	.08
텔레비젼	11.99	텔레비젼	.49
합 계	21.56	합 계	7.96

3) 온라인 구매의 결정요인

앞에서 온라인 구매의 대상이 되는 상품의 성격과 구매행태를 살펴보았다. 이와 연관하여 이 절에서는 이러한 온라인 구매에 영향을 미치는 사회경제적 요인은 무엇인지를 검토해 볼 것이다. 이것은 일종의, 온라인 구매에 미치는

집단적 정체성 요인들을 검토함으로써 새로운 소비를 실현해가는 집단의 구분선이 사회 어디 쯤에 위치하고 있는지를 이해하는 작업으로 평가될 수 있다. 이를 위해 온라인 구매 경험을 종속변수로 한 로지스틱 회귀분석을 실시하였다. 그 결과가 아래의 표에 제시되어 있다.

〈표 5-9〉 온라인 구매 경험에 대한 로지스틱 회귀분석

	로지스틱 회귀계수	표준오차	Wald	유의확률
연령	.006	.009	.368	.544
성	-.865	.184	22.108	.000
학력	.344	.085	16.294	.000
인터넷 이용기간	.109	.040	7.412	.006
개인소득	.000	.000	.000	.998
가구소득	.000	.000	.078	.779
상수	-2.275	.532	18.262	.000
Cox & Snell R sq= .069 Nagelkerke R sq = .095				

로지스틱 분석 결과, 온라인 구매 이용 경험은 성, 학력, 인터넷 이용기간에 영향을 받는 것으로 나타났다. 소비가 경제적 능력의 함수임에도 불구하고 개인 소득이나 가구 소득의 영향력이 없다는 것은 현재의 온라인 소비가 경제적이 소비능력의 차이에 의해 정의되지 않음을 의미한다. 이것은 사실 매우 발견적인 사실이다. 즉 현재 우리 사회는 가상공간의 이용행태들이 급속히 다양화되고 있고, 그 중

하나가 바로 온라인 소비 행태의 확산이라 할 수 있다. 하지만 이것은 아직은 그 소비 상품들이 서적이나 CD 등과 같은 저가의 일상용품들이기 때문에 소비능력이 크게 작용하지 않고 있다. 또한 이 책의 4장에서 지적하고 있듯이, 가상공간의 이용 자체가 이용능력에 크게 영향을 받고 있기 때문에 온라인 구매 행위는 곧 이용능력의 함수임을 보여주고 있다.

따라서 현재의 온라인 소비는 여성, 고학력, 그리고 인터넷 이용능력이 높은 사람들을 중심으로 확산되는 추세에 있는 것으로 요약될 수 있다. 그리고 앞서 보았듯이 남성의 온라인 소비가 빠르게 확대되고 있기 때문에, 결국 인터넷 이용능력이 높은 집단을 중심으로 온라인 소비문화가 정착되어갈 것임을 짐작케 한다.

4. 분석 및 결론

나는 이 장에서 가상공간에서의 소비라는 문제를 다루었다. 소비의 역사적 발전은 상품과 소비자의 관계를 더욱 긴밀하게 결합시키는 과정이었다. 즉 소비자는 상품의 호명에 의해 형성되어 온 것이다. 가상공간에서의 소비는 일견 이러한 긴밀한 대면적 결합을 매개된 것으로 변화시킴으로써 지금까지의 변화와는 반대의 경향을 보인다. 하지만 이 온라인 소비는 또다른 소비규범들을 도입함으로써 오히려 소비자와 상품의 결합을 강화하는 것이 현실인 듯하다.

먼저 온라인 구매는 그 편리함과 정보의 풍부함으로 잠재적으로 상품과 소비자와의 연결을 강화할 수 있는 능력을 보여주고 있다. 근대 초기 소비의 발달에서 백화점의 출현이 결정적이었듯이, 가상공간은 그 백화점보다 훨씬 더 많은 상품과 그 정보들을 통해 소비를 자극하고 있다. 물론 이것은 아직 해결되지 않은, 상품을 받기까지의 시간적 지체와 신뢰의 문제로 인해 제약되고 있지만, 앞으로 급속히 발전할 것임을 짐작하기는 어렵지 않다. 특히 가상공간에서 화려한 이미지들로 제시되고 있는 상품 정보들은 일종의 카탈로그(catalogue)로 볼 수 있는데, 이 카탈로그들은 끊임없이 무엇이 생활 속에 갖추어져야 하고 그를 통해 어떤 삶의 양식을 만들어야 하는지를 교육한다(McCracken, 1997: 77). 따라서 소비자들의 가상공간의 이용능력에 의해 제약되고 있는 현재의 초기적 온라인 소비 형태는 이용능력의 확산이 이루어질 때 폭발적으로 확대될 것이다. 그 소비가 온라인의 형태를 통하든 대면적 소비로 이루어지든, 그것은 상품과 소비자를 보다 긴밀히 결합시킬 것임에 틀림없다.

또한 현재의 온라인 구매는 정보격차의 현실을 그대로 반영하고 있는 점이 특징이다. 즉 아직 초기 단계에 있는 온라인 소비가 이용능력을 중심으로 이루어지고 있는 것이다. 그런데 이러한 이용능력에 따른 구별은 이용능력 자체가 구별의 자본이 된다는 점에서 하나의 문화적 단절이 될 가능성이 크다. 특히 이런 현상은 정보상품의 소비에서 단적으로 드러난다. 정보상품의 구매는 그 자체가 문화적 향유이자 이용능력의 함수이기도 하다. 문제는 정보상품의 소비가 트리클 다운될 것인가에 있다. 트리클 다운은 사회적 유행을 만들어내는 메커니즘이자, 소비를 통한 문화적 향유의 확산을 만들어낸 중요한 메커니즘이기 때문에 일정한 긍정성을 지닌다. 모방적 소비가 특권 집단의 권위를 해체하는데 역사적으로 긍정적인 역할을 수행했던 것은 사실이다. 하지만 현재의 정보상품 소비는 그 자체가 이용능력이자 문화적 실천이기 때문에 트리클 다운되지 않을 것이 분명하다. 그것은 단순한 경제적 행위가 아니라 문화적 행위이기 때문이다. 이 때문에 당분간은 가상공간의 소비문화는 물질상품 소비와 정보상품 소비가 서로 다른 형태로 발전할 것으로 예상된다. 그리고 정보상품의 주된 소비자들은 이러한 이용능력을 기반으로 구별짓기의 문화를 계속 재생산 할 것이다. 그런데 이것이 적절하게 방향지워지지 못할 때 대중문화에 경의를 보내는 기묘한 문화가 형성될 수 있음을 이 책의 1장에서 밝힌 바 있다.

따라서 우리는 좀더 온라인 소비의 문제를 심각하게 바라 볼 필요가 있다. 상품문화에 제약된 것일지라도 소비문화는 좀더 다른 방식으로 지향될 수 있기 때문이다. 높은 이용능력을 지닌 집단이 가상공간에서의 소비를 대중문화에 깊이 침윤되는 키치적 양상들을 보인다면, 그리고 그것이 다른 집단에로 트리클 다운된다면 그것은 새로운 야만의 지배가 될 수도 있다. 가상공간이라는 새로운 기술이 제공하는 가능성이 그렇게 소진되도록 바라만 볼 것인가?

6장

가상공간에서의 소통과 정체성[101)]

"내가 존재하는 한 나는 내 신체이다."
사르트르

1. 들어가는 말

근대는 인간의 이성을 해방시켰다. 하지만 동시에 근대는 인간의 신체를 확립시켰다. 인간의 정체성은 '신체 속에 자리한 이성'이라는 범주 속에서 확립되었고, 이것은 적어도 가상공간이라는 새로운 공간이 발생하기 전까지는 확실한 것으로 여겨졌다. 에릭슨(Erikson)에 의하면 정체성은 두 가지 요소, 즉 역사적 시간에 대한 연속감과 자기 동일시의 감각에 의해 구성된다. 이러한 심리적 기제는 결국 '역사적인 나'와 '나의 나'[102)]의 상호작용을 지칭하고 있다. 이러한

101) 이 장은 『성공회대학논총』 29호(2004)에 실린 "가상공간에서의 소통과 정체성"을 수정 보완하였다.

102) 객관화된 '나'에 대해서는 일찌기 미드(Mead)가 'I'와 'me'의 구분을 통해 적절히 지적한 바 있다. 미드에 의하면 I는 본원적인

정체성에서 신체는 하나의 준거점이 된다. 즉 자신의 본체가 어디에 위치하는가의 감각은 신체의 시간적, 공간적 위치에 의해 만들어지는 것이다. 이를 사회학적인 논의로 바꾸어 보면, 한 개인의 정체성이란 동일시된 자신, 그리고 타자와의 상대적 구별을 통해 구성되는 것이며, 그것은 신체로 표현되는 자기 동일성의 중심의 존재로 집약된다.

하지만 가상공간의 출현은 이러한 신체의 중심성을 해체시켜 버린다. 가상공간은 실제로는 우리의 중심성을 이동시키는 것이 아님에도 불구하고, 우리의 중심이 내가 존재하는 컴퓨터 앞이 아닌 다른 어떤 곳에 존재한다는 감각을 만들어낸다. 이 가상공간에서의 정체성 문제는 현실의 정체성 상실의 문제라기보다는, 새로운 공간에서 만들어지는 새로운 정체성의 문제이다. 그것은 변환의 문제 보다는 생성의 문제인 것이다(Levy, 2002: 23).

하지만 이 생성은 항상 삭제를 전제한다. 여기서 제기되는 첫번째 논점은 이러한 신체가 가상공간에서 삭제됨으로써 어떤 효과가 창출되는가 하는 문제다. 대면적 접촉에서의 인간의 소통은 서로의 사회적 위치에 대한 다양한 단서들을 기초로 하여 이루어진다. 성, 연령 등의 기초적인 생리적 단서 뿐만 아니라, 복장, 얼굴표정, 어투, 몸짓 등은 모두 상대의 위치를 추정하는 암시들이 된다. 결국 인간의 소통이란 이런 다양한 비언어적 '잉여'[103]들을 풍부히 동원

나이며, me는 타자의 시선을 통해 자신에게 돌려진, 즉 거울자아로서의 나이다.

하는 추론적인 과정인 것이다. 그런데 가상공간은 이런 추론의 근거들을 삭제한다. 물론 이러한 잉여들이 완전히 삭제되는 것은 아니지만, 그러한 삭제를 통해 대면적 소통과는 다른 새로운 소통의 출현 가능성을 배제할 수는 없는 것이다. 이 삭제의 효과는 어떻게 드러날 것인가? 이 단순한 사실은 매우 복잡한 논쟁들을 담고 있다. 우선, 사회적 위치 단서들의 삭제는 보다 평등한 소통의 가능성을 내포한다고 주장된다. 예컨대 연령의 차이는 소통의 방식과 한계를 사전적으로 한계지운다. 즉 우리 사회에서는 연장자에 대한 경어법 규칙이 소통을 지배하며, 이 경어법은 소통 자체를 권위적이고 권력적인 것으로 만들어버린다. 또한 복장이나 몸짓 등에서 드러나는 사회적 신분 기호들은 소통의 가능성들을 애초에 배제하기도 한다. 예컨대 사람들이 노숙자들을 꺼려하는 것은 이러한 신분 경계가 작동함으로써 소통을 거부하고자 하기 때문이다. 이러한 대면적 소통의 한계들이 가상공간에서는 극복될 수 있기 때문에 그 소통은 보다 자유롭고 민주적인 것이 될 것이라 예측한다(구자순, 1999: 8). 반면, 정체성 기호들의 삭제는 부유하는 정체성을 만들어 낼 것이라고 지적되기도 한다. 우리가 가상공간에서 어떤 모습들을 취하더라도, 그것은 컴퓨터를 '꺼' 버리는 순간에는 소멸해버리는 '가상'에 지나지 않는다는 것이다(Whitley, 1997).

---

103) 비언어적 잉여에 대해서는 이 책의 1장을 참조하시오.

두번째로, CMC가 소통 자체를 활성화시킨다는 주장이 존재한다(김유정, 1998). 즉 CMC는 사람의 만남에 대한 물리적 제약들을 극복하여 언제, 어디서나 소통이 가능한 새로운 장을 마련해주고(김유정, 1998), '송신자가 편리한 때 언제 어디서나 메시지를 작성하여 전달할 수 있으며, 언제 어디서나 접수된 메시지를 읽고 자신이 원할 때 반응을 보낼 수 있다. 또한 지역의 거리에 상관없이 쉽고 신속하게 의사교환을 할 수 있기 때문에(김성헌 · 김인철, 2002: 61), 가상공간은 의사소통 자체를 확대한다는 것이다. 그러나 이것은 또한 소통의 질을 변화시키기도 한다. 전자적 언어는 소통을 대화적이기 보다는 독백적으로 만든다(Poster, 1994). 또한 소통방식은 여전히 글쓰기의 전통에 서 있기 때문에 문자의 한계 속에 갇혀 있는 것으로도 보인다(박해광, 2004). 즉 CMC와 소통의 활성화는 여전히 미확정적인 쟁점인 것이다.

이러한 논란들은 결국 사이버공간, 정체성과 소통이라는 쟁점을 구성한다. 나는 이 장에서 가상공간에서의 소통의 특징을 검토해보고자 한다. 그것은 크게 세가지 방식으로 이루어질 것이다. 먼저 글쓰기가 소통의 주요 수단이 되는 가상공간에서 기호적 정체성은 어떻게 구성되고 있는지를, 가상공간의 언어적 특질을 중심으로 논의해 볼 것이다. 최근 우리 사회에서 새로운 언어적 현상들이 급속히 출현하고 있는데, 글쓰기의 구어적 혹은 축약적 변화나 이모티콘의 풍부한 활용, 그리고 외계어를 비롯한 새로운 언어형태들의 출현이 그것이다. 이러한 언어적 변화들이 내포하는 기호적으로 정의된 정체성 형태란 어떤 것인지를 검토해 볼 것이다. 두번째로, CMC의 중요한 수단 중의 하나인 게시판을 통한 소통의 특징을 살펴볼 것이다. 우리의 사이버 문화가 가지는 특징 중 하나는 게시판을 통한 글쓰기가 상당히 활성화되어 있다는 점인데, 이러한 게시판에서의 상호작용이 가지는 함의는 무엇인지 살펴볼 필요가 있다. 마지막으로 이러한 가상공간에서의 소통이 현실의 소통관계와 어떤 관련이 있는지를 실제 조사연구 결과를 통해 살펴볼 것이다.

2. 소통의 언어

1) 기호적 정체성

한 집단의 사회적 정체성은 다양한 방식으로 표출되고, 또 그러한 표출을 통해 정체성을 강화하기도 한다. 우리는 이러한 문화적 실천을 통한 사회적 정체성의 구성은 이미 다양한 방식으로 역사 속에서 드러나는데, 그 하나가 바로 토템이다. 외형적으로 자연숭배의 원시적 신앙인 토템은, 그러나 뒤르케임(Durkheim)에 의하면 씨족 질서를 유지하는 의미와 상징이다. 토템 문장(紋章)은 씨족 성원들이 갖고자 하는 외형적 모습이며, 중요한 의식들에서는 토템을 상징하는 물건들이 동원된다. 토템은 성스러운 것들의 전형이자 그것의 물질적 표현으로, 이를 통해 성스러운 것과 세속적인 것이 구분된다(Durkheim, 1992: 173-5). 즉 토템이란 원시적 종교를 낳고, 또한 씨족이라는 사회적 집단구분을 만들어냈던 일종의 문화적, 기호적 실천인 것이다.

하지만 이러한 사회 정체성은 무엇보다 언어의 사용에서 드러난다. 언어사용 집단의 구분은 언어사용 자체를 통해 재생산되는 경향이 있다. 그 대표적인 것이 바로 계급방언(class dialect)인데, 그것은 계급이나 신분질서 하에서 계급간 언어사용의 단절이 일어나는 현상을 지칭한다. 예컨대 조선 사회에서는 양반과 상민, 왕과 관련된 어휘들이 완전히 구별되었고, 하층계급에 의한 상층 언어의 사용은 금지되었다(박해광, 2003: 15). 이를 통해 한 계급의 고유한 언어실천이 구조화되는 것이다. 번스타인(Bernstein)은 이러한 언어적 실천이 초기 사회화 과정에서 이미 만들어진다는 사실을 보여주는데, 이것을 그는 계급약호(class code)로 개념화한다. 언어적 사회화는 집단별로 제한된 약호(restricted code)와 세련된 약호(elaborated code)로 나뉘는데, 제한된 약호란 언어상황이 매우 예측적이어서 발화자와 수신자가 대화의 진행을 의례적으로 할 수 있도록 하는 약호로, 추상화 수준이 낮고 구체적인 어휘를 사용하며 낮은 개념화를 포함하며 상호적 관계가 강한 상황에서 이용된다. 반면 세련된 약호는 매우 개인적인 언어사용을 지배하며, 높은 개념화와 다양한 어휘의 사용을 특징으로 한다(Bernstein, 1975: 76-80). 제한된 약호는 주로 동년배 유아집단이나 범죄자 집단, 결혼한 부부의 대화와 같이 대화 자체가 정형화된 상황에서 이루어지는 언어사용인 반면, 세련된 약호는 대화상대에 대한 지향이 강하여 예측하기 어려운 언어사용으로 특징지워진다. 결국 이 두 약호는 언어사용의 위계, 그리고 계급적 언어실천의 차이를 보여주는 것이자, 또한 언어사용을 통한 그 차이와 위계의 재생산을 잘 드러내는 현상으로 볼 수 있다.

기호를 통한 정체성의 구성을 기호적 정체성으로 개념화할 수 있을 것이다. 기호적 정체성이란 '기호 사용을 통해 드러나는, 상징적으로 구성된 정체성'을 의미한다. 나는 이러한 기호사용, 특히 언어사용이 특정한 정체성 구성으로 연결되고 있음을 '폐인' 집단의 언어 사용을 통해 보여주고자 한다.

원래 사전적으로 '폐인'이란 '병이나 못된 버릇 따위로 몸을 망친 사람'이다. 하지만 이들은 스스로를 폐인으로 칭하면서 그 의미의 부정적인 성격을 상당히 희석시키고 있다. 이들은 폐인의 3대 수칙을 '주침야활', '면식', 그리고 '햏언수햏'으로 규정한다. 그리고 이런 생활을 '수햏'이란 어휘로 표현한다[104]. 이런 개념들은 수도(修道) 혹은 도인

104) '수햏이란 "인터넷을 통해 무한한 즐거움을 찾는 일"로 정의하고 있습니다. 수햏을 통해 햏력이 쌓이게 되면 득햏에 다다르게 되는데, 이는 진정한 폐인의 길을 말합니다. 불가의 열반, 해탈의 경지와도 같으며 무념, 무상, 무아의 경지, 햏도의 오르가슴의 경지를 뜻하기도 합니다. 이성, 결혼, 취직, 군대, 시험, 우정, 돈, 사랑, 학업, 옷, 이상, 희망, 욕심, DDR 등의 모든 압박에서 초월한 상태이므로 인터넷에만 연결될 수 있다면 그것만으로서 삶의 모든 즐거움을 느끼게 되는 경지가 되는 것입니다.',

(道人)의 이미지를 적극적으로 차용하고 있다. 그러나 여기에는 진지함보다는 언어적 패러디만이 존재하며, 그 원본을 항상 대중적 이미지에 두고 있다. 즉 영화의 포스터, 매체 이미지 등의 원본을 합성과 변형을 통해 새롭게 이미지를 창출하는데, 패러디가 항상 원본에 대해 하위적 관계를 구성한다는 점에서 이 이미지들은 문화산업에 대한 경의를 벗어나지 못한다.

그렇지만 무엇보다 이들의 집단적 정체성을 규정하는 것은 이들의 독특한 언어 사용에 있다. 이들이 사용하는 정체성 표현의 언어들은 모호함을 특징으로 하는데, 그 원본은 실상 유머스러운 잘못된 언어 사용이다. 예컨대 '없는'을 '업ㅂ은'으로 표시하는 것은 엽기 갤러리에 올랐던 한 사진의 맞춤법 표기가 틀린 벽보문에서 유래했고, '쌔우다'나 '방법' 등의 표현도 마찬가지다[105]. 따라서 이들의 언어는 명백히 '언어적 일탈'이 주는 오락성에 그 기원을 두고 있으며, 의도적으로 저급함을 다른 방식으로 의미변형시킨 경우들이라 할 수 있다. 그리고 그 변형의 결과는 '구별의 언어'다. 이런 구별의 언어는 '하오'체라는 독특한 언어에서 잘 드러난다. 원래 하오체란 국어의 경어법에서 '하소서', '합쇼'에 이어, 격식을 따지는 관계에서 사용되는 어법이다. 그런데 이것은 근대 초기까지는 상당히 일반적으로 쓰였지

http://www.dcinside.com.

105) 이들 개념들에 대해서는 www.dcinside.com의 갤러리 중 '디시인사이드 제대로 이용하기' 문서를 참조.

만, 최근에는 거의 명맥만 남아있는 경어체다. 이경우에 의하면 하오체는 근대 초기의 소설에서는 상당히 많이 남아있었다. 「혈의 루」, 「귀의 성」 등 8개 소설에서 하오체는 17%의 사용 비율을 보였다(이경우, 2003: 168). 그러던 것이, 현대의 TV 방송대본에서는 다음에서 보듯 거의 사어(死語)화하여 전체의 0.8%의 비율만을 보이고 있다. 단지 그 형태의 명맥만 유지하고 있는 것이다.

〈표 6-1〉 TV 방송 대본에 나타난 경어법 비율 (%)

	합쇼체	해요체	하오체	하게체	해체	해라체
장미와 콩나물	4	27	1	1	55	12
그대 그리고 나	6	22	1	0.5	55	15.5
아줌마	4	30	0.7	0.3	51	14
해뜨고 달뜨고	5	32	0.4	0.6	51	11
좋은걸 어떡해	4	19	1	1	57	18
전 체	4.5	26	0.8	0.7	54	14

자료: 이경우, 2003: 168.

따라서 이들이 사용하는 하오체 언어는 특별히 '발견'되어 의도적으로 차용되고 있는 것이다. 즉 다른 집단들에서 사용되지 않고 사어화되어 있는 언어가 적극적으로 선택되어 이들의 집단 정체성을 표현하는 수단으로 이용되고 있는 것이다. 이것은 이중의 전략으로 풀이될 수 있다. 우선 이들이 새로운 조어로 선택한 어휘들, 즉 '방법', '쌔우다', '아햏햏' 등의 몇개 어휘만으로는 소통 자체가 한계지워지기 때문에, 이러한 어휘들과 결합될 수 있는 언어, 혹은 어투가 필요했다는 사실이다. 또 하나는 이 하오체 어투가 외형적으로 상대에 대한 경의를 담고 있기 때문에, 폐인문화라는 속류화 혹은 키치화하는 경향에 대한 조절의 기능을 수행할 수 있다는 점이다. 이러한 전략은 의도적인 저속함과 경어체의 결합을 통해 타집단과 뚜렷이 구분되는 구별의 이익(Bourdieu, 1992)을 얻을 수 있게 함과 동시에 공유된 언어를 통한 집단 정체성의 형성을 가능하게 했던 것이다.

그렇다면 이런 언어들을 통한 소통은 어떤 기호적 정체성들을 만들어내고 있는가? 우선 이들의 언어사용 방식을 검토해 보자.

아래에서 일관되게 드러나는 수신자의 언어들을 발견할 수 있다. 그것은 '1등', '합성', '~하니 무효' 등의 표현인데, 이것은 어떤 이미지에 대해서도 동일한 표현들로 나타난다. 또한 이미지와 전혀 상관없는 답글들, '지○아 사랑해', '재미있냐?재미있냐?..' 등은 다른 이미지들에 대한 답글로도 일관되게 쓰여지고 있다. 이것은 번스타인이 구분하는 전형적인 제한된 약호의 상황이다. 즉 이미지를 올린 사람들이 어떤 메시지를 보내는가에 상관없이, 이들은 정해진 약호에 따라 정의되어 있는 언어들을 사용한 답글들을 달고 있다. 더구나 답글을 다는 것도 새 이미지가 만들어짐과 거의 동시에 이루어진다. 예컨대 위의 답글들 중 맨 밑의 답글을 제외한 모든 답글들이 동일한 날에 만들어진 것이다. 그러나 이런 소통의 즉각성은 원 메시지에 대한 관심과 소통의

〈표 6-2〉 게시판의 소통언어

dpdP ○	assa 1 dong~~~!!!
듏○	엽기도 아니고 재미도 업 고.....핸햏
개○	곧 사라지겠넹
쌔끈좌○	수뉘꼰은 무의미 하다며..?
LA미꾸라○	네
ss○	형이 돈 없다 그래서 패고, 말 안 듣는다 그래서 패고, 어떤 새리는 얼굴이 기분 나뻐 그래서 패고. 그렇게 형한테 맞은 애들이 사열종대 앉아 번호로 연병장 두 바뀌다. 지금 형이 피곤하거든, 좋은 기회잖냐. 그니까 조용히 씻고 가라.
○~	지금 자랑하는거요?
D○A	쌈쑝이 아니라 무효!
녀○	재미있냐?
자○	하라 자살 하라 그거시 너의 살길이다 자살 하라..
숨○기전문가	오! 최고의 휴대성을 보장하는 노트북이구랴. 이거 모델며잉 어찌되오
○	센스 노트북은 뽕 맞은 캥거루 모델 때문에 싫다.
perr○	뽕맞은 캥커루 ㅋㅋㅋ 캥커루가 나오던 게 센스였구나 ㅋㅋㅋ
Ferr○	센스 ㅋㅋㅋ 센스에 나오던 게 캥거루였구나 ㅋㅋㅋ
초햏○	지 雨 C 5(지우시오)
♡○??	친일 수구 꼴통 한빠는 즐이라오..
가면○	지○아~ 사랑해!
쥐○	니미럴-----저게~뭡니~~까?
이딸○	저거 재수학원에 납품하는 노트잖아
-_-/	뭘 해도 하지마라!

욕구를 반영한다기 보다는 하나의 '놀이', 그것도 개인적인 놀이로 인식되고 있다[106].

또한 답글은 발신된 메시지에 대한 응답의 의미가 현저히 약화되어 있다. 항상 메시지는 발신자의 정체성 단서들을 담고 있으면서, 동시에 수신자와의 접촉을 지향하는 의지를 담고 있다. 이것이 발신자와 수신자의 관계를 유지하는 가장 기본적인 요소이다. 그런데 위에서 보듯, 발신자는 철저히 자신의 정체성 정보를 숨기고 있고, 수신자는 메시지나 발신자에 대한 반응이라기 보다는 완전히 정형화한 언어들을 표출할 뿐이다. 이것은 엄밀한 의미에서 소통으로 보기는 어렵다. 혹은 이 소통은 서로의 미끄러짐을 규칙으로 하는 소통이다. 이것은 전통적인 소통이론에서 본다면 독백에 더 가까운 것이다. 즉 상대를 지향하는 기능은 현저히 약화된 가운데 자신의 얘기를 해버리는 것으로 소통이 끝나버리는 것이 이 게시판의 소통의 특징이다.

이렇게 본다면, 이 폐인문화는 그들의 고유한 언어 사용과 독특한 문화적 현상들을 보이고 있음에도 불구하고, 집단적 정체성을 구성하는 실천은 고유한 의미의 공유에 이르지는 못하고 있는 것으로 보인다. 독백적 언어사용, 정형화된 약호, 그리고 대중문화를 원본으로 하는 키치적 성격 등은 의미있는 소통을 만들어내지 못한채 서로 미끄러지는

106) 디시인사이드에 글을 올리는 대학 1학년 남자와의 인터뷰에서, 그는 새 이미지가 게시판에 올려지면 거의 무의식적으로 글을 올린다고 말한다. 그것이 그들만의 '놀이'라는 것이다.

공허한 개별적 의미들의 부유만을 만들어내고 있을 뿐이다. 이들의 정체성은 집합적인 것으로 보이지만, 그러나 가상의 이미지에 그친다[107].

2) 언어적 변용: 이모티콘

이모티콘(emoticon)은 감정(emotion)과 아이콘(icon)의 합성어로, 주로 정서적 소통의 성격을 강화하기 위해 동원되는 그림으로 표현된 상징을 지칭한다. 가상공간에서의 소통이 대중매체의 일방향성을 극복한 쌍방향적 소통의 가능성을 지닌다 해도, 그것은 여전히 문자 전통의 연장에 서 있다. 문자전통이란 글쓰기가 중심이 되는 소통 상황을 지칭하는 것으로, 여기서는 대면적 소통에 풍부히 존재하는 전달의 기능들이 삭제된 채 쓰여진 텍스트가 소통의 중심이 된다. 특히 대면적 소통에서 소통 상황의 정서적 연결을 강화하는 비언어적 표현들이 이 문자전통의 소통에서는 삭제되기 때문에, 그 소통 상황은 정보적 전달, 즉 단순 정보의 전달, 문제의 해결, 아이디어 제시와 같은 상황에만 제한되는 경향이 있다(박해광, 2004). 이런 상황에서 이모티콘은 익명적이고 정보적 전달에 국한되어 있는 CMC의 정서적 소통을 보완해주는 비언어적 표현으로 주목받고 있다.

---

107) '현실공간의 정체성이 하나의 사회적 범주로 표현되는 고정된 이미지였다면, 사이버 공간의 정체성은 개인이 드러내는 어떤 특징들을 수없이 복제한 상태로 다양한 교류 상황에서 서로 공유하면서 만들어지는 이미지이다.' 황상민, 2001: 29.

아래의 표는 현재 인터넷에서 일반적으로 쓰이고 있는 이모티콘들의 사례를 예시한 것이다[108].

〈표 6-3〉 이모티콘의 사례

이모티콘	의미	이모티콘	의미
^.^	웃는 얼굴	^_^	웃는 얼굴
^o^~~♬	신바람 났을 때	*^_^*	얼굴 빨개지며 미소짓기
\ ^_^ /	두손들고 신날 때~ 야~!	*.-)	윙크
(o_o)	오 마이 갓~!	(?:?)	혼란스러울 때
^_^;;;	난처해서 식은땀 흘리기	♡.♡	사랑에 빠진 눈
$.$	돈에 눈이 먼 눈	(_o_)	머리를 땅에 대고 비굴하게 인사하기

이모티콘이 정서적 소통의 보완적 역할을 하기 위해서는 우선 그것이 일반적인 소통의 약호를 담고 있어야 한다. 국내에서 주로 이용되는 이모티콘은 가로형 배열이 일반적인데, 여기에는 몇가지 상징 약호들이 존재한다. 얼굴은 위에서 보듯 거의 사용되지 않거나 아니면 '(　　)'의 형태가 일반적이다. 눈은 '-'이나 '^^' 등이 주로 사용되고, 코는 '.'이나 'L' 등이 주로 이용된다. 이러한 약호들의 공통점은 정서적 상태에 대한 과장, 그리고 표현양식의 만화적 이미지, 즉 키치적 이미지들에 근거해 있다는 사실이다. 김원섭·윤관식은 외국에서 주로 이용되는 이모티콘에 대한 지

108) 아래의 이모티콘들은 http://special.hompy.com, '슬기의 이모티콘 세상'에서 따온 것이다.

각의 정확도를 조사한 결과, 대체로 단순한 의미, 즉 기본적 약호가 문화적으로 공유되어 있는 :-), :-(등에 대해서는 높은 의미 일치를 보인 반면[109], :-/, :-* 등에 대해서는 거의 의미를 지각하지 못하고 있었다(김원섭 · 윤관식, 2001: 74). 이것은 아마도 이러한 이모티콘들이 몇몇 친숙한 상징 약호들을 이용하고 있음에도 불구하고, 우리 사회에서 주로 이용되는 가로형 이모티콘과 많이 다르기 때문에 발생된 결과라 생각된다.

대부분의 연구들은 이 이모티콘이 CMC에서 삭제된 소통의 정서적 기능을 회복시켜 줄 것이라는 낙관적 전망을 제시하고 있는데, 이것은 좀더 신중히 검토해보아야 할 문제다. 우선 이모티콘은 명백히 키치적 심성에 기대고 있다. 유머로 표현되는 이모티콘들은 매우 정서적인 소통을 지향하는 것처럼 보이지만, 그러나 이것은 소통의 과잉이다. 예컨대 일상적으로 이용되는 '또 만났네요'와 '또 만났네요^^'의 차이는 반가움의 강조이지만, 반가워서 절로 눈웃음이 나올 정도의 감정 상태를 지칭하는 것은 아니다. 이런 과잉은 이모티콘들 중 유독 '사랑'에 관한 표현들이 많고, 또 이것을 일상적으로 전달하고 있다는 사실에서 잘 드러난다. 따라서 이것은 오히려, 소통 상황에 부재한 친교적 기능을 창출하고자 하는 역설적인 노력으로 정의할 수 있다. 즉 가상공간에서의 소통에서 삭제된 맥락과 비언어적 표현의 여

---

109) 즉 : 는 눈, - 는 코,) 는 입 등이다.

백을 메우려는 것이라기보다는, 소통의 의지를 보여주기 위한 시적 기능으로 보는 것이 더 타당하다는 의미다[110]. 이렇게 본다면 이모티콘은 적극적인 의미작용이라기보다는, 메시지의 독립성을 발신자와 수신자의 통제로 바꾸려는 하나의 노력, 즉 소통의 잉여를 만들기 위한 노력으로 볼 수 있다. 이런 점에서 ^_^ 와 *^_^* 의 차이는 그것의 '의미'에 있다기보다는, 함께 전달되는 메시지의 '정도'에 있다고 보아야 할 것이다.

3. CMC: 게시판에서의 소통[111]

우리의 사이버 문화는 유독 게시판에서의 글쓰기가 활성화되어 있다. 어떤 이는 이를 일컬어 억압되었던 공론장의 복원으로 진단하기도 하였는데, 필자의 생각은 조금 다르다. 이것은 명백히 '문자 전통'의 지속으로 보이는데, 옹(Ong)이 지적하듯이 문자 전통은 텍스트의 자유를 확립하지만, 여전히 소통의 잉여들을 삭제함으로써 한계지워지기 때문이다.

하지만 게시판은 또한 대면적 소통을 매개하거나 그 바탕 위에 존재하는 소통의 형식이기도 하다. 이 때문에 여기

110) 야콥슨은 메시지 전달도식에서 맥락의 상위언어적 기능과 접촉의 시적 기능을 구분한다. 이 때 시적 기능은 소통의 유지를 담당한다. Jakobson, 1997.

111) 이 절의 내용은 연세대 학부생 김신우, 현민우, 손혜영, 조아라, 박소현, 조공주, 김태영의 조사 결과에 기초하고 있다.

서는 두 커뮤니티의 사례를 비교해가면서 게시판에서의 소통의 특징을 살펴보고자 한다. 여기서 선택된 두 커뮤니티는 가상공간에서 주로 활동하는 곳과, 대면적 관계를 주로 하는 곳으로 구별된다. 따○모는 오프라인에서의 봉사를 목적으로 하는 사람들의 모임이기 때문에 커뮤니티는 오프라인의 만남과 활동을 위한 정보 공유가 가장 주된 목적이다. 반면 E△△는 음악을 좋아하는 사람들의 모임으로, 온라인을 통해 음악을 공유하고 향유하는 것이 주된 목적이며, 오프라인에서의 만남은 예외적으로만 이루어진다. 그렇기 때문에 이 커뮤니티는 가상공간에서의 소통 자체가 중요한 목적이 되는 곳이라 할 수 있다. 여기서 분석의 대상이 된 글들은 2001년 9월 24일에서 11월 14일까지의 기간에 게시판에 쓰여진 글들이다.

우선 자유게시판의 글들에 대해 검토해보자. 자유게시판은 커뮤니티의 운영에 관련된 사항에서 회원들의 신변잡기에 이르기까지, 매우 개인적이고 정서적인 성격의 글들이 실리는 곳이다. 글의 성격에 대한 분류를 통해 각 커뮤니티에서 이루어지는 소통의 특징을 개괄해보자. 글의 유형은 내용분석에 의거해 '커뮤니티 성격에 부합하는 글', '커뮤니티의 운영에 관한 글', '신변잡기', '기타 잡글'의 네 범주로 구분했다. 오프라인 자원봉사가 주 목적인 따○모는 커뮤니티 성격에 어울리는 봉사에 관련된 글이 전체의 53.0%를 차지했고, 음악 감상과 정보 공유가 목적인 E△△은 49.0%가 성격에 부합되는 글이 자유게시판에 실렸다. 또한 운영에 관련된 글은 따○모가 17.0%, E△△가 8.0%가 대체로 따○모가 커뮤니티의 취지에 부합된 일관된 글쓰기가 이루어지고 있음을 보여준다. 신변잡기 글의 비율은 두곳이 22.0%로 동일한 비율인 반면, 기타 잡글은 따○모가 8.0%인 반면 E△△가 21.0%로 훨씬 높게 나타났다. 이것은 두 커뮤니티의 자유게시판 글쓰기의 차이, 즉 따○모에서는 커뮤니티의 성격에 부합하는 일관성을 드러내는 반면, E△△는 성격과 관계없는 글들이 상대적으로 많아서, 두 커뮤니티의 소통의 집중성에서 차이가 있음을 보여주는 것이라 할 수 있다.

〈표 6-4〉 각 커뮤니티의 자유게시판 글 분류

글의 유형	따O모	E△△
커뮤니티의 성격에 부합하는 글 수 (%)	528 (53.0)	204 (49.0)
커뮤니티의 운영에 관한 글 (%)	166 (17.0)	34 (8.0)
신변잡기 (%)	216 (22.0)	93 (22.0)
기타 잡글 (%)	83 (8.0)	88 (21.0)
총 글수	993 (100.0)	419 (100.0)

그 다음으로 자유게시판에서의 소통의 특징을 몇가지 지표를 구성함으로써 비교해 보자. 먼저 회원의 평균 글수를 비교해보면, 따○모의 경우는 전체 글수가 993개이고 회원수는 207명으로 1인당 평균 글수가 4.8개로 상당히 많은 반면, E△△는 718명의 회원수에 총 글수가 419개로 1인당 글수가 0.58개에 지나지 않는다. 이 비교에서 오프라인 모

임이 주가 되는 따○모가 개인적인 글쓰기를 훨씬 더 많이 하고 있으며, E△△의 회원들은 글을 쓰기 보다는 조회자 혹은 구경꾼의 역할을 주로 한다는 사실을 보여준다. 이것은 아래의 글당 평균 조회수에서 확인되는데, 따○모의 글당 조회수가 13.6인 반면, E△△는 30.98로 두배 이상 높게 나타나고 있다. 따라서 따○모는 글을 통한 소통이, E△△는 글에 대한 단순한 조회가 더 두드러진다고 볼 수 있다. 그런데 리플율[112)]의 비교는 상당히 흥미로운 결과를 보여준다. 따○모의 리플율이 1.25인 반면, E△△의 리플율은 1.60으로 오히려 개인별 글쓰기가 따○모에 비해 덜 활성화된 E△△에서 더 높게 나타나고 있다. 그 이유는 E△△가 많은 회원수를 확보하고 있음에도 불구하고, 실제 글을 쓰고 답글을 올리는 활동적인 회원은 한정되어 있고, 이들 활동적인 회원들은 서로의 글들에 대해 매우 적극적인 소통을 하고 있기 때문이라 생각된다.

또한 회원당 평균 조회수에서도 흥미로운 대조를 보여준다. 총 조회수를 회원수로 나눈 평균 조회수는 따○모가 65.03회인 반면 E△△는 18.08회로, 개인별 조회수도 따○모가 세배 정도 높게 나타났다. 그리고 글을 쓴 사람들의 경우 평균 게시율은 따○모가 16.60개, E△△가 6.45개로, 따○모가 더 적극적인 글쓰기를 하고 있음을 보여준다.

---

112) 리플율은 최초의 하나의 글에 대해 실린 답글들을 전체 글수로 나누어 계산하였다.

〈표 6-5〉 자유게시판의 소통 비교

	따O모		E△△	
회원 평균 글수 (글수/회원수)	4.80	(993/207)	0.58	(419/718)
답글율 (답글수/글수)	1.25	(552/441)	1.60	(258/161)
회원 평균 조회수 (총 조회수/회원수)	65.03	(13,463/207)	18.08	(12,980/718)
일인당 게시율 (총 글수/글 올린 회원수)	16.60	(993/60)	6.45	(419/65)
글 평균 조회수 (총 조회수/글수)	13.60	(13,463/993)	30.98	(12,980/419)
일인당 각글 조회율 (글당 평균 조회수/회원수)	0.07	(13.6/207)	0.04	(30.98/718)

목적성 게시판, 즉 커뮤니티의 이념과 취지, 목적을 위한 소통 공간에서는 두 커뮤니티의 특성이 더욱 잘 드러난다. 회원들의 평균 글수는 따○모가 0.79개인 반면 E△△는 0.05개로 자유게시판에 비해 현저히 적지만, 특히 E△△의 글수가 상당히 적은 것으로 나타났다. 이것은 두 커뮤니티 모두 게시판을 목적을 위한 소통의 공간으로서보다는, 자유게시판과 같이 정서적인 관계를 지향하는 소통 공간으로 이용하고 있음을 보여준다. 답글율에서도 따○모가 1.66인 반면 E△△는 0.29로 따○모가 훨씬 높다. 회원 평균 조회수는 따○모가 14.68, E△△가 10.60으로 비슷하지만, 글 평균 조회수는 따○모가 18.53, E△△가 54.87로 3배 정도 높게 나타나고 있다.

〈표 6-6〉 목적성 게시판의 소통 비교

	따O모		E△△	
회원 평균 글수 (글수/회원수)	0.79	(164/207)	0.05	(40/718)
답글율 (답글수/글수)	1.66	(102/62)	0.29	(9/31)
회원 평균 조회수 (총 조회수/회원수)	14.68	(3,039/207)	10.60	(2,195/207)
일인당 게시율 (총 글수/글 올린 회원수)	4.10	(164/40)	3.07	(40/13)
글 평균 조회수 (총 조회수/글수)	18.53	(3,039/164)	54.87	(2,195/40)
일인당 각글 조회율 (글당 평균 조회수/회원수)	0.09	(18.53/207)	0.07	(54.87/718)

이상의 성격을 서로 비교해 볼 때 두 사이버 커뮤니티에서의 소통의 특징이 몇가지 전형적으로 드러난다. 첫째, 오프라인 활동 중심의 커뮤니티가 온라인 활동 중심의 커뮤니티에 비해 소통의 집중성이 더 높게 나타나고 있다. 즉 서로의 글에 대한 답글들이 더 많이 쓰여지고 있다. 둘째, 온라인 커뮤니티에서는 조회자들이 훨씬 많은 것을 알 수 있다. 이들은 일종의 사이버 만보객으로, 자신의 정체성을 명확히 커뮤니티에 소속된 것으로 규정하지 않고 공간을 부유하는 것을 하나의 일상으로 삼는 이들이다. 이들은 소통에 적극적이지 않으며 자신의 신변잡기를 얘기하는 것에서조차도 소극적이다. 세째, 적극적인 글쓰기를 하는 사람들의 비율은 일정하게 나타난다는 점이다. 이것은 어느 커

뮤니티나 소통을 주도하는 적극적 발화자가 존재하며, 오프라인 모임이 주된 커뮤니티에서 이들의 글쓰기가 더욱 더 적극적임을 보여준다. 네째, 하지만 두 커뮤니티 모두, 자유게시판의 글쓰기가 목적성 게시판의 글쓰기보다 훨씬 많이 이루어지고 있다. 이것은 커뮤니티 자체가 목적 중심이라기보다는 소통 자체를 목적으로 한다는 사실을 함축한다. 그렇지만 그 소통은 지속적이지 않다. 이것을 보여주는 증거가 두 가지인데, 하나는 위에서 살펴본 답글율이다. 자유게시판이나 목적성 게시판 모두, 답글율은 2회를 넘지 못하고 있다. 즉 최초의 글쓰기에 대해 발화자 → 수신자 → 발화자의 연결로 소통이 끝나 버린다. 대면적 소통과 비교해 볼 때, 이런 소통은 발신자의 발화에 대한 최소한의 수신자 반응으로 소통이 끝나는 것으로, 이는 보통 소통의 거부에서 전형적으로 드러나는 소통 방식이다. 이것은 아래의, 상호작용성의 정도에서도 드러난다. 한 글쓰기에 대해 따○모는 60.9%가, 그리고 E△△는 77.3%가 1회의 상호작용에 그친다. 2회는 따○모가 17.8%, E△△가 16.5%, 그리고 3회 이상은 따○모가 21.3%, E△△가 6.2%에 불과하다. 이것은 한 글에 대한 상호작용이 매우 일회적임을 보여주는 증거다.

앞서 자유게시판과 목적성 게시판의 글쓰기를 비교해서 보았듯이, 상대적으로 자유게시판의 글쓰기에 적극적으로 참여함으로써 정서적 소통의 관계를 지향하는 특성을 보이는 사이버 커뮤니티에서, 실제 소통은 이러한 단절을 드러내고

〈표 6-7〉 각 커뮤니티 게시판의 상호작용성

커뮤니티 / 상호작용 빈도	따O모	E△△
1회	89 (60.9)	150 (77.3)
2회	26 (17.8)	32 (16.5)
3회	9 (0.6)	6 (0.3)
4회	4 (0.3)	3 (0.2)
5회	5 (0.3)	1 (0.1)
6회	4 (0.3)	0 (0.0)
7회	4 (0.3)	0 (0.0)
8회	1 (0.1)	1 (0.1)
9회	1 (0.1)	0 (0.0)
12회	1 (0.1)	1 (0.1)
20회	1 (0.1)	0 (0.0)
31회	1 (0.1)	0 (0.0)
합 계	146 (100.0)	194 (100.0)

있는데 이것은 소통 방식 자체가 대면적 소통과는 근본적으로 다른 성격을 전제하기 때문이다. 그것은 글쓰기 자체가 수신자를 지향하는 기능이 없이 독백적이기 때문이다.

그럼에도 불구하고 의미있는 차이는 발견된다. 그것은 대면적 소통과 대면적 활동을 주목적으로 하는 커뮤니티가 온라인 커뮤니티에 비해 소통의 집중성이나 상호작용성이 더 높으며, 커뮤니티 자체의 목적에 부합하는 '의미있는' 글쓰기를 더 많이 하고 있다는 사실이다. 이것은 적어도 대면적 소통과 가상공간에서의 소통이 적절히 결합될 때 소통이 풍부한 의미들을 담을 수 있다는 사실을 함축한다. 혹은 적어도 이는, 우리는 아직 가상공간에서의 의미있는 소통의 근거들을 확보하지 못했음을 가리킨다.

4. 사이버공간과 소통관계의 변화

여기서는 실제 조사연구에서 얻어진 자료를 통해, 인터넷을 이용하고 있는 사람들의 소통관계의 현실과 변화의 방향을 검토해 볼 것이다.

1) 친구와 가족

가상공간은 우연적 만남이 중심이 되는 대면적 소통을 넘어서서, 취미나 관심사, 목적 등에 따라 의도적인 만남이 가능한 만남의 공간을 제공하고 있다. 포털 사이트들이 앞다투어 제공하고 있는 카페(Cafe) 기능, 그리고 이를 기초로 한 동호회나 친목모임의 활성화, 그리고 최근의 블로그(Blog) 열풍에 이르기까지 사이버공간은 현실 공간과 뚜렷이 구별되는 새로운 만남들을 만들어내고 있다. 그렇다면 이러한 사이버공간으로의 인간관계의 확장은 인간관계를 어떻게 바꾸어놓고 있는가?

우선, 온라인의 만남이 기존의 만남에 어떤 경향을 미치는지를 살펴볼 필요가 있는데, 그 한 측면은 온라인의 만남이 기존의 만남을 약화시킬 가능성이다. 아래의 표는 온라인에서 사람을 만남에 따라 기존의 친구나 가족과 함께하는 시간에 어떤 변화가 있었는지를 집단간 평균차 검증을 한 결과다.

〈표 6-8〉 온라인 관계 유무에 따른 친구와 가족의 만남 시간 변화

	온라인에서 만나 알게된 사람	빈도	평균	표준 편차	t
친구들과 함께 보내는 시간 (주)	있다	347	12.45	11.57	6.077
	없다	1033	8.79	9.01	.000
가족과 함께 보내는 시간 (주)	있다	349	19.21	12.20	-3.498
	없다	1042	22.14	13.93	.000

먼저 친구들과 만나 보내는 시간의 경우, 온라인에서 만나 알게된 사람이 없는 사람은 주당 평균 8.79시간을 친구들과 함께 지내는 반면, 온라인에서 만나 알게된 사람이 있는 경우 주당 12.45시간을 친구와 함께 보내는 것으로 나타났으며, 두 집단의 차이는 통계적으로 유의미했다. 온라인의 만남을 가진 사람이 더 많은 시간을 친구와 보내는 것은 이 친구 관계에 새로 온라인에서 만난 사람들이 포함된 결과가 반영된 것이다. 즉 온라인에서의 만남은 기존의 친구관계를 확장하고, 친구와 지내는 시간을 연장하는 효과를 가지는 것으로 결론내릴 수 있다. 하지만 동시에 이것은 기존의 대면적 관계를 축소시키는 작용도 하고 있다. 다음의 표에서 확인되듯이, 인터넷 사용으로 친구와의 대면적 접촉이 증가했다는 응답은 7.2%에 불과한 반면, 감소했다는 응답은 16.4%로 비교적 높게 나타나고 있다. 물론 그 영향이 크게 나타나는 것은 아니지만, 인터넷 이용, 즉 온라인에서의 만남은 대면적 소통 상황을 위축시키는 결과를 야기하고 있는 것이다.

〈표 6-9〉 인터넷 사용으로 인한 친구와의 대면적 만남 시간 변화

많이 감소	다소 감소	변화 없음	다소 증가	매우 증가	합 계
2 (0.3)	96 (16.1)	455 (76.3)	37 (6.2)	6 (1.0)	596 (100.0)

가족과 함께 보내는 시간도 온라인에서의 만남으로 인해 축소되고 있음을 보여준다. 온라인에서 만나 알게된 사람이 있는 경우에 가족들과 보내는 시간의 주당 평균은 19.21시간인 반면, 온라인에서 만나 알게된 사람이 없는 경우에 가족들과 보내는 시간 평균은 22.14시간이다. 이것은 온라인에서의 새로운 만남으로 인해 기존의 가족관계에 일정한 영향이 있었음을 보여주며, 그 결과는 가족관계의 약화로 이어질 가능성을 함축한다.

위에서 보듯 온라인을 통한 새로운 인간관계의 형성은 분명 기존의 인간관계를 확대하는 경향을 지닌다. 흔히 컴퓨터 화면과 인간과의 만남(Whitley, 1997)으로 의미축소되는 경향이 있는 가상공간의 관계가, 기존의 관계의 외연을 확장하는 긍정적인 역할을 포함하고 있음을 드러낸다. 대면적 관계를 지배하는 우연성은 관계의 범위 자체가 매우 한정되는 경향이 있다. 적어도 가상공간은 이러한 범위의 한계를 가지지 않기 때문에 인간관계의 확장이라는 긍정성을 담고 있는 것이다. 그렇지만 이 확장은 댓가없이 이루어지지 않는다. 기존의 대면적 관계의 축소라는 댓가를 지불하면서 새로운 관계의 확장이 이루어지고 있는데, 문제는 이 대면성의 축소가 가져올 결과가 무엇인가 하는 점이다. 대

면적 소통 상황은 인간의 정서적 판단에 기초하고 있다. 이것은 '인간적임'을 지칭하는 다양한 단서들의 교환이며, 이를 통해 정서적 관계가 재생산되는 것이다. 그런데 이러한 단서들의 삭제는 곧 정서적인 것의 축소로 연결되며, 이것은 소통의 질이 변화함을 의미한다. 정서적인 것의 약화와 관계의 외연의 확대라는 두 경향의 변증법이 어떤 결과들을 만들어낼지는 아직은 쉽게 판단하기 힘들다. 다만 이러한 변화의 경향 속에서 소통이라는 문제를 진지하게 재고할 시점에 이르렀다는 사실만큼은 명백한 듯 하다.

2) 사회관계

가상공간의 영향은 단순히 친구와 가족 관계의 변화에 한정되지 않는다. 아래의 표는 인터넷에서 만남을 지속함에 따라 여러 사회관계들의 접촉 빈도에 어떤 변화가 있는지를 보여주고 있다.

인터넷 이용, 즉 가상공간에서의 인간관계로 인한 영향이 거의 드러나지 않는 사회관계로는 '정치적인 견해를 공유하는 사람들'로, 91.3%가 변화없다고 응답하고 있다. 이것은 가상공간의 소통의 토픽들에서 정치적인 것은 거의 포함되지 않고 있음을 보여주는 결과다[113]. 그리고 '종

113) 이 결과는 다소간 제한적으로 이해될 필요가 있다. 이 조사가 이루어진 시점이 노사모나 기타 유사 모임들이 활성화되기 이전이므로, 이러한 인터넷을 통한 정치적 견해의 공유나 정치활동은 지금은 더 높게 나타날 가능성이 있다.

〈표 6-10〉 인터넷 이용과 사회관계의 빈도 변화

	매우 감소	다소 감소	변화 없음	다소 증가	매우 증가
취미/오락을 같이 하는 사람들	9 (1.5)	10 (1.6)	443 (72.7)	129 (21.2)	18 (3.0)
정치적인 견해를 공유하는 사람들	17 (2.8)	11 (1.8)	556 (91.3)	22 (3.6)	3 (0.5)
종교활동을 같이 하는 사람들	14 (2.3)	21 (3.4)	532 (87.4)	35 (5.7)	7 (1.1)
같은 직업에 속하는 사람들	7 (1.2)	15 (2.5)	480 (78.9)	94 (15.5)	12 (2.0)
동창회, 향우회	8 (1.3)	18 (3.0)	446 (73.2)	122 (20.0)	15 (2.5)
익명의 사람들	12 (2.0)	15 (2.5)	440 (72.2)	125 (20.5)	17 (2.8)
완전히 이해관계가 다른 사람들	17 (2.8)	15 (2.5)	508 (83.4)	61 (10.0)	8 (1.3)

교활동을 같이 하는 사람들'의 경우는 접촉 빈도가 줄었다는 응답이 증가했다는 응답보다 약간 높게 나타났다. 이것은 종교활동은 대면적 소통관계에서 주로 이루어지기 때문에, 인터넷 이용이 종교활동의 시간을 위축시킨 결과로 해석될 수 있다.

반면 가장 높은 증가를 보여준 관계는 '취미/오락을 같이 하는 사람들', '동창회, 향우회', '익명의 사람들' 등이다. '취미/오락을 같이 하는 사람들'과의 관계는, 24.2%가 증가했다고 응답하였다. 최근 몇년간의 인터넷 발전에서 중요한 현상 중 하나가 카페 등을 통한 동호회 모임의 활성화다. 대면적 상황에서 취미나 오락은 명시적인 만남의 목적이

되기 어렵고, 우연적으로 만들어진 관계 속에서 취미나 오락의 동질성을 발견하게 되는 것이 일반적이다. 반면 가상공간은 명시적으로 취미나 오락을 목적으로 하여 관계를 만들어낼 수 있기 때문에 이러한 관계의 확대는 매우 자연스러운 현상이라 할 수 있다. '동창회, 향우회' 관계의 확대는 동호회의 발전의 한 연장이라 할 수 있다. 특히 '아이러브 스쿨'이나 '다모임' 등과 같이 출신 학교별, 지역별로 만날 수 있는 서비스를 제공하는 사이트들이 등장하면서 동창회나 향우회 모임이 폭발적으로 증가했다. '익명의 사람들'과의 관계의 확대는 가상공간의 특징이 전형적으로 드러난 경우라 할 수 있다. 이 익명성은 일회성, 지속이라는 전제의 부재, 편리함 등을 함축하고 있으며, 이러한 특성을 선호하는 상황들이 발생함으로써 익명적 만남이 증가한 것으로 해석된다. 이 밖에 '같은 직업에 속하는 사람들'과의 관계도 17.5%가 증가했다고 응답했는데, 이것은 두가지로 해석될 수 있다. 하나는 기존의 오프라인에서의 동종직업 관계가 온라인으로 활동의 영역을 넓힌 경우를 들 수 있으며, 다른 하나는 가상공간을 통해 동종 직업을 가진 사람들의 모임이 만들어진 경우다. 후자의 대표적인 예로 농업이나 축산업에 사람들끼리 커뮤니티를 만들어서 서로가 가진 정보를 교환하고 공유하는 경우를 들 수 있다[114].

여기서도 확인되는 것은 가상공간을 통한 사회적 관계

114) 조선일보, 200년 4월 2일자.

들의 확대 경향이다. 그런데 흥미로운 것은 관계의 확장이 두드러진 것들은 모두 '정서적 소통', 즉 일차적 관계의 특성들을 공유하는 관계들이라는 점이다. 취미나 오락, 혹은 동창회나 향우회는 모두 정서적 관계들로 분류될 수 있다. 이것은 여러가지 추측을 가능하게 하는데, 우선은 그 관계들의 확장이 결국 대면적 관계로의 발전을 전제하고 있다는 가정을 해볼 수 있다. 이것은 가상공간의 만남이 일종의 안내자 역할을 하고 있음을 의미한다. 또한 이것은 기존의 대면적 관계의 결핍을 암시하는 것으로도 보인다. 가상공간의 만남이 정서적인 관계를 우선하게 되는 것은 기존의 대면적 관계의 정서적 관계 자체의 결핍을 증거하는 것으로 해석될 수 있기 때문이다.

5. 결 론

나는 이 장에서 가상공간에서의 정체성 문제를 언어사용, 변형으로서의 이모티콘, 게시판에서의 소통방식, 그리고 실제적인 변화의 경향을 통해 짚어 보았다. 물론 다루었던 문제들이 불균형적이고 국지적인 것일 수도 있다. 하지만 하나의 경향으로 발견되고 있는 것은 가상공간의 영향이 실제 대면적 소통관계에 영향을 미치고 있지만, 가상공간의 소통이 소통 당사자들 간의 의미공유와 지향을 충분히 발전시키지는 못하고 있다는 사실이다. 이것은 우리가 들어오던 쌍방향 매체로서의 가상공간과는 다른 얘기다. 그 기술적 가능성들의 현실화를 따져볼 시점이 된 것이다.

가상공간에서 정체성의 문제는 단순한 은유의 문제가 아니다. 제기되는 몇가지 쟁점들을 살펴보자. 먼저 언어적 정체성은 '폐인'이라는 특수한 문화적 현상을 다루었음에도 불구하고, 현재 등장하고 있는 사이버 문화의 한 측면을 그대로 보여주고 있다. 이들의 언어는 외형적인 경어체와 특이한 조어들의 결합을 통해 다른 집단들과 구별되는 언어적 공동체를 이루고 있다. 내부적으로 이들은 '하오체'에 대한 규율을 끊임없이 확립하려는 시도들을 보임으로써 집단적 정체성을 형성하려는 노력들을 표출하고 있다. 하지만 이들이 실제 만들어내는 소통은 대중문화를 원본으로 하는 이미지들의 차용이나 변형이기 때문에 본질적으로 키치적 심성을 내면화하고 있으며, 그것의 본질은 유흥일 수 밖에 없다. 이 때문에 이들의 소통은 결국 참여자의 개인적 유흥에서 멈추는 경향이 있고, 맥락에서 벗어난 미끄러지는 개인 발화들이 일반적으로 이루어지고 있다. 이런 점에서 이들의 언어는 매우 좁은 틀 속에 한계지워진 정형화된 '제한된 약호'(restricted code)일 뿐이다. 이 때문에 이들의 기호적 정체성은 대중문화에 대한 경의, 제한된 언어공동체, 그리고 유흥에의 지향이라는 놀이집단 이상의 모습을 보여주지 못하고 있다.

둘째, 이모티콘은 글쓰기 중심의 가상공간에서 삭제된 언어의 잉여를 회복하기 위한 정서적 노력으로 정의될 수 있는데, 이것은 잠재적으로는 가상공간의 소통에 긍정적인 역할을 하는 것으로 보인다. 하지만 문제는 이 이모티콘이 언어적 잉여라기 보다는 소통의 지속을 위한 시적 기능이라는 사실이며, 정서적 의미의 강화라는 기능은 현저히 약하다는 사실이다. 즉 이모티콘의 사용이 메시지 의미의 차이를 만들어내지는 못한다는 점인데, 이것은 이모티콘이 매우 상투적인 방식으로만 사용되고 있기 때문이다. 즉 정서적 단서들의 지나친 과잉은 오히려 의미의 축소만을 만들어낼 뿐인 것이다.

세번째로, 게시판의 소통방식에 대한 내용분석은 대면적 소통을 결합한 커뮤니티가 가상공간에서만 소통하는 커뮤니티보다 깊은 소통을 만들어내고 있음을 보여주었다. 이것은 가상공간의 소통이 아직은 의미의 회복이라는 질을 획득하지 못하였음을 보여주는 것이다.

마지막으로, 그럼에도 불구하고 가상공간의 소통은 새로운 인간관계를 만들어내면서 현실의 인간관계에 중대한 영향을 미치고 있다. 그런데 이 조사에서 특이한 경향은, 가상공간을 통한 인간관계의 소통이 매우 정서적인 소통을 지향하고 있다는 사실이다. 이것이 단지 현재의 경향인지, 아니면 앞으로도 지속될 경향인지는 명확히 구분하기 어렵지만, 적어도 이것은 대면적 소통을 지향하거나, 아니면 가상공간에서 대면적 소통과 유사한 소통을 지향하는 것으로 받아들일 수 있다.

이런 점에서 역설적으로 가상공간의 발전 속에서 우리는 대면적 소통을 회복해야 하는 과제를 부여받는다. 그것은 지금까지 진지하게 고민되지 못했던 소통의 문제가 가상공간의 상황 속에서 하나의 화두로 떠오르는, 새로운 사회적 압력으로 이해할 수 있다. 가상공간의 자유로운 정체성들이 진지한 소통을 요구하고 있는 것이다.

7장

정보사회의 문화논리

1. 징후들

나는 이 책을 통해 정보사회가 보여주고 있는 다양한 문화적 성격의 몇몇 부분들을 지목하여, 그것의 성격과 전망을 가늠해 보고자 했다. 그리고 그것은 넓은 맥락에서 보자면, 가능성의 확장과 가능성의 억압이라는 두 상반된 힘의 변증법임을 확인하였다. 자유의 확장과 자유의 억압, 소통의 확대와 소통의 희박화, 통제와 탈주, 유토피아와 디스토피아의 상반된 가능성은 모두 정보사회라는 어휘 속에 본질적으로 내재하며, 그 경향들 간의 힘겨루기가 진행되고 있음을 알 수 있었다. 그렇다면 그러한 상반된 경향을 본질적으로 내재하고 있는 정보사회를 우리는 무엇이라 정의해야 하며, 또 그것을 어떻게 이해해야 하는가? 이 때문에 나는 이러한 모순적 경향들을 문화 내에서 검토하고자 하였다. 정보사회를 이해함에 있어 문화 연구는 어떤 위상을 가지는가? 문화 연구는 항상 사람들에 의해 경험된 것에 대한 관심, 그래서 본질적으로는 인간의 삶에 대한 관심을 바탕에 깔고 있다. 그렇기 때문에 정보사회에서 문화 연구는 정보기술에 의해 확장 혹은 변모된 인간의 삶의 조건과 그 양상에 대한 관심을 바탕에 두면서, 균열을 뚫고 드러난 사회적 쟁점들을 연구의 대상으로 설정하여야 한다. 그리고 이런 문제의식에서 이 책은 정보와 문화의 관계에 대한 근본적 질문을 던지고, 이와 직접 연결되어 있는 '문화적' 현상들을 분석해보고자 했다. 또한 정보기술의 발전이 가져오는 문화적 변화의 양상과 그 가능성에 대한 공과를 판단해보고자 했다.

문화라는 개념이 역사적으로 다양하게 정의되어 왔듯이, 문화 내적 쟁점 역시 시대적, 사회적 성격을 반영하여 구성 및 재구성되는, 언제나 항상 '현재적'인 것이다. 이렇게 현재화하는 실체로서 문화란 '의미구성'(signification)이라는 복잡한 실천에 근거하고 있기 때문에, 결국 정보 사회에서 문화라는 쟁점은 정보라는 모호한 실체를 둘러싼 의미의 현실화 실천들을 지칭하는 것일 터이다[115]. 하지만 이러한

115) 문화와 의미구성 실천에 대해서는 홀(Hall, 1997)을 참조할 것. 여기서 '문화'라는 쟁점을 제기했지만, 엄밀하게는 이것은 적절한 표현이라 하기 어렵다. 오히려, 정보사회라는 배경적 상황 하에서 문화가 동질적인 '어떤 것'을 구성하는 것은 아니기 때문에 쟁점이 되는 '문화적인 현상들'이라 명명하는 것이 보다 타당할 것이다. 다만 여기서 일반적인 용어로서 '문화'를 지칭하는 것은 이것

의미구성의 실천은 집합적이라는 점에서 나열되고 분산되어 있는 개개의 의미들과는 구분된다. 그것은 집합적인 사회적 실천이자 그 결과인 집합적인 사회적 결과물이다. 윌리엄스(Williams)는 한 시대, 한 집단의 특정한 관심을 포착하기 위해 '감정구조'라는 개념을 제안한 바 있다. 감정구조란 한 시대를 특징짓는, 사회적으로 체험된, 실제로 활발히 체험되고 느껴지는 바 그대로의 의미와 가치이며, 생동적이고 상호 연관적인 연속성 속에 놓여있는 현재적인 실천적 의식이자, 하나의 구조, 상호 연관적이면서도 긴장관계에 놓여 있는 특정한 내적 연관들을 가진 하나의 체계이다. 윌리엄스는 감정구조라는 개념을 통해 관습적으로 수용되는 그리고 드러난 경험과 구분되는 역사적 경험을 부각시킨다. 그리고 이 경험은 '충동, 억제, 경향 등을 구성하는 특징적 요소로 의식과 관계의 정서적 요소들'이며, 사고와 정서를 모두 포함하는 '느껴진 사고이자 사고된 느낌'으로 사회적 경험이 용해된 것이다. 이것이 구조인 이유는 '상호 관련적이면서도 긴장 관계에 있는 특정한 내적 연관들을 지닌 하나의 배열'이기 때문이다(Williams, 1993: 164-5). 이 개념이 지칭하고 있듯이, 의미구성의 실천이란 경험된 것에 기반한 집합적, 그리고 구조적인 어떤 것으로 이해될 필요가 있다.[116]

이 현재의 담론적 배열 내에서, 그리고 정치-권력적인 질서 내에서 뚜렷하게 구분되는 한 지점을 점유하고 있음을 부각시키기 위함이다.

정보기술과 (일반적인) 문화 개념 사이의 직접적인 관계를 설정하기란 어렵다. 어떤 이는 정보기술의 특성, 즉 지식과 정보가 핵심이 된다는 점에서 본질적으로 이것은 문화적인 현상으로 이해하기도 하며(Bell, 1979), 또는 자본주의적 지배술의 진화적 측면에서 정보와 문화간의 상관관계에서 도출되는 권력의 문제에 주목하기도 한다(Enzensberg, 1985; Gouldner, 1983; Bourdieu, 1995). 하지만 이러한 진단들은 신뢰할 만한 근거를 통해 배치되고 재평가되어야 한다. 그것은 '정보사회'가 단순한 은유나 배경적 맥락이 아니라 특정한 기술적 결과물들과의 결합을 통해 구성되는 새롭고도 복잡한 실체라는 점에서, 그리고 그 속에서 현재적인 집합적 실천으로서 문화가 끊임없이 재구성되고 있다는 점에서 그렇다. 하지만 이런 모든 요소들을 이론적으로 검토, 분석하고 결론을 내리기는 쉽지 않다. 대신에 나는 이 책에서 전체 윤곽을 구성하는 핵심 지점들을 드러내고 이것의 특징을 해명하는 일에서 시작해보고자 한다. 이는 앞의 장들에서 개개 쟁점별로 검토되었던 바를 종합하고 재배치하여 정보사회와 문화라는 주제의 큰 윤곽을 그려보는 일이라 할 수 있다. 그래서 이 장에서는 구술/문자 언어의 문제, 기술과 이데올로기, 정보사회의 문화논리, 그리고

116) '구조적'이라는 조건이 실천의 주체들을 배제하는 것은 아니다. 이것은 이 책에서 다루지 못한 쟁점이지만, 나는 구조와 주체-이때 주체는 내면적이고 초월적인 주체를 의미하지는 않는다-의 결합이 집합적인 수준에서 사건들을 잘 해명해 줄 수 있다고 믿는다.

소통에 대한 재검토 등을 다루어볼 것이다.

2. 구술언어와 문자언어

기호학적 사고에 힘입어 인간의 언어는 구술언어와 문자언어의 대립적 체계에 의해 구성된다는 사실이 강조되어 왔다. 여기서 대립적이라 함은 문자언어가 구술언어의 '재현' 혹은 '모사물'이라는 일반화된 사고에서 벗어났음을 의미한다. 언어의 구술성과 문자성의 문제는 상반된 시각을 보여준다. 옹(Ong)은 문자언어를 구술언어의 한계를 극복하기 위해 만들어진 언어로 간주한다. 따라서 문자언어는 구술언어의 한계를 지양하면서 동시에 승화되는 어떤 것이며, 이것은 구술언어의 특징 및 한계와 밀접한 상관성을 가진다. 구술언어가 직접적이고 즉각적이고 대면적인 반면 문자언어는 비대면적이고 간접적이며 유예된 소통을 만들어낸다. 또한 구술언어는 시간의 휘발성 속에서 사라져 버리지만, 문자는 시간을 견디면서 극복한다. 그러나 보다 중요한 것은, 구술언어는 일상언어적 경계 속에 머무는 경향을 가지는 반면, 문자언어는 이러한 일상언어와는 구분되는 언어 영역을 개척한다. 이런 점에서 문자언어는 구술언어와는 서로 다른 방향으로 구성된 언어체계라 할 수 있다. 이 두 언어의 대립과 소통은 두 언어의 경계의 지점에서만 가능하다.

옹이 두 언어의 대립을 자연적인 것으로 간주하는 반면, 데리다(Derrida)는 구술언어가 역사를 지배해왔다고 주장한다. 데리다에 의하면 음성중심주의는 서양의 역사를 지배해 온 형이상학적 사유와 사실상 동의어이며, 언어가 이성에 의해, 그리고 의미는 지식에 의해 미리 형이상학적으로 경계지워져 있다는 사실을 내포한다. '문자, 글, 의미를 지닌 표기는 서양 전통에서는 항상 정신, 숨결, 말 그리고 이성의 외부로 간주되어 왔다. 문자의 문제는 말할 필요도 없이 영혼과 육체의 문제로부터 유래된 것이다(Derrida, 1996: 65). 데리다는 소쉬르의 기호학을 전복시켜 구술언어가 이미 문자 속에 있다고 가정하면서, 이러한 기원적이고 자연적인 언어를 근원문자라고 주장한다. 즉 모든 언어 표현은 근원문자에 의존하며, 이것은 음성중심주의를 단순히 문자중심주의로 전복시키는 것 이상을 의미하는 것이다. 근원문자는 고정될 수 없고 탐구될 수 없으며 과학의 대상도 될 수 없고, 오직 그 흔적만을 남길 뿐이다. 이 때문에 언어는 항상 차연 속에 존재할 수 밖에 없는 것이다. 하지만 데리다의 구술성/문자성 대립은 일상언어 분석을 우회하여 근원문자에 대한 탐구의 차원에서 이루어진다는 점에서 문제점이 있다. 볼로쉬노프(Volosnov)가 적절히 지적하듯이 언어란 항상 살아있는 사람들의 인간의 활동으로 나타나기 때문에(Volosnov, 1988), 근원문자와 일상언어의 경계를 명확히 구분하는 것은 언어의 본질을 잘못 이해하는 것이다. 그럼에도 불구하고 데리다가 문자언어에 주목함으로써 구술언어의 특징인 언어적 현존을 전복하고자 한 시도는 언어의 두 대립적인 성격으로부터 언어의 문자성을 언어 이해의 본질로 삼았다는 점에서 의미를 가진다. 그것이 일상언어이건 근원문자이건, 언어의 문자성은 새로운 언어적 환경을 지목하고 있기 때문이다.

전자적인 소통은 이러한 구술성/문자성의 대립을 새로운 차원으로 인도한다고 얘기된다. 옹은 컴퓨터로 인해 '2차적 구술성'의 시대로 진입하고 있다고 주장한다. 2차적 구술성은 참여적 신비, 공동 의미의 육성, 현 순간에 대한 집중, 그리고 공식의 사용을 불러온다는 점에서 문자시대 이전의 원초적 구술성과 유사하다는 것이다. 구술언어와 문자언어의 대립, 그리고 문자성으로의 진입은 사회 성격의 변화와도 연결된다. 일찍이 맥루한(McLuhan)은 인간 사회의 변화를 '커뮤니케이션'의 변화를 통해 제시한 바 있다. 예컨대 인간의 최초 커뮤니케이션은 청각영상적이고 구어적인 것인데, 이러한 구어적 문화는 종합적이고 집합체적이며, 모든 것을 연관시키는 특징을 지닌다. 반면 구어에서 문자문화로의 이행은 개인주의 발생을 조장하여, 사회적 단일성이 장려하는 충성 대신 개인의 감각을 옹호하게 된다(McLuhan, 1999: 57-65). 이러한 문자성의 사회로부터 다시 전기기술 커뮤니케이션으로의 변화는 문자적 사회에 청각적 요소를 재도입하는 형태로 이루어지고 있는데, 이를 통해 인간은 신체의 완전한 확장을 완성할 것으로 예견한다. 물론 이러한 묵시록적 예언의 진위는 판단하기 쉽지는 않지만, 커뮤니케이션 양식의 변화가 가져온 사회 변화에 대한 날카로운 통찰을 보여주었다는 점에서 맥루한의 지적은 음미해 볼 필요가 있다. 결국 정보는, 그것이 순전히 기술이든, 커뮤니케이션 방식의 변화든, 인간 사회의 변화, 그리고 문화적 변용에 직접적으로 결합되어 있는 쟁점인 것이다.

하지만 이런 언어적 대립과 차이에 관련된 쟁점은 쉽게 기술에 대한 편견과 결합된다. 즉 새로운 소통 기술과 언어 형태의 출현이 직접적으로 결합되어 있고, 또 이것이 특정한 문화적 결과들을 산출할 것이라는 주장이 그것이다. 이러한 전망의 근거가 되는 것이 바로 하이퍼텍스트라는 기술이다. 랜도우(Landow)는 열린 텍스트로서의 하이퍼텍스트(Hypertext)의 기술적 특징에 주목하면서, 이것이 기존의 저자와 독자의 관계, 텍스트의 폐쇄성을 파괴함으로써 새로운 권력관계를 창출할 것이라 전망한다. 랜도우가 주장하듯이 하이퍼텍스트는 인쇄된 책이 보여주는 선형적이고 위계적인 서술 구조를 따르는 것이 아니라, 텍스트와 텍스트들이 네트워크로 결합되는 비선형적, 분산적 텍스트로서의 성격을 가진다. 그렇기 때문에 하이퍼텍스트의 열린 결말은 독자들에게 권력을 부여한다는 것이다(Landow, 2001: 395). 여기서도 하나의 경향, 즉 여전히 사회적 변화를 기술적으로만 정의하고자 하는 '문화적 오류', 즉 기술주의 문화의 맹목이 존재함을 재차 확인하게 된다.

결국 우리는 현재의 사회에서 '정보기술이란 무엇인가'라는 쟁점을 우회할 수는 없을 것 같다. 정보기술을 둘러싼 논쟁은 다양하게 전개되어 왔는데, 여기서는 논쟁에 대한 메타 접근을 시도해보고자 한다. 나는 이 논쟁을 검토함으로써 이러한 기존의 논쟁 자체가 매우 '구성적'이었음을 보이고자 한다. 이는 달리 표현한다면 논쟁을 통해 정보기술의 사회적 성격이 만들어져 왔으며, 그러한 구성 과정에 다양한 담론장치들이 개입하고 갈등하며 투쟁을 벌여왔다는 사실을 의미한다.

3. 정보기술 논쟁의 논리

'우리에게 기술이란 무엇인가'라는 질문에서 정작 '우리'로 통칭되는 대중[117]은 기술에 대해 알지 못한다. 기술과 대중의 직접적인 대화는 가능하지 않으며, 기술은 대중에게 항상 '기술적 진보의 실천적 성과라는 우회로'를 통해서만 주어진다(Habermas, 1993: 124). 이것은 기술진보의 시대에 살고 있는 우리에게 주어지는 하나의 역설이다. 즉 기술적 결과물이 사회에 미치는 영향이 커질수록 우리는 그것을 이해하고 통제할 여지들을 점점 봉쇄당하고 있는 것이다.[118] 따라서 엄밀한 의미에서 정보기술을 둘러싼 논쟁은 기술 그 자체가 아니라, 기술의 사회적 의의에 대한 논쟁이

117) 기술 전문가가 아닌 다른 영역의 전문가도 마찬가지로 대중일 뿐이다.

118) 물론 우리의 기술에 대한 이해가 완전히 차단당하고 있는 것은 아니다. 예컨대 매체들은 기술의 문제를 끊임없이 우리에게 전달한다. 하지만 이렇게 매체가 보여주는 기술들은 대중적인 어휘로 번역되는 과정에서 다양한 의미들이 외삽되고, 그럼으로써 하나의 기술-통념 복합체들을 만들어내며, 이 속에서 기술은 하나의 대중적 통념으로 전화한다. 이에 대해서는 Joffe(2002) 참조.

라 할 수 있다. 기술의 진실은 그것이 설령 존재한다 할지라도, 직접적인 사회적 의미로서 그대로 드러나지는 않는다. 기술의 진실은 사회적으로 현실화될 때만 상황적으로 구성되기 때문이다[119]. 이런 의미에서 지금까지 '기술결정론'과 '기술의 사회적 구성론' 간의 대립은 기술 자체에 대한 성격의 해명이 아니라, 사회적으로 존재하는 기술에 대한 각각의 패러다임(paradigm) 대립을 의미하는 것으로 보아야 한다. 그리고 우리는 쿤(Kuhn)을 따라, 패러다임이란 '사회적으로 만들어진 (과학자집단 내부의) 합의'임을 이미 알고 있다. 하지만 정보기술을 둘러싼 논쟁[120]의 공과에도 불구하고, 여전히 문제가 되는 것은 기술에 대한 설명 방식이다.

정보기술과 사회의 관계에 대한 한 설명 방식으로서 기술결정론은, 그 기술이 무엇이건 사회에 미치는 효과를 내장하고 있다고 가정한다. 그리고 그것 때문에 실제로 사회

119) 최근 차세대 DVD의 기술표준을 둘러싼 경쟁이 치열해지고 있는 가운데, 이전에 가정용 비디오 재생장치의 표준 사례는 중요한 함의를 던진다. 베타 방식의 재생장치는 기술적으로는, 보다 고화질의 기술적 우위를 의미했다. 하지만 이것은 결국 시장에서 현실화되지 못한 채 사장된 기술이 되어야 했다. 여기서 알 수 있듯이, 기술은 결국 사회적 현실화, 그 의미로서만 우리에게 다가온다. VHS는 기술적으로 '화질이 떨어지는'이 아닌, '값싸고 편리한' 기술로 현실화되었다. 기술의 진실과 '현실화된' 진실은 항상 일치하지 못하고 어긋난다.

120) 정보기술을 둘러싼 논쟁은 벨(D. Bell)의 저작을 둘러싼 논쟁, 포스트 포드주의 논쟁으로 크게 대별된다. 이에 대해서는 Allen, 2002를 참조할 것.

적 결과가 발생했음을 주장한다. 여기에 결정적인 요소가 전제되어 있다. 그것은 결정론과 인과론의 문제다. 많은 경우 결정론과 인과론은 구분되지 않고 있다. B라는 결과를 A라는 원인으로 소급하여, 이 B의 속성이 A의 속성의 발현 혹은 반영에 지나지 않는다는 설명, 즉 결과 B를 A라는 원인으로 환원하는 설명방식이 결정론이다. 반면 인과론은 A라는 상이한 속성이 B라는 상이한 속성을 유발한 선행변수라고 설명한다. 바슐라르(Bachelard)에 의하면, 물리학에서 결정론과 인과론은 논증의 방식이라기 보다는 선험적 전제와 결론을 연결시키는 심리적 태도와 더 관련이 있다. 예를 들어 '별들의 운항이 개인의 삶을 결정한다'는 믿음은 천체 운동에 대한 기본 특징(1)과 객관적 지식의 선험적 형식(2)(=개인 삶의 변화)이라는 두 요소를 취함으로써 결정론이 된다. 심리학적으로 볼 때 "결정론은 곧 기하학 정신에 따라 현상을 단순하게 보려는 태도에서 비롯된 결과이며, 결정론화된 우리의 감정이란 기본적인 질서의식의 추구 내지는 수학적인 균형과 안정성만을 추구하려는 정신의 정지상태를 의미한다(Bachelard, 1990: 104)." 그래서 결정론은 양적인 질서에 관심을 가지는 반면 인과론은 질들의 명백한 위계를 세우는 데만 관심을 가진다. 기하학적으로 볼 때 결정론은 결국 Fixed X 에 대한 가정이라 할 수 있다. X를 규정하는 요소들을 엄격하게 위계화시키고, 이 요소들에 부차적인 요소들(error)을 순차적으로 제거함으로써 X와 Y 간의 엄밀하고 투명한 관계를 제시하는 것이다. 그러나 현대 물리학, 특히 하이젠베르그(Heisenberg)의 '불확정성 혁명'으로 인해 이 가정은 깨어지게 된다. 즉 비결정성의 전제 조건에서 결정론은 존재할 수 없게 된다. 따라서 확률론(위상결정학)의 가능성(즉 기초적 가정들의 다양성)이 열리게 된다. "이렇게 본다면, 우리는 모든 가능성들이 존재하는 시점에 있다. 우리는 또한 제한된 효율성을 가진 각기 서로 다른 통계학적 방법론을 인정해야 한다. 그러므로 기본적인 비결정론적 입장에서 포착된 현상들은 확률론에 의해 구성되며, 이들 현상들은 총체의 형태를 취한다. 그리고 이러한 총체의 형태에는 인과관계가 성립한다(Bachelard, 1990: 120)."

결국 결정론의 논리적 연관은 매우 불확실하다는 사실을 발견하게 된다. 그 이유는 전적으로 원인으로서의 기술에 대한 내용 정의가 부재하기 때문에 발생한다. 예컨대 '네트워크는 분산된 컴퓨터들의 수평적 연결망이기 때문에 본질적으로 사회를 평등화시킨다'라는 명제를 검토해보자. 이것은 일견하기 매우 논리적인 것으로 보이지만, 동시에 '네트워크는 분산된 컴퓨터들의 수평적 연결이므로 본질적으로 사회의 조직화를 촉진시킨다'는 명제도 마찬가지로 성립시키기 때문에 제한적이고 상대적인 진리 가치만을 가진다. 이 두 명제는 의미적으로는 서로 대립하고 있는데, 이러한 의미의 대립은 '컴퓨터들의 수평적 연결'이라는 기술적 조건이 가지는 사회적 의미에 대한 해석이 부가됨으로써만 보다 논리적인 설명이 된다. 따라서 이런 논리적 일반화의 대립에서 해소되지 않는 난점은, 그 명제의 제약조건에 대한 검토에 의해 보충되어야 한다. 그래야만 명제의 논리적 위치가 보다 명확해지는 것이다. 기술결정론은 명제를 구성하는 이 제약조건을 기술 내재적인 것이라 이해한다. 그렇기 때문에 기술결정론은 결국 기술 자체를 설명하지 않는 역설을 내포하게 되는 것이다. 2장에서 살펴본 바와 같이 벨은 사회경제적 영역이 기축원리(axial principle)에 의해 구성되며, 그러한 기축원리의 변화가 사회의 변화를 이끌어냈다고 주장한다. 이 때 기축원리란 결국 사회경제적 생산의 원리일 뿐인데, 농업사회는 농경기술, 산업사회는 제조기술, 그리고 후기산업사회는 지식정보기술이 각각의 기축원리라고 한다. 많은 비판가들이 지적하듯이, 벨의 논리는 사실상 근거없는 추론의 형식을 띠고 있으며, 더구나 그 추론은 지나치게 거시적 모델을 만들어내고 있다[121]. 이 논리적 연관은 직접적으로 해명되지 않은 채, 그것을 하나의 전제로 설정하고서 사회적 사실들 혹은 개연성을 그 결과로서 제시함으로써 둘의 논리적 연관을 확증하고 있는 것이다.

이에 대해 기술의 사회구성론은 기술을 내재적으로 정의하기 보다는, 기술의 사회적 환경, 기술자 집단의 패러다임 등에 주목하면서 기술의 신화를 해체하고자 한다. 기술의 사회적 구성론은 기술이 사회경제적으로, 그리고 정치적

121) 웹스터는 이를 총체화의 간지(奸智)라 명명한다. Webster, 1997.

으로 구성된다는 믿음에 집착한다. 핀치(T. Pinch)와 바이커 (W. Bijker)는 인공물의 발달사 연구에서 기술발전이란 단선적으로 이루어지는 것이 아니라 상이한 사회집단들의 이해관계가 개입되면서 다양하게 전개될 가능성을 가진 불확정적인 것이며, 각 인공물의 형태는 그와 관련되었던 사회적 협상을 결과를 반영하는 것이라 결론내린다(김환석, 1997: 232). 예컨대 바이커의 형광등 연구는, 형광등이 단순히 1938년 4월 21일 제너럴 일렉트릭이 발명한 고정되고 불변적인 고안물이 아니라, 다양한 관련 사회집단에 의해 지속적으로 재형성되고 재설계되어 온 것으로 이해된다. 형광등과 관련된 사회집단은 이 시기 '마즈다(Mazda)'[122], 전력회사, 주변장치 제조업체(fixture manufacturers), 독립업체(independents), 소비자, 정부 등이었는데, 백열등과 새로이 출현한 담색 형광등, 경쟁 독립업체에 의해 시장에 나온 고효율 형광등과 이를 둘러싼 논쟁, 그리고 그 결과로 합의된 고집적 형광등은 새로운 조명기구가 사회적 논쟁과 합의를 통해 형성되었음을 보여주는 단적인 사례다. 하지만 기술의 사회적 구성론은 기술의 내재성을 인정하지 않음으로해서 상대주의적 견해로 기우는 경향이 있었으며, 이것이 빌미가 되어 발생한 것이 바로 과학전쟁이다. 과학과 기술에 대한 구성주의적 접근, 그 중에서도 strong program은 1990년대 초까지

---

122) 마즈다는 제너럴 일렉트릭과 웨스팅하우스를 지칭하는 것으로, 당시 두 회사는 그들의 백열등 상표인 '마즈다'를 따라 통산 마즈다로 불려졌다. Bijker, 1999: 89.

상당한 지지를 얻으면서 영향력을 행사하고 있었다. 하지만 이런 접근이 과학적 대상의 실재성을 부정하고 인식론적 상대주의를 지나치게 강조하는 것에 대해 비판적인 흐름들이 형성되기 시작했다. 상대주의적이고 포스트모더니즘적인 과학을 표방하던 『Social Text』라는 잡지는 1995년 '과학전쟁'이라는 주제 하에 특집 기획을 준비하고 있었다. 이전에 이미 그로스와 레빗(Gross & Levitt)은 이런 포스트모던한 과학 이해에 대해 『Higher Superstition』이라는 책에서 사회구성주의 과학사회학을 UFO 광신론자, 창조론자, 대안의료 신봉자 등과 마찬가지의 '반과학'으로 비판하고 있었는데, Social Text의 편집인인 앤드류 로스(Andrew Ross)는 이런 반론까지 포함하여 논쟁을 형성해보고자 했다. 이 와중에 뉴욕 대학의 수리물리학 교수로 있던 소칼(Alan Sokal)이 "경계선 넘나들기: 양자 중력의 변형적인 해석학을 위하여"(Transgressing the Boundaries: Towards a Transformative Hermeneutics of Quantum Gravity)라는 어려운 제목에 각주가 100개가 넘고 참고문헌이 200개가 달려있는 논문을 기고했다. 소칼은 이 논문에서 양자 중력이 포스트모더니즘 과학을 지지하는 결정적인 증거가 될 수 있으며, 프리초프 카프라의 『물리학의 도』(The Tao of Physics)에서 나온 Morphogenetic Field라는 신비주의 개념이 양자 중력이론에서 중요하게 사용될 수 있음을 주장하였다. 『Social Text』는 이 논문을 수용하여 1996년 봄에 과학전쟁 특별호에 실었고, 자신의 논문이 출판되자 마자 소칼은 자신의 논문이 엉터리 날조였음을 공표하였다. 소칼은 여기서 자신의 동기가 객관적 실재의 존재와 그 중요성을 무시하는 엄밀하지 못한 사고와 철학이 미국 대학 내에서 인문학의 주류를 이루고 있는 사실을 폭로하여 이들의 허구를 드러내기 위한 목적이었다고 밝혔다. 사회구성주의 이론은 과학을 상대적, 주관적으로 만들고 이에 근거해서 '진리란 사람들이 진리라고 믿고 합의하는 것이다'라는 잘못된 사회이론의 기반이 되는 것을 참기 힘들었다는 것이다. 소칼은 만일 포스트모더니즘, 과학의 구성주의를 표방하는 집단이 엄격한 사고보다는 그럴듯한 입발림과 과학자를 자신의 동지로 얻을 수 있다는 이점만을 선호한다면 의미도 없고 이해도 불가능한 말로 가득차 있는 자신의 논문이 엉터리라는 것을 눈치채지 못할 것이라 예상했고, 그 예상은 그대로 맞아떨어졌다. 소칼의 인터뷰는 과학의 문화학 진영에 터진 폭탄, 화염병 등으로 묘사되며 일간지의 문화면과 사회면을 장식했고, 과학 전쟁의 불길은 걷잡을 수 없이 번져나갔다. 소칼의 방법이 적절하지 못했다거나, 『Social Text』가 과학의 사회적 구성주의를 대표하는 진영이 아니라는 등의 반응도 있었지만, 본질적으로는 과학에 대한 구성주의적 접근의 핵심을 건드리고 있었다[123).

'과학전쟁'이라 칭해진 이 논쟁은 과학의 실체를 의심하는 사회학적 접근과 과학의 독자성과 고유성을 주장하는

123) 과학전쟁의 기간 동안 벌어진 일련의 과정들에 대해서는 이영희, 2003에 상세히 소개되어 있다.

자연과학자들 사이의 대립으로 보이지만, 실상 그 핵심은 과학과 기술이 가지는 결정론적 성격을 승인하느냐 부정하느냐를 둘러싼 사회적 투쟁이다. 즉 기술에 대한 기술공학적 이해와 사회적 이해를 동일한 지평으로 인정할 것이냐를 둘러싼 투쟁이 과학전쟁의 핵심이며, 또한 정보기술을 둘러싼 논쟁의 핵심이기도 하다. 기술결정론적 접근은 기술 내재적 지평과 외부의 사회적 시각이 동일한 지평일 수 없음을 주장하며, 기술을 언어적 구성물로 환원시키는 구성주의적 시각을 강하게 비판한다. 문제는 이런 배타적 기술 이해가 사회에 미치는 영향에 대해서는 내재적 내용을 갖고 있지 못하기 때문에 결정론적 시각 역시 마찬가지로 상대화될 수 밖에 없다는 점이다. 즉 기술과 사회의 관련을 적극적인 논증의 방식으로 그 인과를 구성해낼 수 없다는 사실로 인해 기술에 대한 논쟁의 과정은 기술의 기술내적 논쟁이 아니라 기술에 대한 의미화(signification)를 둘러싼 논쟁이었음이 드러나게 되는 것이다. 따라서 이 지점, 즉 의미화를 둘러싼 투쟁의 지점은 바로 이데올로기적 투쟁의 지점이 된다.

이데올로기는 그 사로잡힘의 대상을 필요로 한다. 통상 이데올로기는 그 볼모로 대중을 지목한다. 대중은 이데올로기를 충실히 내면화하거나, 혹은 이데올로기의 작용을 망각하거나 인지하지 못함을 통해 이데올로기의 희생양이 된다. 어떤 이론이나 믿음의 이데올로기는, 그래서 그것이 효과를 현실로 드러낼 때 그 모습을 온전히 드러내게 된다. 기술결정론과 기술의 사회적 구성론 간의 연관에 개입되어 있는 또 하나의 중요한 쟁점이 바로 이론의 이데올로기적 성격의 문제다. 앞서 지적했듯이 이론이나 혹은 기술 자체는 대중에게 곧바로 인지가능하지 않다[124]. 기술이 대중에게 전달될 때 대중의 언어로 번역되는 과정이 필요한데, 번역은 항상 의미의 변형과 왜곡, 즉 조작의 과정이다. 그래서 번역은 언제나 '반역'이다(Eco, 1990). 번역이 특정한 정치적 목적을 띤 반역, 즉 왜곡와 의미의 변형이 될 때 그것은 이데올로기가 되는데, 기술의 사회적 구성론이 기술결정론에 대해 혐의를 두는 것도 바로 이러한 의미 변형으로서의 번역이다. 이제는 다소간 진부해지긴 했지만, 비판이론가들은 기술 합리성이 대중에게 가장 안락한 삶의 기회를 제공해주는 바로 그 순간이 바로 기술 이데올로기가 완성되는 순간임을 날카롭게 지적한 바 있다[125]. 기술에 대한 오해는 맑스주의 역사에서도 예외가 아니었다. 주지하듯이 1917년 러시아 혁명은 그람시가 '자본(Das Kapital)에 반하는 혁명'

124) "엄격한 경험과학적 정보는 기술적 이용의 도상에서 기술공학적 지식으로서만 사회적 생활세계 안으로 유입된다. ... 그래서 과학의 정보내용은 사회집단의 행위지향적 자기이해와 같은 수준에 있다고 할 수 없다. ... 그것은 단지 기술적 진보의 실천적 성과라는 우회로를 통해서만 그 의의를 갖게 된다.", Habermas, 1993: 124.

125) 오늘날 지배는 기술을 매개로 해서 뿐만 아니라 스스로를 기술로서 영속화시키고 확장시키고 있으며 또한 기술은 모든 문화 영역을 포함하고 있는 방대한 정치 권력에 거대한 정당성을 제공하고 있다.", Habermas, 1993: 61.

이라 칭했듯이 자본주의적 발전이 진척되지 않은 상황에서 성공했던 사회주의 혁명이었다. 이 '(자본주의의) 저발전'이라는 상황은 사회주의 혁명의 완성을 생산력의 문제로 환원할 빌미를 제공하였다. 생산력의 급속한 발전을 통한 사회주의 승리를 위해 선택되었던 것은 테일러리즘(Taylorism)이었다. 논란에도 불구하고 브레이버만(Braverman)은 테일러리즘의 핵심을 노동자에 대한 통제로 이해하며, 그 본질을 계급투쟁의 한 형태로 정의한다. 숙련의 박탈과 일의 분해는 통제의 확보와 함께 높은 생산성을 가져다 주었으며, 이것이 20세기 자본주의가 성공한 결정적인 이유였다. 하지만 레닌은 이 테일러리즘을 단지 생산력적 수단으로만 간주하였으며, 그것을 사회주의적으로 사용함으로써 인간적 기술로 전화할 수 있을 것이라 기대했다. 특히 테일러주의의 특징은 노동절약은 생산성의 향상과 함께 실제 노동시간의 감소, 그것에 기초한 노동자들의 정치적인 참여를 가능하게 해줄 것으로 기대했다(Stroobant, 2003: 56). 이것은 명백히 기술을 '중립적'인 '수단'으로 간주하는 인식이다. 이러한 기술 중립성의 신화는 기술이 자본주의 내에서 자신의 정당성을 재생산해 온 가장 본질적인 모습이었다.

오늘날 정보기술의 발전이 가져온 양상들은 복잡하게 분화해가고 있지만, 또 한편으로는 그 속에서 여전히 기술적 합리성, 즉 상업화, 효율화, 의미의 삭제라는 경향들을 강하게 드러내고 있음을 주지할 때 기술 진보의 성격, 그것의 이데올로기적 효과에 대한 논쟁과 대립은 여전히 현재적이라 결론지어야 한다. 다만 이 정보 기술이 가지는 성격상 그것은 투쟁과 대립의 지형 속에 이미 존재하고 있으며, 논란을 지속적으로 생산할 수밖에 없는 특징을 앞으로도 보여줄 것이라는 점에 주목할 필요가 있다.

4. 정보사회의 문화논리

정보사회, 혹은 뉴미디어 사회는 정보라는 특별한 상품을 중심으로 수용자들의 적극적인 실천이 결합하는 사회로 이해된다. 그래서 '정보'라는 대상과 '수용자'라는 행위자는 정보사회의 문화논리를 설명하는 가장 핵심적인 변수로 간주할 수 있다. 여기서 '문화논리'란 정보기술을 매개로 하여 발생하는 의미와 상징 구성의 실천 혹은 투쟁을 설명하는 기본적인 질서를 지칭하는 개념이다. 많은 이론가들이 정보기술의 매개를 통해 수동적인 대중이 능동적인 수용자로 전환될 수 있음을 주장하고 있다. 나는 여기서 그러한 능동성으로 찬양되는 수용자의 의미실천의 논리를 분석해 보고자 한다. 또한 정보라는 특수한 상품을 통해 정보사회를 분석함에 있어 어떤 지평들이 대별될 수 있는가를 살펴보고자 한다[126]. 이를 통해 현재 작동하고 있는 정보사회의 문화논리가 보다 명확해 질 수 있기를 기대한다.

126) 정보의 두 가지 차원에 대한 논의는 이 책의 1장을 참조할 것.

1) 수용자의 실천과 하급장르 격상화

맥루한(McLuhan)이 인간의 확장이라는 개념으로 요약하듯이, 미디어의 역할은 본질적으로 인간의 소통능력을 확장시키는 것에 있다. 인간은 소통능력의 확장을 통해 인식과 행위의 지평을 확대하고, 세계에 대한 이해를 심화시키며 결과적으로 인간 존재의 차원을 확대해 왔다. 그러나 앞서 보았듯이, 미디어의 발전은 그 속에 어떤 내용을 담고 있는가에 따라 확장의 방향이 설정된다. 오늘날 미디어의 과잉 발전은 인간 소통능력의 확장을 넘어 소통의 도구가 인간을 압도하는 상황으로 전개되고 있다. 우리는 오늘날 우리의 삶을 강력하게 지배하는 미디어의 위력을 목격하고 있다. 대중이란 존재는 미디어 발전의 직접적인 결과였다. 윌리엄스(Williams)에 의하면 대중은 고전시대와 낭만주의 시기의 대립 지점에서 미디어의 발전으로 인해 발명된 존재였다. 그 대중은 한편으로 예술가들의 창조의 지향점이자 동시에 두려움과 교화의 대상이기도 했다. 그러한 예술과 예술가, 그리고 대중을 하나의 범주로 묶은 것이 바로 미디어였다. 이를 통해 미디어는 근대 사회를 구성하는 하나의 중심원리가 되었던 것이다.

그람시(Gramsci)가 이미 적절히 지적했듯이, 오늘날 자본주의 국가를 안전하게 보호하고 있는 것은 국가의 폭력성을 은폐하면서 정당화시켜주는 외피, 즉 헤게모니 기구들이다. 이 헤게모니 기구들이 적절히 기능할 수 있는 것은 대중에 대해 교육자, 교화자로 등장하여, 대중을 거대한 '학습 공동체'로 만들어 버렸기 때문이다. 우리가 오늘날 '대중문화'(mass culture)라고 명명하는 것은 이러한 학습공동체의 성과라 할 수 있다. 건전한 시민으로서의 삶의 지향에서부터 소비하는 방법, 여가를 향유하는 방법, 미디어를 독해하는 방법 등 대다수 문화적인 것은 이러한 학습 공동체 내의 특정 지점에 놓여 있는 것이다. 교육 대상인 대중의 존재는 근대성(modernity)을 정의하는 뚜렷한 특징의 하나다. 대중의 역사는 맑스(Marx)가 본원적 축적에서 그리고 있듯이 전근대 시기의 억압에서 벗어남과 동시에 이중의 자유를 가진 존재가 되면서, 그리고 이들이 하나의 무리를 이룸과 동시에 두려움의 상징이 되면서[127] 교화되고 교정되어야 할 대상으로 자리매김했다. 대중교육의 역사는 이러한 교양주의자들의 두려움과, 자본주의 사회의 재생산이라는 목적이 일치한 결과였다. 이러한 학습의 역사에서 미디어가 핵심적이었음은 당연한 일이다.

하지만 여기서 경험의 차원을 조금 더 하강시키면, 우리는 미디어와 수용자라는 주제와 만나게 된다. 즉 대중들은 미디어 내에서 무엇을 하는가 하는 문제다. 학습기구로서의

127) 그 최초의 두려움은 러다이트(Luddite)에서 표출되었다. 무리를 이룬 이 대중들은 폭력적인 주체였다. 하지만 교육자, 교양주의자들은 대중의 이런 직접적인 폭력성 보다는 대중에 의한 교양의 저하를 더 두려워했다. 오르테가 이 가셋(Ortega Y Gasset)은 『대중의 반란』에서 문화예술에 대한 대중의 탐욕과, 이를 적절히 교육해야 할 엘리트의 임무를 강변하고 있다.

미디어는 또한 그 속에서 대중들이 어떤 '실천'들을 수행할 수 있는 공간을 열어 놓는다. 대중들이 무엇을 하는가 라는 질문이 수용자(audience) 개념의 핵심을 이룬다. 그리고 이 수용자 개념은 문화연구의 가장 첨예한 대립을 낳은 개념 중의 하나가 되었다. 일례로 1990년 유럽커뮤니케이션 학회는 '미디어와 정치경제학'이라는 주제 하에서 미디어, 산업, 수용자의 연관에 대한 학술회의를 개최했다. 정치경제학적 문화연구를 대표하는 제임스 커런(J. Curran)과 수용자 이론을 주장하는 데이비드 몰리(D. Molley) 간의 논쟁이 다시 한번 재점화된 이 학회에 제출된 글들은 여러모로 수용자에 대한 평가가 논의의 핵심이었다. 커런은 다음과 같이 서두를 시작한다.

> 신수정주의 운동이 미디어와 문화연구에서 출현했다. 이 운동은 처음에는 급진주의 전통에서 시작되어 그러한 급진주의 전통의 전제와 가정을 공격하는데 창의적인 에너지를 쏟아 부었다. (Curran, 1999: 462)

커런은 수용자 중심 연구를 명백히 '신수정주의' 경향이라 지적하면서 이것이 급진주의 전통을 가진 급진주의의 비판자로 전락했음을 신랄하게 비판한다. 이 신수정주의 논쟁의 중심에는 명확하게 정의되지는 않지만 '수용자'(대중)의 존재를 이해하는 이데올로기적 입장이라는 쟁점이 자리잡고 있었다. 즉 '수용자(대중)-대중의 능동성-탈이데올로기적 텍스트 이해'로 연결되는 입장과, '수용자(대중)-대중의 수동성-텍스트의 이데올로기적 효과'의 입장이 대립을 형성하고 있는 것이다[128]. 하지만 수용자의 진실은, 접근불가능하진 않지만 동시에 모호하다는 점에서 항상 '열려진 블랙박스'와 같다. 우리는 초기 미디어 연구, 특히 효과이론(media effect theory)의 궤적을 추적하면서, 비교적 일관된 수용자 이해방식을 마주한다. 주지하듯이 수용자 효과이론은 직접적으로 위너(Wiener)의 사이버네틱스(cybernetics) 이론과 섀논과 위버(Shannon & Weaver)의 수학적 정보전달 모델에서 유래했다. 이것은 커뮤니케이션을 기계적인 방식으로 이해하면서, 그러한 전달이 수용자에게 '어떻게' 수용되는가에 주목했다. 효과이론은 그러한 커뮤니케이션이 수용자에게 어떤 '효과'(effect)를 미치는 것으로 가정하는데, 초기 이론들은 그 효과가 마치 탄환과 같은 것으로 이론화하고 있다. 즉 미디어는 명백히 취약한 수용자 개인에게 심각한 '효과'를 미침으로써 미디어의 메시지들을 '각인'시키고 있는 것으로 가정하였다. 이러한 초기 효과이론으로부터 신수정주의적 전환은 사실, 이론적인 연결과 진화의 관점에서 보다는, 그것이 가지는 이데올로기적 태도와 더 깊게 연결되어 있다. 미디어가 주는 충격과 그것이 수용자에게 미치는 영향이라는 관점은 수용자를 취약한 존재로 가정하는 것이며, 이러한 시각으로부터 수용자의 능동적이고 긍정적인 실천을 강조하는 것은 수용자를 미디어로부터 다소 자유로운 주체

128) 영국 문화연구에서 이러한 쟁점을 복잡하게 만든 대표적인 인물이 홀(S. Hall)이다. 홀은 후자의 입장, 즉 미디어 텍스트의 이데올로기적 효과를 주목하는 구조주의적 흐름으로부터, 수용자 연구로의 전환을 이끈 '부호화/해독'을 제기한 인물이기도 하다.

로 재정립하고자 하는 노력을 표현한다. 하지만 과장되어선 안될 문제는, 수용자의 능동성을 옹호하는 것 자체가 의미 있는 긍정성을 보이지 못한다는 사실이다. 수용자의 능동성이 어떻게 구성되고 있으며, 어떤 방향으로 표출되는가가 논쟁의 중심에 있어야만 한다.

수용자라는 존재들이 새로운 정보 미디어 속에서 보이고 있는 실천들을 판단하는 것은 다양한 방향으로 가능하겠지만, 여기서는 미학적이고 의미론적인 차원의 분석을 시도해보고자 한다. 야우스(Jaus)의 수용미학 이후 예술은 수용자 개념과 직접적으로 결합되었다. 이것은 두가지 모두를 포함하는데, 즉 예술적 실천에 수용자가 침투하거니와, 또한 수용자들의 실천에 미학적 원리들이 개입한다는 사실이다. 내가 여기서 검토해보고자 하는 것은 바로 대중의 실천 속에서 작동하는 미학적 원리의 문제다.

러시아 형식주의는 문학에 대한 이해방식의 중대한 전환에 있어 한 계기로 작용했다. 이들은 문학을 형식으로 정의함으로써 '무엇이 예술을 만드는가?'라는 질문에 대해 '작품 자체'라는 대담한 결론을 이끌어내고자 했다. 이들은 영감, 상상력, 천재성 등의 낡은 관념들을 몰아냄으로써 독자적인 문학 연구 영역을 개척하고자 했다. 형식은 문학을 가능하게 하는 문학성 혹은 문학을 다른 대상과 구분해주는 어떤 추상적 대상을 지칭한다. 그런데 이런 추상적 대상 혹은 형식이 어떻게 존재하고 어떤 작용을 하는가는 그것이 만들어내는 기능에 의해서만 판단될 수 있다. 형식주의는 이 문학의 기능을 낯설게 하기(ostranenie)라고 지칭한다. 이 낯설게 하기는 문학이 만들어내는 실천이자, 하나의 텍스트가 다른 텍스트와의 관계 속에서 발생하는 능력이다. 형식으로서의 문학은 종종 하급 장르와 연관됨으로써 그것을 격상함과 아울러 자신을 다시 새롭게 낯설게 하기도 한다. 쉬클로프스키(Shklovsky)는 공포극이나 연애소설 같은 하급 또는 하위문학 장르의 주제와 모티브는, 한때는 낯익은 것인 이전의 어떤 규범에 관하여 낯설게 하기를 했었지만 그 이후로 그 자체가 경화되어 버린 그러한 형식들을 초월하면서, 문학이 그 자체를 새롭게 하는 그러한 장치를 제공한다고 지적한다. 우선, 어떤 특별한 문학형식이 하급 또는 하위문학의 장르의 주제와 장치를 끌어옴으로써 그 자체를 새롭게 하는 경우가 존재한다. 도스토예프스키(Dostoyevsky)의 「카라마조프가의 형제들」에서 사용된 추리소설 기법은, 추리 이야기가 덩달아 '문학'이 되었다는 것이 아니라, 문학이 추리소설에서 끌어온 장치를 이용하여 소설적 사실주의의 지배적 규범을 낯설게 하고 뒤집고 파괴시킴으로서, 도스토예프스키의 작품에서 새로워졌다는 것을 의미한다. 또는 다른 방식으로, 즉 이전에는 흔해빠진 것으로 간주되던 텍스트가 문학적 가치와 기능을 떠맡음으로써 그리고 어떤 경우에는 문학 일반에서 혁신적 역할을 성취함으로써 거슬러올라가 '격상'되기도 한다(Bennett, 1980: 78-8).

이 두 가능성 중, 후자의 경우에 주목해 보자. 낯설게 하기가 근본적으로 만들어내는 기능 중의 하나는 자동적으로 이루어지는 인식에 대해, 대상을 낯설게 만듦으로써 다시 통찰하도록 만드는 것에 있다. 형식주의에 의하면 인간의 인식이란 관용적이고 자동적이다. 낯설게 하기는 시어적으로 손쉽게 만들어질 수 있다. 예컨대 '나는 저녁을 먹고 잠자리에 든다'는 매우 익숙한 관용적 표현이지만,

나는
저녁을 먹고
잠자리에 든다

고 표현될 때는, 각 절은 하나하나가 환기의 효과를 가지면서, 관습적 일상의 부분들을 개별적으로 인식하게 만드는 낯설게 하기의 효과를 가진다. 또한 낯설게 하기는 표현 형식을 통해서도 달성될 수 있다. 쉬클로프스키의 예에서는 문학작품 속에서의 '성행위'의 묘사에서 가장 전형적으로 드러난다. '은빛 고리와 금빛 열쇠', '통씻기', '나이팅게일 잡기'는 모두 성행위를 묘사하는 낯설게 하는 장치들이다.

형식주의자들의 인식을 좀더 확대해서, 문화 내에서 어떻게 새로움이 발생하는가의 문제에 주목해 보자. 맑스주의의 사고를 이어받은 초기 영국 문화연구도 문화의 새로움은 지배와 권력의 문제로 직결되었다. 예컨대 윌리엄스(Williams)는 문화를 지배적인 문화, 부상하는 문화, 그리고 잔여적 문화로 구분하는데, 이것은 지배적 위치를 획득한

문화(세력)와, 이에 도전하는 문화(세력)의 역관계를 강조하는 개념이다. 하지만 윌리엄스의 논의에서 제외되어 있는 것은, 이러한 지배적 혹은 도전하는 문화가 어떤 내부적 특징을 통해 그러한 지배질서 내에서 기능을 수행하는가 하는 문제다. 바로 이 지점에서 형식주의자들의 통찰을 주목해 볼 필요가 있다. 낯설게 하기, 하급 장르의 격상은 특정한 조건에서 문화의 '새로움'을 창출하는 중요한 요소로 이해된다. 바꾸어 말하면, 어떤 문화 혹은 세력이 권력과 관련된 어떤 실천을 수행할 때, 그것은 기존의 관습화되거나 익숙한 것을 낯설게 하는 것이 그 한 방법이 됨을 의미한다. 낯설게 하기는 비단 문학에만 국한되는 것은 아니다. 취리히 다다(DADA)의 일원이었던 뒤샹은 남성용 소변기에 R. Mutt라는 서명을 한 후 '샘'이라는 제목을 붙여 전시회에 제출했다가 거절당한 바 있다. 소변기를 예술이라 선언한 이 작품 혹은 행위의 본질은 바로 '전복'에 있다. 일상적인 소변기와 서명이 붙은 작품으로서의 소변기는 전혀 다른 인식 대상이 되며 여기서 낯설게 하는 무엇이 발생하는 것이다[129].

---

129) 뒤샹은 이에 대해 『장님』지에 다음과 같은 항변을 실었다. "머트(Mutt)씨가 자신의 손으로 「샘」을 제작했는가 아닌가 하는 것은 중요하지 않다. 문제는 그가 그것을 '선택'했다는 것이다. 그는 일상용품 하나를 골라서 새로이 붙여진 제목과 대상을 보는 새로운 시각에 의해, 그 실용성이 사라져버리도록 전시했다. 그럼으로써 사물에 대한 새로운 사고방식을 창조한 것이다." Gale, 1997:103에서 재인용.

문학의 형식주의에서 시작에서 다다의 전복적 미술에까지 연결되는 이런 복잡한 논의가 정보사회의 문화를 설명하는데 있어 왜 필요할까? 그것은 외형적으로만 보더라도 정보사회의 문화적 현상이 항상 '새로움'의 미학화로 특징지워지고 있기 때문이다. 이것이 가능한 한가지 이유는 앞서 지적했듯이 기술 자체가 스스로를 정당화하는 중요한 방식이기 때문이다. 기술적 발전은 스스로를 진보나 발전으로 치장하지 않더라도, 그 자체로서 새로움이라는 가치를 불러일으킴으로써 사회적 지지와 정당성을 획득하는 능력을 갖고 있다. 버만(Berman)이 자신의 책의 부제를 '견고한 모든 것은 대기 속에 녹아 버린다'라고 붙인 이유는 기술발전에 기초한 근대성의 경험이 낡은 것을 녹여버리고 그것을 새로움으로 채우는 강력한 의미작용의 체계 속에서 이루어짐을 보여주기 위해서였다(Berman, 2004). 그만큼 기술-새로움의 의미작용 연관은 깨어지기 힘든 강력한 연합을 구축해왔던 것이다. 마르쿠제(Marcuse)와 하버마스(Habermas)의 기술합리성에 대한 비판 역시 바로 이러한 기술-새로움 연관에 촛점이 맞추어져 있다.

즉 새로움의 미학화는 이런 기술의 후원 하에서, 기술을 활용한 낯설게 만들기의 환경에 의해서도 발생한다. 사이버공간은 그 자체로 강력한 새로움의 원천이다. 가상성이라는 새로운 유행하는 형이상학적 사고에 따르면, 예컨대 레비(Levi) 같은 이에겐 생성, 즉 새로움 자체로 여겨지고 있다. 사이버공간은 실상 많은 것들이 제약된 환경임에도 불구하고[130], 그 이전에는 가능하지 않았던 방식의 행위들, 예컨대 게시판을 통한 소통과 토론, 다양한 정보의 습득, 수용자의 정보 생성, 사이버 공동체 활동 등은 새로움 때문에 주목받을 수 있는 가능성을 제공하는 것이다. 하지만 이 새로운 행위 유형의 발전과 함께 새로움 자체가 미학화되는 경향에 대해서는 특별한 주목을 필요로 한다. 나는 이 책의 1장에서 사이버 문화의 한 특징으로 폐인 문화를 언급했다. 그리고 소통 방식에서 이 문화가 독백적 발화, 대중문화에 대한 경의, 그리고 '하오'체 언어의 사용 등으로 특징지워짐을 지적하였다. 여기서 특히 언어의 의고식화(pseudo-antiquation)는 낯설게 하기를 만들어내는 중요한 메카니즘으로 작동하고 있다.

지배적인 질서를 반영하는 현실세계, 즉 off-line의 세계와 대비되는 사이버 공간은 새로움을 위해 현실의 주변적인 대상들을 적극적으로 차용하는 경향이 있다. 특히 이것이 의식적인 수용자의 실천으로 나타날 때 더욱 그렇다. 이제는 일상 어휘가 되어버린 '엽기'적인 것에 대한 관심, 폐인 문화, 각종 신비주의에 대한 관심 등 그동안 가상 공간은 지배적인 현실 공간의 주변에 머무는 것들이 적극적으로 등장하는 장이 되어 왔다. 이 현상들은 즉각적으로 '새로움'을 위한 소재들의 차용을 보여준다. 이 잡다한 것들의

130) 단적으로 사이버공간의 모든 행위는 컴퓨터를 통한 인터넷 접속이라는 매개를 통하지 않고서는 불가능하다. 물리접 접촉의 배제는 그 제약의 가장 큰 부분이다.

콜라쥬는 분명 새로움이라는 의미작용을 수행하고 있지만, 그러나 이 콜라쥬는 아방가르드 예술이 도입했던 그것과는 분명한 차이를 보인다. 예술적인 콜라쥬는 다양한 것들을 혼합함으로써 새로운 미학적 개념과 의미작용을 이끌어내는 데 목적이 있지만, 가상 공간에서 보여주는 많은 잡다한 것의 혼합은 단지 현실에 넘쳐나는 잉여적 의미들을 뒤섞고 있다는 점에서 일종의 브리콜라쥬(Bricolage)라 할 수 있다. 윌리엄슨(J. Williamson)은 광고의 기호학적 분석을 통해, 광고란 의미작용의 측면에서 기성의 관념들을 기묘하게 뒤섞는 브리콜라쥬에 지나지 않으며, 이러한 브리콜라쥬는 결국 현실의 잉여적 관념을 반영하기 때문에 사회적인 편견을 강화할 뿐이라고 지적한다(Williamson, 1998). 가상공간의 브리콜라쥬 역시 이러한 의미의 잉여들을 이용하고 새로운 의미를 창출하는 것이 아니라 기존의 편견들을 강화한다는 점에서 광고적 의미작용과 흡사하게 닮아있다. 키치적 취향으로 드러나는 이 브리콜라쥬는 분명 아방가르드적 문화와 희미하게 연결되어 있지만, 그러나 결과적으로 창조적이 되지 못한 것이다. 그렇다면 현실에서의 주변적인 것들이 가지는 저항적 가능성이 브리콜라쥬를 통해 그 저항성을 제거당하고 기존의 편견을 강화하는 방향으로 작동하는 것은, 결국 가상공간의 의미작용 실천이 적극적인 의미지향을 갖지 못하기 때문에 발생하는 것으로 결론내릴 수밖에 없다. 그렇다면 이제 우리에게 던져진 문제는 가상공간의 이 혼란스러운 브리콜라쥬를 어떻게 의미있는 낯설게 하기로 바꿀 수 있는가 하는 문제다. 나는 이를 다음 절의 소통과 창조의 변증법을 통해 탐색해 볼 것이다.

2) 정보재와 정보경제의 문화

이 책의 1장에서 정보라는 개념이 역사적으로 두개의 구분되는 분기점, 즉 양으로서의 정보와 의미있는 메시지로서의 정보라는 분기점에서 전자의 방향이 지배적으로 관철되었음을 살펴보았다. 정보와 관련하여 또다른 측면에서 살펴볼 것은 정보 상품(information goods)의 특수한 성격이다. 정보 상품은 기존의 상품과는 많은 점에서 다르다. 먼저 정보는 아무리 이용되어도 그 자체는 소모되지 않는 비소모성의 특징을 가진다. 두번째 정보는 타인에게 양도되어도 소유주에게 정보가 그대로 남는 비전이성의 특징 또한 가진다. 세번째로 비분할성, 즉 일반 상품이 분할되어 공급될 수 있는 반면 정보는 집합된 상태 그대로 이용될 때 상품성이 실현되는 특징을 가진다. 네번째, 정보는 기존 정보에 새로운 정보가 더해질 수 있는 누적성을 가진다. 다섯째, 기밀성으로, 정보의 최대효용도를 높이기 위해서는 수요자가 비밀리에 수집, 생산되고 독점적으로만 사용되는 점유적 속성을 지닌다. 여섯째, 기밀성과는 반대로, 정보는 널리 알려져 충분히 주지될 때 그 효용이 최대로 발휘되는 공개성의 특징도 가진다. 일곱째 개별성으로, 특정 생산자 혹은 사용자에게 효용을 줄 수 있으나 제3자에게는 효용을 주지 못하는 경우가 있다. 마지막으로 정보 자체가 확실성을 가지고 효용성을 가지는 것이 아니라 사용자의 정보 이용 목적에 따라 사용가치가 다르게 결정되는 불확실성의 특징도 있다(전석호, 1991: 87). 이런 특징을 따라 이해해 본다면 정보 상품은 자본주의적 상품이 일반적으로 가지는 교환가치적 성격 보다는 오히려 사용가치적 성격을 더 강하게 가지며, 또 사적으로 소유되고 있지만 공적으로 소유됨으로써 사적 소유가 크게 침해되지는 않는 공공재(public goods)적 가능성도 가진다고 볼 수 있다. 오늘날 정보의 독점과 개방을 둘러싼 치열한 싸움, 예컨대 냅스터(Napster)나 소리바다를 둘러싼 음원 사용의 문제나 인터넷 검열 등의 문제는 모두 독점되거나 규제되기 힘든 정보 상품을 둘러싼 소유와 개방 간의 싸움이라 할 수 있다.

이런 특수성을 정의하기 위해 베이넌(Banon)은 정보 상품의 경제학적 분석을 위해 '부수가치'라는 개념을 제안한다. 부수가치란 핵심적 생산과정에서 의도에 의해 생산된 가치가 아니라, 생산과정 자체에 부가되어 있음으로 해서 발생하는 가치를 지칭한다. 주지하듯이 물적 생산에서 가치는 생산요소와 노동력 지출의 결합에 의해 발생한다. 노동가치론에 따르면 이 생산과정에서 가치를 발생시키는 것은 생산요소의 변형을 가져오는 인간의 노동이므로, 생산물은 정확히 노동지출의 함수가 된다. 하지만 정보상품은 그것이 인간 노동지출의 함수이긴 하지만, 물적 생산과 같은 비례적 관계를 가지지 않는다는 점에서 물질상품과 뚜렷이 구분되는 것이다[131]. 이러한 특징으로부터 두개의 강한 경향이 충돌한다. 정보상품은 이러한 가상성을 그 본질로 하기 때문에, 가상성에 얽매이려 하지 않는 상품에 가치를 부착시키기 위해서는 정보상품의 유통을 산업화하려는 경향을 초래한다. 정보상품은 그 유통을 소유함으로써 불확정적인 가치를 고정시킬 수 있는 것이다. 쉴러(Shiller)는 이런 거대한 경향을 정보 독점으로 정의한다. 미디어 지배를 주축으로 하는 정보 독점의 경향은 정보 불평등(information inequality)을 초래하는 주된 요인으로 작용하고 있다. 문화제도들에 대한 문화산업의 소유는 명백히 독점적 형태로 나아가고 있고, 특히 도서관을 포함한 지식의 데이터베이스와 유통체계는 소수의 기업들에 의해 독점되어 버렸다. 팔릴 수 있는 정보 형태들은 모두 상품화됨으로써 거대산업으로의 집중이 가속화되고 있다는 것이 쉴러의 진단이다. 이러한 정보독점의 가속화라는 상황에서 정보는 그 자체가 사회적 투쟁의 핵심이 된다. 과학사에 대한 연구는 특정 지식체계를 둘러싼 대립들이 과학을 구성해왔음을 보여준다. 예컨대 과학사회학의 strong program은 전지식적 형태들이 정상적 지식체계에 어떤 방식으로 편입되는지를 보여주는데, 그 편입은 항상 정상성의 확립과 함께 잉여적인 지식의 확립이라는 형태로 수행된다.

131) 단적인 예로, 리니지라는 게임을 개발하여 이 CD를 100개 만들었을 경우와 200개를 만들었을 경우, 200개는 100개의 두배의 노동지출을 필요로 하지 않는다. 이는 경제학적 용어로 한계생산비용이 거의 제로에 가깝다는 것으로 표현될 수 있다.

반면 한편으로 정보상품의 가상성은 공공재적 성격을 갖기 때문에 이를 공공재로 전화시키려는 노력들이 발생한다. 인터넷에서 발생한 이 문화의 핵심을 카스텔(Castells)은 소스의 개방과 자유로운 수정으로 요약한다. 카스텔은 인터넷 문화[132]가 네개의 축이 위계적으로 결합되어 있다고 본다. 즉 기술엘리트 문화, 해커 문화, 사이버공동체 문화, 그리고 기업가 문화가 그것인데, 이 네가지 형태의 문화는 모두 학자적 혹은 엘리트적 창조 정신과 혁신이라는 공통 분모를 가진다. 인터넷 자유와 혁신의 문화에 대해 카스텔은 매우 낙관적인 전망을 제시한다. 인터넷의 분산적 특징 때문에 기껏해야 인터넷 문화는 기술적 통제와 프라이버시 침해라는 어두운 얼굴을 가질 뿐이라는 것이다. 하지만 카스텔은 이러한 인터넷 자유와 개방의 이면에 혁신을 이윤으로 전환시키려는 집요한 소유의 문화, 엘리트 문화와 대비되는 다양한 이용자 문화가 존재한다는 사실을 의도적으로 누락시킨다(Castells, 2004). 이에 반해 랜도우(Landow)는 하이퍼텍스트에 기반한 인터넷이 이용자들의 수정 가능성과 정보 생산, 주어진 텍스트에 대한 위반적 읽기 등으로 인해 이용자 자유가 확대되는 것을 그 특징으로 한다는 점을 부각시킨다. 랜도우의 인터넷 문화 이해는 심각한 기술결정론적 시각을 내포하지만, 이용자들이 인터넷 문화를 구

---

132) 카스텔의 논의는 제한적으로 받아들여야 한다. 그는 인터넷의 창조자/생산자 문화를 인터넷 문화의 핵심으로 간주하고 있으며, 상대적으로 소비자, 수용자의 문화는 논의에서 제외하고 있다.

성하는 적극적인 요인임을 강조한다는 점에서 카스텔과 대비된다. 그러나 카스텔과 랜도우의 논의는 모두 인터넷 문화의 한 측면만을 부각시킨다는 점에서 약점을 가진다. 카스텔은 인터넷 문화의 핵심을 인터넷 기술, 그리고 그러한 기술을 발전시킨 사람들의 문화로 제한적으로 이해하는 반면, 랜도우는 인터넷 문화가 무한히 개방적이고 그것이 하이퍼텍스트라는 기술적 특성에 의해 주어지는 것으로 이해한다는 점에서 인터넷 문화의 긍정적 측면만을 부각시킨다는 한계를 보인다. 정보 문화를 이해하기 위해 우리는 자본주의적 경제의 본질에서 다시 검토해 볼 필요가 있다. 자본주의 경제를 추동해왔던 근본 축은 소유이며, 소유를 축으로 한 문화는 정보사회에서 정보독점의 형태로 표출되고 있다. 이것이 정보문화를 이해하기 위한 한 특징이라는 쉴러의 지적은 옳다. 그렇다면 인터넷 자유와 개방은 어떤 이념적 축을 갖고 있으며, 그것은 정보사회에서 어떻게 작동하고 있는가? 나는 소유와 호혜성이라는 대립된 두 축을 정보 문화를 이해하기 위한 출발점으로 이해하고 있다.

자본주의의 철학적 기초를 놓았던 홉스(Hobbes)는 근본이념으로서 소유적 개인주의라는 이념을 제공했다. 소유적 개인주의는 개인들 간의 관계를 자유로운 소유에 기초한 관계로 정의함으로써 개인을 둘러싸고 있던 전자본주의적 구속을 벗어버릴 수 있도록 도덕적인 정당화를 제공했다[133]. 즉 자유는 소유를 위한 자유이자 소유관계를 통해서만 유지될 수 있다. 홉스가 '자연권'이라 명명한, 만인에 대한 만인의 투쟁인 '리바이어던'을 벗어날 수 있는 방법은 '각자가 생명을 보존하기 위해 그 자신의 힘을 그 자신이 원하는 대로 행사하고 소유하는 자유', 즉 '그 자신의 생명을 유지하기 위하여 이성과 판단에 의거하여 가장 적절하다고 여겨지는 수단을 동원하여 어떤 일이든지 할 수 있는 자유'을 지칭한다. 여기서 잠깐 장소를 옮겨 북미 인디언의 세계로 가 보자. 우리는 여기서 '포틀래치(Potlatch)'라는 특별한 관습을 목격하게 된다. 포틀래치란 원래 '식사를 제공하다' 혹은 '소비하다'는 뜻의 치누크(chinook) 인디언어로(Mauss, 2002: 24), 원시 부족들에서 광범위하게 존재하는 '선물 증여'의 관습을 지칭한다. 출생, 혼인, 사망, 성년식 등과 같은 의례(ritual)에서 손님을 초대한 주인이 손님들에게 음식을 대접하고 손님들이 돌아갈 때 그들의 위계등급에 따라 남은 음식과 예물을 나누어준다. 포틀래치에서는 손님들이 많이 오고 잔치가 푸짐하며 많은 예물을 나눠줄수록 주인의 위세가 높아진다. 손님들은 그것을 받아들일 의무가 있으며, 나중에 그 이상으로 더 크게 포틀래치를 거행해야 자기 위신을 지킬 수 있게 된다. 포틀래치 혹은 일반적으로 선물 증여는 교환의 관습을 지탱해 온 한 축이었다. 이러한, 다소간 비합리적이거나 낭만적으로 보일 수 있

133) 홉스의 소유적 개인주의 이념은 특유한 인간관이 반영되어 있다. 홉스에 있어 인간은 도덕적, 종교적 전제를 배제한 일종의 물체로 규정된다. 결과적으로 인간은 '끊임없이 죽도록 권력을 추구하고, 또한 힘의 관점에서 평가되는 대상'인 것이다. Forsyth & Keens-Soper, 1992: 174.

는 포틀래치의 관습은, 모스에 따르면 부족 사회에서는 전적으로 일반적인 것이었다. 하지만 선물 증여는 단지 부족적 단계에서만 발견되는 것이 아니라, 적어도 자본주의 사회가 출현하기 전까지 교환의 일반적 원리 중의 하나로 여전히 존재했었다. "선물교환 제도와 상업경제 제도는 교환행위의 두 개념 또는 이상형들이다. 이것들은 함께 작용할 수 있으며, 모든 종류의 경제 활동은 이 둘이 크거나 적게, 또는 똑같은 비율로 혼합됨에 따라 생성되는 것이다." (Barbara Rosenwein, 1989: 130-43, Davis, 2004: 30에서 재인용) 선물교환의 역사는 따라서 계산적인 거래적 교환과 달리, 사회적 소통을 지배하는 중요한 원리로서 자리매김될 수 있다.

포틀래치 혹은 일반적으로 선물교환의 핵심에는 상호호혜성의 원칙이 존재한다. 증여의 체계는 선물을 줄 의무(증여), 받을 의무(수혜), 갚을 의무(답례)의 연쇄적 관계로 구성된다. 선물에서는 영혼(hau), 즉 보이지 않는 영적인 힘이 있어 받은 선물은 자신이 보관할 수 없으며 타인에게 되돌려주지 않으면 안된다(Mauss, 1923; 임봉길, 1999에서 재인용). 여기서 핵심은 선물을 받은 자가 그것을 되돌려주게 하는 것이 어떻게 가능한가, 다시 말하면 받은 만큼 준다는 호혜성은 무엇에 의해 발생하는가 하는 문제다. 자본주의 사회는 교환을 합리성과 경제적 이윤을 매개하여 '교환의 체계', 즉 시장을 만들어냈다. 반면 포틀래치는 교환의 강제성이 사물의 또다른 차원, 즉 물질 이외의 사물의 힘인 hau

에 의해 가능해진다. 선물을 받는다는 것은 사물의 영적 힘을 받는 것이며, 이것은 자신이 소유할 수 없는 것이기에 다른 물건과 함께 다시 증여되어야 하는 것이다[134]. 그리고 이를 통해 부여되는 것은 명예다[135].

홉스의 시장경제는 물건의 소유의 이념에 기초하고 있는 반면, 포틀래치는 교환의 의무와 연대의 이념을 표현한다. 시장 교환과 호혜적 교환이 대립되는 이유는 명백하다. 시장 경제는 그 목적이 이익과 그것의 개인적 소유에 있을 뿐 그 어떤 자유와 연대를 만들어 낼 수 없다. 정보 사회에서 자유와 연대는 또다른 교환원리에 기초해서 그 가능성을 모색해야만 하는 것이다.[136] 호혜적 교환은 상호 연대의 의무와 소유될 수 없는 정보 상품의 특성과 강한 친화성을 가진다. 시장경제적 압력은 이 소유하기 힘든 정보 상품을 통제함으로써 독점하고자 하지만, 여기에는 호혜적 교환과 개방, 자유라는 정보상품의 또다른 성격이 강하게 대립할

134) '요컨대 그것은 여러 종류의 혼합이다. 물건 속에 영혼을 섞고, 영혼 속에 물건을 섞으며, 생명과 생명을 섞는다. 이상과 같은 이유로, 섞인 인격과 물건은 각각 자신의 영역을 떠나서 서로 혼합된다. 이것이 바로 계약과 교환이다.', Mauss, 2002: 94.

135) '두 추장 가운데 한 사람은 자기가 소유하고 있는 모든 것을 나눠주었으며, 다른 사람은 아무것도 나눠주지 않고 모든 것을 차지하였다. 신은 인심이 후한 추장에게는 재산을 주었으며, 인색한 추장은 파멸시켰다.' Mauss, 2002: 87.

136) 폴라니는 『거대한 변환』에서 시장의 발달이 원시적 물물교환의 자연스런 귀결이 아니라 특수한 결과, 특히 서유럽의 경우 국가의 간섭의 결과였음을 설득력있게 제시하고 있다. 특히 5장의 「시장 패턴의 진화」를 참조하시오. Polanyi, 1998.

수 있다. 인터넷 문화의 핵심인 공유와 개방은 바로 시장적 교환의 이윤 동기로는 설명될 수 없는 호혜성의 문화의 한 표현으로만 설명될 수 있다. 명예와 연대의식은 자본주의적 소유 경제에서도 소멸되지 않은 또다른 인간 삶의 질서를 표방한다. 개인적 소유와 함께 사물의 가격이 배타적으로 규정되는 소유적 경제질서와 달리, 정보재의 특성에 기초한 공유와 개방을 통한 호혜적 가치는 새로운 정보경제에서 보다 적극적으로 확장될 필요가 있다. 이것은 정보 경제를 독점하려는 소유적 자본주의에 대한 강력한 저항을 가능하게 할 것이다.

5. 전달과 창조의 변증법

소통의 문제는 정보 기술의 발전에 따라 특히 주목되는 쟁점이다. 나는 이 책의 1장과 6장에서 정보기술을 매개한 소통이 어떤 특징을 가지며 대면적 소통에 어떤 변화를 초래하였는지를 검토하였다. 정보기술을 매개한 인간 소통의 변화는 개인들의 이용과 실천의 양상으로 드러나기도 하지만, 동시에 이것은 소통-전달 구조의 변화이기도 하며 하나의 문화적 전환으로도 이해할 수 있다. 여기서는 하나의 문화적 전환으로 이해될 수 있는, 정보기술을 매개한 소통구조의 문제를 검토해보고자 한다.

먼저 언어 전달의 문제에서 출발해 보자. 전달의 수학적 모델에 기초한 정보기술의 발전은 의미있는 정보, 의미작용으로서의 텍스트의 문제를 삭제한다는 사실을 살펴본 바 있다. 텍스트는 발신-수신의 관계에서 항상 맥락을 통해 존재하며, 이것은 맥락의 변화나 확장과 함께 의미작용의 내용도 바뀐다는 사실을 함축한다. 즉 소통 과정에서 텍스트는 항상 열려있게 되며, 이 열림 속에서 새로운 의미의 생성이 가능해지는 것이다. 이러한 문제의식을 체계적으로 발전시킨 이들이 타르투-모스크바 학파다. 로트만(Lotman)으로 대표되는 이들의 작업은 처음에 예술텍스트의 구조분석에서 출발하여 텍스트의 체계들이 소통 과정에서 어떻게 변하면서 새로운 의미를 생산하는가 하는 기호전달 과정의 문제, 즉 의미생성의 문제로 나아갔다고 할 수 있다. 이들은 코드(code)와 메시지 사이의 대립에서 벗어나, 메시지에 의한 코드의 완화 혹은 코드의 수정, 나아가 극단적으로는 새로운 코드의 성립이 가능하다는 방향으로 발전하고 있다. 랑그/파롤의 대립과 유비될 수 있는 코드/메시지의 대립은, 전통적인 기호학에서는 랑그와 코드의 우선성, 규정성을 강조해왔다. 하지만 파롤과 메시지는 소통의 과정 속에서 랑그나 코드의 규칙을 종종 위배하며 이를 통해 창조성을 얻게 되기도 한다. 러시아 아방가르드나 다다, 그리고 오포야즈(Opojaz)가 공통적으로 주목한 것은, 전통적인 언어질서를 위반할 때 새로운 창조성이 발생한다는 사실이었다. 러시아 미래파는 자움(Zaum)[137]을 이용한 새로운 시를 발표

137) 자움은 논리를 초월한 언어를 뜻하는 러시아어의 줄임말로, 시어의 의미를 제거하고 소리에 주목하고자 한 노력을 보여준다. 크루

하였고, 이것은 취리히 다다에 전파되어 요란스런 발표회(Soirees)를 통해 음향시[138]를 선보이도록 했다. 러시아 형식주의자들 역시 러시아 미래파의 언어관에 동의하여, 예술을 예술로 만드는 것은 예술임을 강조하는 낯선 것, 즉 의식의 자동성을 뒤엎는 것임을 강조하였다. 이러한 위반의 노력을 체계적으로 이론화하여, 타르투 학파는 코드-메시지의 양방향적 관계, 그리고 코드의 변형과 생성을 정식화하고자 하였다.

로트만은 문화를 정보를 담고 있는 텍스트들의 광범위한 체계로 간주하며, 그의 입장에서 문화란 정보를 축적하고 보존하며 전달하는 텍스트들을 생산해내는 인간의 정신활동과 동의어다. 로트만에 의하면 문화로서의 텍스트는 전

체니크(A.E. Kruchenykh)는 「태양의 정복」에서 다음과 같은 자음시를 선보였다. Aronson, 2002: 101-2에서 재인용.

이
체
데
말리
그르
이우
이우크
ㄷㄷㄷ
ㄷㄷㄷ
세
브
음

138) 음향시는 어휘에 무착되어 있는 관습적인 의미를 제거하고 상상의 언어를 구축하기 위해 언어의 음성학적 차원으로 되돌아가는 것이다. 하우스만(Hausman)은 「영혼-자동차」라는 시를 각각의 알파벳음으로 읽어 시를 발표했다.

달, 창조, 기억의 세가지 기능을 가진다. 첫번째 전달기능은 야콥슨(Jakobson)이 제시했던 메시지 전달의 일반 모형에서 메시지의 상호 이해와 공유라는 측면에서 파악된 것으로 텍스트가 가지는 가장 보편적인 기능을 지칭한다. 지금까지 텍스트는 관습적으로 전달되는 '내용과 형식' 이상의 것으로 사고되지 못했다. 로트만은 이런 전통적인 텍스트 이해를 넘어, 예컨대 작가의 능력으로 간주되어왔던 창조를 텍스트의 기능으로 정식화시킨다. 여기서 창조기능은 텍스트가 만들어낼 수 있는 이차적 효과를 의미한다. 텍스트 송수신 관계에서 송신자와 수신자가 가지는 코드 체계가 다를수록 이 창조기능은 더욱 더 크게 작용한다. 예술 텍스트의 경우가 가장 전형적인데, 코드들 사이에 존재하는 차이보다 상호비번역성이 더 클 때 이 창조 기능이 활성화된다. 이때 번역은 단순한 전달을 넘어 변형된 텍스트를 만들어냄으로써 새로운 정보를 생성하는 행위가 된다. 번역이 불가능하여 소통 관계가 일탈해독(aberrant reading)으로 귀결될 위험도 존재하지만, 그럼에도 불구하고 이 비번역성에 기초한 소통이 완전한 일탈해독으로 귀결되지 않고 수신자가 의미를 재구성해 낼 수 있는 근거는 세가지다. 첫째, 매우 극단적이고 개인적인 언어로 구성되어 있다고 해도 발신자와 수신자에게 공유하는 코드들을 완전히 제거하지는 못한다는 사실이다. 둘째, 그 개인적이고 새로운 요소 역시 발신자가 속해 있는 문화적 전통을 벗어날 수 없으며 그 문화의 기억은 텍스트 속에 현존한다. 셋째, 예술의 언어가 근본적으로 이질적이며 메타언어와 인공언어의 극으로부터 멀어져 가면서도 오히려 역설적으로 그것은 자기 반영 즉 메타언어적 구조의 요소를 필연적으로 지니게 된다는 사실이다. 즉 부분적일지라도 송신자와 수신자가 공유하는 코드, 텍스트 속에 들어있는 송신자가 속하는 문화의 기억 그리고 메타언어적 성격은 텍스트의 번역가능성을 높여주는 요소들로 작용한다는 것이다. 기억기능으로서의 텍스트는 그것이 만들어진 시대와 그 이전의 문화를 기억하고 저장하는 것이다. 이전의 문화는 파편의 형태로 지각자들에게 제공되지만 지각자의 해석을 통하여 재구성된 환유적 기호로서 의미를 지니게 된다.

로트만의 텍스트에 대한 이론화가 가지는 특징은, 텍스트 전달을 효율성의 관점에서 정의하지 않는다는 점에 있다. 즉 '기호학적 체계들의 효율성 평가에 있어 메시지의 운반의 적절성을 기본적인 기준으로 여긴다면 모든 자연발생적인 언어학적 구조들이 어느 정도 잘못 구성되었다는 것을 인정하지 않으면 안된다.' 또한 로트만은 하버마스처럼 이상적 대화상황을 가정하지도, 또 그것이 바람직하지도 않다고 본다. 일탈해독은 메시지 전달상황의 본질이며, 이 속에서 새로운 창조의 가능성이 발생한다는 것이다. 이것은 메시지의 투명한 전달과 상호 공유를 암묵적으로 가정해 온 이론적 상투성과 보수성에 대한 중요한 문제제기이다. 소통상황은 본질적으로 비대칭적이다. 번역불가능성이 소통 상황에서 발생할 때 번역 가능한 상태가 되기 위한 노력이 이루어지고 이 과정에서 새로운 텍스트가 생성된다. 서로 다른 비대칭적 코드와 문화가 경계를 넘어가고자 할 때 혁신이 일어나는 것이다. 즉 '번역가능성-비번역 가능성의 결합은 창조적 기능을 결정하는 무엇이다'(Lotman, 1998: 207, 35).

일상 언어의 차원에서 비번역성의 발생은 소통의 잡음을 일으킨다. 사이버 공간에서 발생하는 하오체 언어나 언어의 의고식화, 구술적 문자어, 이미지를 통한 메시지 생성, 또는 외계어와 같은 현상들은 일종의 소통의 잡음이다. 이러한 소통은 잡음은 분명 명확한 발신-수신 관계에 혼란을 일으키지만, 이러한 혼란이 예컨대 보수적인 일상 언어의 기준에서 모두 부정적으로 평가될 수는 없다. 앞서 살펴보았듯이 언어에 대한 도전을 통해 창조성을 발휘하려는 예술적 노력은 대부분 일상 언어 질서의 의도적인 위반을 통해 수행되어 왔다. 오히려 로트만의 주장대로 번역 가능성-비번역 가능성의 결합을 통해 어떤 창조적 결과를 얻어낼 것인가를 사고하는 것이 보다 필요한 것이다.

인터넷의 게시판 언어나 패러디 문화 등은 외형적으로 일상 언어의 위반, 그리고 낯설게 하기의 실천을 보여주고 있다. 처음 인터넷 언어들이 출현했을 때 이것이 언어질서에 준 충격은 상당히 컸으며, 이를 모두 은어 혹은 방언으로 규정하여 정상 언어로 교정하려는 노력들이 발생했다. 그러나 이런 노력에도 불구하고 인터넷 언어는 하나의 새로운 문화로 정착되어 일상 언어와는 다른 의미양식을 드러내고 있다. '하오'체가 성인 인터넷 인구를 대표하는 언어라면, '하삼'체는 상대적으로 연령이 낮은 인구를 대표하는 언어로 자리를 잡았다. 특히 하오체는 앞서 보았듯이 언어의 의고식화를 통해 낯설게 만들려는 노력을 표현하며, 그 결과 사이버 문화 내에서도 상당히 확립된 문화를 대표하게 되었다. 본질적으로 이러한 언어는 전달의 측면에서 몇몇 신조어들을 제외하고는, 일상 언어의 문법과 코드를 그다지 위반하지 않는다[139]. 오히려 이러한 언어와 문화가 텍스트의 의미 자체를 변화시키고, 나아가 새로운 문화의 출현을 자극하기 위해서는 보다 진지한 의미에서의 '낯설게 하기'가 요구된다. 관습적이고 일상적인 의식을 전복하고, 질서 지워진 체계에 충격을 가하기 위해서는 보다 창조적인 낯섦이 필요한 것이다. 이런 점에서 본다면 예컨대 대중문화에 대한 경의 속에서 만들어지는 패러디 문화는 적극적인 의미에서 낯설게 하기로는 볼 수 없다. 오히려 이런 패러디 문화는 위반이 아니라 쾌락, 환기, 순응성이라는 대중문화의 핵심을 체계적으로 전달하고 있을 뿐이다. 소통은 단순히 이상적 발화상황을 가정하거나 그것을 가능하게 하는 생활세계의 회복이라는 과제로 환원될 수 없으며, 오히

139) 최근 2006년 전남대학교 학부생 150명을 대상으로 한 인터넷 어휘 해독률 조사에 의하면 12개의 어휘에 대한 해독률이 36%에서 98%에 이르는 것으로 드러났다. 이것은 인터넷 언어가 대학생들에게는 상당히 일반화되고 번역가능한 언어가 되었음을 보여주는 한 지표라 할 수 있다. 조사된 12개의 어휘는 안습, 불끈, 강추, 샤방, 헐, 뽐뿌, 즐, 열공, OTL, 므흣, 찌질이, 벙개 등이었으며, 해독률이 가장 낮은 어휘는 뽐뿌, 가장 높은 어휘는 즐 이었다.

려 소통의 잡음을 일으키는 그 일탈적 상황을 전략적인 탐구와 개입의 지점으로 삼아야 함을 보여준다. 즉 전달과 창조의 변증법적 과정을 소통 속에 포함시켜야 한다. 일탈과 비대칭을 하나의 가능성으로 활성화시켜야 하며, 그러한 차이와 일탈을 교정하려는 갈등과 노력, 코드 자체를 재구성하기 위한 실천이 수반할 때만 만들어질 수 있다. 텍스트의 창조성을 본질로 하는 새로운 문화는 기존의 굳어진 이분법, 예컨대 고급/저급, 생산/수용, 중앙/지역 이분법을 재구성할 잠재력을 갖는다. 단절과 갈등은 지배와 저항 혹은 주체화와 타자화의 메카니즘 속에서 만들어지기 때문에, 이분법을 구성하는 문화적 정의를 그대로 수용한다면 그 구분을 재생산할 뿐이다[140]. 그러한 문화적 정의 자체를 문제삼을 수 있기 위해서는 문화의 갈등들을 활성화시키면서, 그로부터 만들어지는 창조적 가능성들에 주목해야 한다. 즉 소음을 활성화시켜 그 생산적인 창조적 불협화음을 기대하는 것이다.

140) 예컨대 윌리스의 연구는 학교 내에서 이루어진 저항이 어떻게 계급 이분법을 재생산하는지를 잘 보여준다. Willis, 1990.

참 고 문 헌

강명구. 1995, “대중소비문화와 정보테크놀러지의 사용과 소비”, 『언론과 사회』 제10호.

강미선. 2000, “인터넷 광고의 기존 연구경향 및 발전방향”, 『커뮤니케이션 과학』 17호.

강준만 · 박주하 · 한은경 편역. 1993, 『광고의 사회학』, 닥나무.

강진숙. 2002, “인터넷 네트워크의 정보격차 현황과 대응정책 연구: 미국과 독일의 사례를 중심으로”, 『한국언론학보』 제46-4호.

강휘원. 1999, “정보빈곤과 민주공동체, 보편적 서비스”, 『한국행정학보』 제33권 제2호.

과학동아. 2000, “프로게이머 24시”, 『과학동아』 3월호, 동아사이언스.

구자순. 1999, “사이버 스페이스에서 성 정체성과 의사소통형태”, 『사이버 커뮤니케이션 학보』 통권 4호.

금희조. 1999, “사이버 패러디신문 정치인 관련 기사의 담론”, 「사이버커뮤니케이션 학보」 제4호.

김문조 · 김종길. 2002, “정보격차(Digital Divide)의 이론적 · 정책적 재고”, 『한국사회학』 제36집 제4호.

김성아. 2001, “디지털 모델: 재현, 생성 그리고 공유”, 『건축』 제45권 9호.

김성헌 · 김인철. 2002, “디지털 시대의 의사소통 전략”, 『커뮤니케이션학 연구』 제10-2호.

김승현 편. 1990,『정보사회 정치경제학』, 나남.

김원섭·윤관식. 2001, "컴퓨터 매개 커뮤니케이션에서 이모티콘 활용의 가능성탐색",『직업교육연구』 Vol.20, No.2.

김유정. 1998, "컴퓨터 매개 커뮤니케이션과 일상 커뮤니케이션 상황의 변화", 한국언론학회·한국사회학회 엮음,「정보화시대의 미디어와 문화」, 세계사.

김주환. 1995, "상품기호학: 커뮤니케이션 노동과 정보화사회의 기원",「세계의 문학」, 가을호.

김지운 편. 1994,『매스미디어 정치경제학』, 나남출판.

맥케이드, 도날드 A. 1990, "약속된 낙원-광고, 포스트모던 리얼리즘, 소비문화",『외국문학』 Vol.24. (김성곤 옮김)

명승환. 2002, "정보격차해소를 위한 국내현황 및 문제점: 주민정보 이용실태를 중심으로", 한국행정학회,『논문집』.

박성수. 2000, "재현, 시뮬라크르, 배치",『문화과학』 제24권.

박창희. 2003, "CATV 홈쇼핑 광고프로그램이 소비문화와 수용에 미치는 영향",『광고학연구』 제14권 3호.

박해광. 2003,『계급, 문화, 언어』, 한울아카데미.

박호강. 1995, "근대서구의 기술유토피아의 이상과 실제",「한국사회학」 29권 1호.

배식한. 1999, "사이버스페이스의 꿈과 현실: 하이퍼텍스트 구조를 중심으로", LG 커뮤니카토피아연구소 편,「정보혁명 생활혁명 의식혁명」, 백산서당.

백경미. 1998, "현대소비문화와 한국소비문화에 관한 고찰",『소비자학연구』 제9권 제1호.

서이종. 2000, "디지털 정보격차의 구조화와 사회문제화",『정보와 사회』 제2호.

서진완. 2000, “‘정보리터러시(Information Literacy)’의 개념을 이용한 지역주민의 정보화수준 측정”, 『한국행정학보』 제34권 제1호.

소두영. 1993, 『기호학』, 인간사랑.

송성수 편역. 1995, 『우리에게 기술이란 무엇인가』, 녹두.

심광현. 1996, “전자복제시대와 이미지의 문화정치: 벤야민 다시 읽기”, 『문화과학』 제9호, 문화과학사.

심상완 · 김정석. 2001, “사회인구학적 배경에 따른 정보격차의 다원모형분석”, 『한국인구학』 제24권 제2호.

엄광현. 1994, “소비문화현상으로서의 상품미학”, 한국미학예술학회, 『미학 예술학 연구』 Vol.3/4.

오철호. 2002, “ICT의 발달과 정보격차 해소를 위한 새로운 방향모색: 접근성 관점에서”, 『사이버커뮤니케이션 학보』 제9호.

원동석. 1982, “수용의 현실과 소외”, 최민 외 엮음, 『시각과 언어1: 산업사회와 미술』, 열화당.

유승한 · 이재인. 2000, “매스미디어가 초등학생들의 프로게이머에 대한 호감도에 미치는 영향”, 『정보교육학회논문지』 Vol.5, No.2.

유충현. 1996, “사이버펑크의 영화적 재현: 권력과 정체성의 문제를 중심으로”, 『문화과학』 제10권.

윤영민. 2000, 『사이버공간의 정치』, 한양대학교 출판부.

윤완철. 1997, “위너의 사이버네틱스”, 「과학사상」 21호.

이광석. 1999, “하이테크와 일상공간의 결합에 의한 소비문화의 변형”, 『한국언론정보학보』 제13호.

이경우. 2003, “현대 국어 경어법의 사회언어학적 연구”, 『국어교육』 Vol.110.

이영준. 1992, “정치 포스터와 이미지 조작”, 『문화과학』 창간호, 문화과학사.

이영준. 1999, “사진의 담론과 역사의 담론”, 『서양미술사학회논문집』 12.

이영준. 2001, “시각 이미지와 권력: 이미지의 자기 증식과 여과, 조절의 기제들”, 『서양미술사학회 논문집』 Vol.15.

이영희. 2003, “과학전쟁을 넘어서”, 『경제와 사회』 제60권, 한국산업사회학회.

이은숙 · 전용옥. 2000, “키치패션의 사회문화적 해석에 관한 연구”, 한국디자인문화학회, 「디자인학연구집」, 6호.

이정춘. 1997, 『매스미디어 효과이론』, 나남출판.

장승권. 2001, 『컴퓨터와 포스트모더니즘』, 한양대학교 출판부.

전석호. 1991, “정보기술발전의 경제성에 대한 비판적 고찰”, 고려대학교 아세아문제연구소, 『한국사회개발연구』.

정건화. 1997, “정보화과정에서의 사회불평등 대책에 관한 연구”, 『한신논문집 특별호』.

조찬식. 2002, “인터넷 중독에 관한 연구”, 『정보관리학회지』 제19권 제3호.

최문경 · 윤영민, 1998. “정보능력의 성별 격차: 사회문제인가?”, 『사이버커뮤니케이션 학보』 제2호.

최민 외 엮음, 1982. 『시각과 언어 1: 산업사회와 미술』, 열화당.

한광숙. 2001, “진보의 의미: 원본의 재창조, 긍정적 예술로서 패러디”, 『프랑스학 연구』 제21권.

한국인터넷정보센터. 2001, 『한국인터넷통계집』.

한국전산원. 2000, 『정보격차 해소를 위한 종합 방안 연구보고서』, 한국전산원.

한국지방행정연구원. 2001, 『지역간 정보격차 해소를 위한 정보화 확산방안』.

한성일. 2002, “유머 텍스트의 사회언어학적 연구”, 한국사회언어학회, 『사회언어학』 제10권 1호.

함윤섭. 2003, “디지털패러디의 사회적 의미와 미래예측에 관한 연구”, 「한국디자인문화학회지」.

홍성태. 2000, “지식사회와 탈근대-주류 정보사회론 비판”, 『문화과학』 제22호, 문화과학사.

Adorno, T. W. 1991, *The Culture Industry: Selected essays on mass culture,* Routledge.

Allen, J. 2000, “탈산업주의와 포스트포드주의”, S. Hall et al. eds. 『모더니티의 미래』, 현실문화연구. (전효관 • 김수진 외 옮김)

Allen, T. & M. Morton eds. 1994, *Information Technology and the Corporation of the 1990s,* Oxford University Press.

Anderson, Bt. 1993, *Imagined Communities,* Verso.

Aronowitz, S. & W. DiFazio. 1994, *The Jobless Future: Sci-Tech and the Dogma of Work,* University of Minnesota Press.

Arriaga, P. 1993, “맑스주의의 광고 비판”, 강준만 · 박주하 · 한은경 편역, 『광고의 사회학』, 닥나무.

Arterton, F.C. 1994, 『텔레데모크라시』, 거름. (한백연구재단 편역)

Avgerou, C. 2000, "IT and organizational change: an institutional perspective", *Information Technology and people*, Vol. 13, No.4.

Bachelard, G. 1990, 『새로운 과학정신』, 인간사랑. (김용선 옮김)

Bacon, F. 2002, 『새로운 아틀란티스』, 에코리브르. (김종갑 옮김)

Bannon, L., U. Barry and O. Holst eds. 1982, *Information Techonology: Impact on the Way of Life,* Tycooly International Publishing.

Bakhtin, M. 1993, 『문예학의 형식적 방법』, 문예출판사. (이득재 옮김)

Baran, N. 1995, *Inside the Information Superhighway,* Coriolis Group Books.

Barthes, R. 1995, 『현대의 신화』, 현대미학사. (정현 옮김)

Bates, B. 1988, "Information as an economic good: Sources of individual and social value", Mosco and Wasco ed., *The Political Economy of Information,* University of Wisconsin Press.

Baudrillard, J. 1992, 『소비의 사회』, 문예출판사. (이상률 옮김)

Bell, D. 1973, *The Coming of Post Industrial Society*, Basic Books.

Bell, D. 1992, "텔레텍스트와 테크놀로지", 『정보화사회와 문화의 미래』, 디자인하우스. (서규환 옮김)

Benjamin, W. 1999, 『발터 벤야민의 문예이론』, 민음사. (반성완 편역)

Bennet, T. 1983, 『형식주의와 마르크스주의』, 현상과인식. (임철규 옮김)

Berger, J. 1993, 『이미지: 시각과 미디어』, 동문선. (편집부 옮김)

Bernstein, B. 1975, *Class, Codes and Control: Toward a Theory of Educational Transmission,* Routledge & Kegan Paul.

Bocock, R. 2003, 『소비』, 시공사. (양건열 옮김)

Boorstin, D. 2004, 『이미지와 환상』, 사계절. (정태철 옮김)

Bourdieu, P. 1995, 『구별짓기』, 새물결. (최종철 옮김)

Bourdieu, P. 1995, 『상징폭력과 문화재생산』, 새물결. (정일준 옮김)

Brook, J. and I. Boal eds. 1995, *Resisting the Virtual Life: the Culture and Politics of Information,* City Lights Books.

Calinescu, M. 1993, 『모더니티의 다섯 얼굴』, 시각과언어. (이영욱 · 백한울 · 오무석 · 백지숙 옮김)

Campbell, C. 1983, "Romanticism and the Consumer Ethic: Intimations of a Weberstyle Thesis", *Sociological Analysis,* Vol.44, No.4.

Campbell, C. 1997, "When the Meaning is not a Message: A critique of the consumption as communication thesis", Mica Nava et al. eds. *Buy This Book: Studies in advertising and consumption,* Routledge.

Carnoy, M., M. Castells, S.S. Cohen, F.H. Cardoso. 1993, *The New Global Economy in the Information Age,* The Pennsylvania State Univ. Press.

Castells, E. 1996, *The Rise of Network Society,* Blackwell.

_________. 2004, 『인터넷 갤럭시』, 한울아카데미. (박행웅 옮김)

Chandler, H.E. 1998, "Towards open government: Official

information on the web", *New Library World,* Vol.99, No.1144.

Cohen, S.S. and J. Zysman. 1987, *Manufacturing Matters: The Myths of the Post-Industrial Economy,* Basic Books.

Comte, A. 2001, 『실증주의 서설』, 한길사. (김점석 옮김)

Corrigan, Peter. 2002, *The Sociology of Consumption.* SAGE; 『소비의 사회학』, 도서출판 그린. (이성용, 유홍준, 이정환, 고성호, 정기선, 정태인 옮김)

Davis, N.Z. 2004, 『선물의 역사: 16세기 프랑스의 선물 문화』, 서해문집. (김복미 옮김)

Debord, G. 1996, 『스펙터클의 사회』, 현실문화연구. (이경숙 옮김)

Derrida, J. 1996, 『해체』, 문예출판사. (김보현 편역)

Durkheim, E. 1992, 『종교 생활의 원초적 형태』, 민영사. (노치준 · 민혜숙 옮김)

Eco, U. 1990, 「해석의 한계」, 열린책들. (김광현 옮김)

Enzensberger, H.M. 1985, 『대중매체와 의식조작』, 일월서각. (문희영 옮김)

Erikson, H.E. 1997, 『아이덴티티』, 삼성출판사. (조대경 옮김)

Escarpit, R. 1996, 『정보와 커뮤니케이션』, 민음사. (김광현 옮김)

Ewen, S. 1998, 『광고와 대중소비문화』, 나남출판. (최현철 옮김)

Falk, P. 1997, "The Benetton-Toscani Effect", Mica Nava et al. eds. *Buy This Book: Studies in advertising and consumption,* Routledge.

Featherstone, M. 1991, "The body in consumer culture", in Featherstone, M., Hepworth, M. & Turner, B. (eds) *The Body, Social Process and Cultural Theory,* SAGE.

Feenberg, A. 1991, *Critical Theory of Technology,* Oxford University Press.

Fiske, J. 1989, *Reading the Popular,* Unwin Hyman.

Forester, T. ed. 1989, *Computers in the Human Contexts,* MIT Press.

Forsyth, M. & M. Keens-Soper. 1992, 『서양정치사상입문』, 한울아카데미. (부남철 옮김)

Foucault, M. 1995, 『이것은 파이프가 아니다』, 민음사. (김현 옮김)

Friedman, T. 2000, "하이퍼텍스트와 대중문화", 『현대사회와 대중문화』, 나남출판. (강현두 편역)

Frow, J. 1995, *Cultural Studies and Cultural Value,* Oxford University Press.

Giddens, A. 1991, 『포스트 모더니티』, 민영사. (이윤희 · 이현희 옮김)

Gouldner, A.W. 1983, 『지식인의 미래의 새로운 계급의 부상』, 풀빛. (박기채 옮김)

Gramsci, A. 1990, 『옥중수고 1』, 거름. (이상훈 옮김)

Habermas, J. 1993, 『'이데올로기'로서의 기술과 과학』, 이성과 현실사. (하석용 · 이유선 옮김)

__________. 1995, 『현대성의 철학적 담론』, 문예출판사. (이진우 옮김)

Hall, E. 2001, 『침묵의 언어』, 한길사. (최효선 옮김)

Hall, S. 1996a, "기호화와 기호 해독", 『스튜어트 홀의 문화 이론』, 한나래. (임영호 편역)

Hall, S. 1996b, "서양과 그 외의 사회들: 담론과 권력", 스튜어

트 홀 외, 『현대성과 현대문화』, 현실문화연구. (전효관 · 김수진 · 박병영 옮김)

Hall, S. eds. 1997, *Representation,* SAGE.

Havick, J. 2000, "The impact of the Internet on a television-based sociey", *Technology in Society,* Vol.22.

Hayles, K. 2000, "경계논란: 항상성, 재귀성, 그리고 사이버네틱스의 기초들", 『문화과학』 제24호, 문화과학사.

Heap, N. et al. eds. 1995, *Information Technology and Society,* SAGE.

Hebdige, D. 1998, 『하위문화』, 현실문화연구. (이동연 옮김)

Heim, M. 1997, *The Metaphysics of virtual reality,* 『가상현실의 철학적 의미』, 책세상. (여명숙 옮김)

________. 1998, *Virtual Realism,* Oxford University Press.

Horkheimer, M. & T. W. Adorno. 1995, 『계몽의 변증법』, 문예출판사. (김유동 · 주경식 · 이상훈 옮김)

Igbaria, M. & M. Tan ed. 1998, *The Virtual Workplace,* Idea Group Pub.

Jackson, P.J. & Jos M. van der Wielen ed. 1998, *Teleworking: International Perspectives,* Routledge.

Jackson, P. 1999, *Virtual Working,* Routledge.

Jacobson, R.E. 1979, "Who gets what in the Information Society?", T.R. Haight ed., *Telecommunications Policy and the Citizen,* Praeger.

Jakobson, R. 1997, 『문학 속의 언어학』, 문학과지성사. (신문수 편역)

Jenks, C. 1995, *Visual Culture,* Routledge.

Jhally, S. 1996, 『광고 문화』, 한나래. (윤선희 옮김)

Joffe, H. 2002, 『위험사회와 타자의 논리』, 한울아카데미. (박종연 · 박해광 옮김)

Joly, M. 1999, 『영상 이미지 읽기』, 문예출판사. (김동윤 옮김)

Kuhn, A. 1995, 『이미지의 힘』, 동문선. (이형식 옮김)

Landow, G.P. 2001, 『하이퍼텍스트 2.0』, 문화과학사. (여국현 외 옮김)

Lash, C. 1993, "광고, 프로퍼갠더, 스펙터클", 강준만 · 박주하 · 한은경 편역, 『광고의 사회학』, 닥나무.

Lavroff, N. 1995, 『가상현실』, 김영사. (이상헌 옮김)

Levi-Strauss, C. 1996, 『야생의 사고』, 한길그레이트북스. (안정남 옮김)

Levy, P. 2002, 『디지털 시대의 가상현실』, 궁리. (전재연 옮김)

Levy, P. 2000, 『사이버 문화』, 문예출판사. (김동윤 · 조준형 옮김)

Livingstone, S. 2004, "The Challenge of Changing Audiences", *European Journal of Communication,* Vol.19, No.1.

Lotman, Yuri M. 1998, 『문화기호학』, 문예출판사. (유재천 옮김)

Lyon, D. 1994, 『전자감시사회』, 한국전자통신연구소. (한국전자통신연구소 옮김)

Macdonald, D. 1953, "A Theory of Mass Culture", *Diogenes,* No.3, Intercultural Publications, Inc.

Machlup, F. 1962, *The Production and Distribution of Knowledge in the United States,* Princeton University Press.

MacKay, D. 1969, *Information, Mechanism, and Meaning,* MIT Press.

MacLuhan, M. 1999, 『미디어의 이해』, 커뮤니케이션북스. (박정규 옮김)

Madon, S. 2000, "The Internet and Socio-economic development: exploring the interaction", *Information Technology and People,* Vol.13, No.2.

Mauss, M. 2002, 『증여론』, 한길그레이트북스. (이상률 옮김)

Mazlish, B. 1993, *The Fourth Discontinuity: The Co-Evolution of Humans and Machines,* Yale Univ. Press.

McCracken, G. 1997, 『문화와 소비』, 문예출판사. (이상률 옮김)

Moles, A. 1996, 『키치란 무엇인가』, 시각과언어. (엄광현 옮김)

Moraze, C. 1984, "과학기술과 현대사회의 불평등", 『현대 과학기술과 인간해방』, 한길사. (조홍섭 편역)

Murdock & Golding. 1989, "Information Poverty and Political Inequality: Citizenship in the Age of Privatized Communications", *Journal of Communication,* Vol.39, No.2.

Murdock & Golding. 1994, "Capitalism, Communication and Class Relations", 김지운 편, 『매스미디어 정치경제학』.

Naisbitt, J. & P. Aburdene. 1990, *Megatrends 2000: Ten New Directions for the 1990's*, William Morrow and Company, Inc.

Nava, M. 1997, "Framing Advertising", Mica Nava et al. eds. *Buy This Book: Studies in advertising and consumption,* Routledge.

Negri, A & M. Hardt. 2002, 『제국』, 이학사. (윤수종 옮김)

Ong, Wlater J. 2000, 『구술문화와 문자문화』, 문예출판사. (이기우·임명진 옮김)

Packard, V. 1957, *The Hidden Persuaders,* Longmans, Green & Co.

Panati, C. 1997, 『문화와 유행상품의 역사』, 자작나무. (이용웅 옮김)

Polanyi, K. 1998, 『거대한 변환: 우리시대의 정치적 · 경제적 기원』, 민음사. (박현수 옮김)

Porter, D. ed. 1996, *Internet Culture,* Routledge.

Poster, M. 1994, 『뉴미디어의 철학』, 민음사. (김성기 옮김)

Reboul, O. 1994, 『언어와 이데올로기』, 역사비평사. (홍재성 · 권오룡 옮김)

Rheingold, H. 1991, *Virtual Reality,* Summit Books.

Rifkin, J. 1996, 『노동의 종말』, 민음사. (이영호 옮김)

Robins, K. & F. Webster. 1994, "인공두뇌 자본주의: 정보, 테크놀로지, 일상생활", Mosco & Wasco eds.

Robins, K. & F. Webster. 1999, *Times of the technoculture: from the information society to the virtual life,* Routledge.

Rosenwein, B. 1989, *To Be the Neighbor of Saint Peter: The Social Meaning of Cluny's Property, 909-1409,* Cornell University Press.

Sahlins, M. 1991, 『문화와 실용논리』, 나남. (김성례 옮김)

Said, E.W. 1999, 『오리엔탈리즘』, 교보문고. (박홍규 옮김)

Salvaggio, J.L. ed. 1989, *The Information Society: Economic, Social and Structural Issues,* Lawrence Erlbaum Associates Publishers.

Saussure, F. 1990, 『일반언어학강의』, 민음사. (최승언 옮김)

Schaefer, R.J. 1995, "National information infrastructure policy:

a theoretical and normative approach", *Internet Research,* Vol.5, No.2.

Sewell, G. & B. Wilkinson. 1992, "Someone to watch over me: Surveillance, discipline and the just-in-time labour process", Sociology, 26/2.

Shannon, C.E. & W. Weaver. 1985, 『통신의 수학적 이론』, 통신정책연구소. (통신정책연구소 옮김)

Shields, R. ed. 1996, *Cultures of Internet: virtual spaces, real histories, living bodies,* SAGE.

Shiller, D. 1994, "정보를 어떻게 볼 것인가", Mosco & Wasco ed., 『정보에 지배당한 사회』, 민글.

Shiller, H. 2001, 『정보 불평등』, 민음사. (김동춘 옮김)

Shiller, H. 1994, *Information and Crisis Economy,* Albex.

Slack, J.D. & F. Fejes eds. 1987, *The Ideology of the Information Age,* Ablex Publishing Corporation.

Slater, D. 2000, 『소비문화와 현대성』, 문예출판사. (정숙경 옮김)

Stroobant, M. 2003, 『노동사회학』, 동문선. (박주원 옮김)

Tapscott, D. 2000, 『N세대의 무서운 아이들』, 물푸레. (허운나 · 유영만 옮김)

Thompson, J.B. 1995, "상징폭력: 피에르 부르디외의 저작에서 언어와 권력의 문제", P. Bourdieu, 1995, 『상징폭력과 문화재생산』, 새물결. (정일준 옮김)

Todorov, T. 1998, 『구조시학』, 문학과지성사. (곽광수 옮김)

Toffler, A. 1991, 『권력이동』, 한국경제신문사. (이규행 옮김)

Toffler, A. 1992, 『제3물결』, 한국경제신문사. (이규행 감역)

Turkle, S. 2003, 『스크린 위의 삶』, 민음사. (최유식 옮김)

Volosnov, V.N. 1988, 『마르크스주의와 언어철학』, 한겨레. (송기한 옮김)

Webster, F. 1997, 『정보사회이론』, 나남출판. (조동기 옮김)

Weiner, A.B. 1976, *Women of Value, Man of Renown: New Perspectives in Trobriand Exchange,* University of Texas Press.

Wernick, A. 1997, "Resort to Nostalgia: Mountains, memories and myths of time", Mica Nava et al. eds. *Buy This Book: Studies in advertising and consumption,* Routledge.

Whitley, E.A. 1997, "In cyberspace all they see is your words", *Information Technology and People,* Vol.10, No.2.

Wiener, N. 1978, 『인간활용: 사이버네틱스와 사회』, 전파과학사. (최동철 옮김)

Williams, R. 1988, 『문화와 사회』, 이화여대출판부. (나영균 옮김)

Williams, R. 1993, 『이념과 문학』, 문학과지성사. (이일환 옮김)

Williamson, J. 1998, 『광고의 기호학』, 나남출판. (박정순 옮김)

Willis, P. 1990, 『교육현장과 계급재생산』, 민맥. (김찬호 · 김영훈 옮김)

Wright, E.O. 1997, *Class Counts*, Cambridge University.

http://www.krnic.or.kr

http://www.itu.int

http://www.dcinside.com

http://isis.nic.or.kr

약력 박해광

연세대학교 사회학 박사.
현 전남대학교 사회학과 조교수
저서로 『계급, 문화, 언어』, 『1960-70년대 노동자의 생활세계와 정체성』(공저), 『1960-70년대 노동자의 작업장 문화와 정체성』(공저), 『1960-70년대 한국 노동자의 계급문화와 정체성』(공저) 등이 있고, 역서로 『위험사회와 타자의 논리』(공역), 『모더니티의 미래』(공역)이 있으며, 주요 논문으로는 「지배담론의 구조 연구」, 「화용의 정치: 기업문화, 수용자담론, 헌신」, 「한국 산업노동자의 도시경험」 등이 있다.

정보사회와 문화

2006년 10월 20일 인쇄
2006년 10월 30일 발행

저 자 —— 박해광
발행인 —— 강정채
발행처 —— 전남대학교출판부

등록 1981. 5. 21. 제53호
500-757 광주광역시 북구 용봉동 300
TEL. (062) 530-0571~3
FAX. (062) 530-0579
http://altair.chonnam.ac.kr/~cnup

값 12,000 원

ISBN 89-7598-572-5 (93330)

이 도서의 국립중앙도서관 출판시도서목록(CIP)은 e-CIP홈페이지(http://www.nl.go.kr/cip.php)에서 이용하실 수 있습니다. (CIP제어번호: CIP2006002445)